Ricardo Shitsuka   Rabbith I.C.M. Shitsuka
Caleb D.W.M. Shitsuka   Dorlivete M. Shitsuka

SISTEMAS DE INFORMAÇÃO
Um Enfoque Computacional

"ENADE e Provões do MEC"

Sistemas de Informação – Um Enfoque Computacional
Copyright© Editora Ciência Moderna Ltda., 2005

Todos os direitos para a língua portuguesa reservados pela EDITORA CIÊNCIA MODERNA LTDA. De acordo com a Lei 9.610 de 19/2/1998, nenhuma parte deste livro poderá ser reproduzida, transmitida e gravada, por qualquer meio eletrônico, mecânico, por fotocópia e outros, sem a prévia autorização, por escrito, da Editora.

Editor: Paulo André P. Marques
Supervisão Editorial: João Luís Fortes
Capa: Paulo Vermelho
Diagramação: Abreu's System
Revisão: Alayde Nunes Americano
Revisão de provas: Larissa Viana Câmara
Assistente Editorial: Daniele M. Oliveira

Várias **Marcas Registradas** podem aparecer no decorrer deste livro. Mais do que simplesmente listar esses nomes e informar quem possui seus direitos de exploração, ou ainda imprimir os logotipos das mesmas, o editor declara estar utilizando tais nomes apenas para fins editoriais, em benefício exclusivo do dono da Marca Registrada, sem intenção de infringir as regras de sua utilização.

FICHA CATALOGRÁFICA

Shitsuka, Rabbith I. C. M.; Shitsuka, Caleb D. W. M.; Shitsuka, Ricardo; Shitsuka, Dorlivete M.

Sistemas de Informação – Um Enfoque Computacional
Rio de Janeiro: Editora Ciência Moderna Ltda., 2005.

Ensino de Informática
I — Título

ISBN: 85-7393-417-4   Informática   CDD 001642

Editora Ciência Moderna Ltda.
R. Alice Figueiredo, 46 – Riachuelo
Rio de Janeiro, RJ – Brasil   CEP: 20.950-150
Tel: (21) 2201-6662/ Fax: (21) 2201-6896
http://www.lcm.com.br
lcm@lcm.com.br

Autores

RICARDO SHITSUKA
- Docente do Ensino Superior;
- Coordenador de Projetos;
- Consultor em Tecnologia de Informação e Palestrante;
- Doutorando no IPEN;
- Mestre em Engenharia pela EPUSP;
- Especializado "Lato sensu" em "Administração de Sistemas de Informação" na Pós-Graduação da UFLA;
- Pós-Graduado no "MBA Profissional" em Tecnologias pela FAAP;
- Pós-Graduado na "Especialização em e-Business" pela Fac. Senac de Ciências Exatas e Tecnologia;
- Pós-Graduado em Engenharia Industrial pela AOTS (Japão);
- Pós-Graduado em Criatividade pela FAAP;
- Graduado Cirurgião Dentista pela FOUSP;
- Graduado Engenheiro pela EPUSP.

RABBITH IVE CAROLINA MOREIRA SHITSUKA
- Graduada no curso Superior de Moda pela FAAP;

- Graduanda em Comunicação e Publicidade na Universidade Presbiteriana Mackenzie;
- Analista de Sistemas;
- Pentacampeã Paulista de Xadrez;
- Tricampeã Brasileira de Xadrez;
- Bicampeã Pan Americana de Xadrez Escolar;
- Professora de Xadrez;
- Árbitra de Xadrez pela CBX;
- Autora de obras de Xadrez e Estratégia.

CALEB DAVID WILLY MOREIRA SHITSUKA

- Analista de Sistemas;
- Graduando em Odontologia na Uninove;
- Professor de Xadrez;
- Árbitro de Xadrez pela CBX;
- Campeão Paulista de Xadrez Escolar;
- Autor de obras de Xadrez e Estratégia.

DORLIVETE MOREIRA SHITSUKA

- Docente do Ensino Superior;
- Especialista em "Administração de Sistemas de Informação" "Lato sensu" Pós-Graduada pela UFLA – MG;
- Graduada Bibliotecária pela UFES – Universidade Federal do Espírito Santo;
- Consultora de organização e automação de sistemas de Biblioteca;
- Cerca de 20 anos de experiência em chefia e gerenciamento;
- Sócia-Proprietária da Digihouse Informática;
- Arbitra de Xadrez pela CBX.

Sumário

INTRODUÇÃO	....	IX
CAPÍTULO 1	*Ensino de Sistemas de Informação no Brasil*	1
CAPÍTULO 2	*Fundamentos de Administração e Informática*	21
CAPÍTULO 3	*Sistemas de Informação*	43
CAPÍTULO 4	*Arquitetura de Computadores*	71
CAPÍTULO 5	*Lógica de Programação e Algoritmos*	89
CAPÍTULO 6	*Linguagens de Programação*	109
CAPÍTULO 7	*Cálculo Numérico Computacional*	131
CAPÍTULO 8	*Pesquisa Operacional*	151
CAPÍTULO 9	*Engenharia de Software*	163
CAPÍTULO 10	*Banco de Dados*	183
CAPÍTULO 11	*Redes e Sistemas Distribuídos*	197
CAPÍTULO 12	*Interface Homem-Máquina e Ergonomia*	219
CAPÍTULO 13	*Gestão do Conhecimento e Inovação*	235
CAPÍTULO 14	*Segurança em Sistemas de Informação*	247

CAPÍTULO 15 *Sistemas de Informação Integrados e Comércio Eletrônico* 259

CAPÍTULO 16 *Computação Gráfica e Processamento de Imagens* 275

CONSIDERAÇÕES FINAIS 285

APÊNDICE A *Respostas dos Exercícios* 289

APÊNDICE B *Terminologia* 313

Agradecimentos

❖ Agradecemos a Deus, pela vida, ensinamentos e condições que nos proporcionou para a realização deste trabalho.

❖ Agradecemos aos leitores pelas possíveis críticas para aperfeiçoamento e melhoria das edições futuras.

Os autores

"Porque eu, o Senhor teu Deus, te tomo pela tua mão direita e te digo: Não temas, que eu te ajudo".

Isaías 41:13

Introdução

Os Sistemas de Informação estão presentes no dia-a-dia das pessoas como é o caso dos portais na Web e dos sistemas comerciais em hotéis, hospitais, escolas, bibliotecas e uma infinidade de aplicações.

Em relação ao ensino de Sistemas de Informação (SI), e em particular, os Sistemas computadorizados, houve uma concentração grande em áreas como: Administração, Ciência da Computação (CC), Engenharia e, mais recentemente, em Comunicações e Ciência da Informação (CI).

Entre as grandes vertentes no ensino dos Sistemas de Informação no Brasil e em nível mundial estão:

1) Administração de Empresas (com seus sistemas organizacionais envolvendo Tecnologia de Informação e seu gerenciamento);

2) Ciência da Computação (a qual procura fornecer uma visão em termos de sistemas, software e hardware, redes, web, computação gráfica e interface homem-máquina);

3) Engenharias (Computação, Produção, Mecatrônica e outras) que fornecem a visão computacional e dos sistemas em termos de Engenharia;

4) Comunicações (Comunicação Social, Jornalismo, Ciências da Informação e Biblioteconomia, considerando a Web como mídia para seus sistemas de informação).

X 🦋 *Sistemas de Informação: Um Enfoque Computacional*

Outras áreas de conhecimento também estão presentes, porém, numa menor escala em termos de ensino de sistemas de informação.

As vertentes mencionadas dos diversos cursos são complementares e contribuem para que se formem visões mais completas desses conjuntos de componentes interagentes e interdependentes cujo objetivo é a coleta, transmissão, processamento e exibição da informação.

Autores internacionais e nacionais, como é o caso de Sprague (1991), Stair (1998), Laudon e Laudon (2000), Boghi e Shitsuka (2005) e O'Brien (2004) consideraram os sistemas mais pela sua vertente administrativa.

Na presente obra, os autores abordam os sistemas de informação tendendo à óptica computacional. Assim sendo, os capítulos abordarão:

> *Ensino de Sistemas de Informação no Brasil* – apresenta as modalidades de cursos desta área de conhecimento;
> *Fundamentos de Administração e Informática* – inclui a evolução dos sistemas e a mudança de paradigmas que surgem com o uso das Tecnologias de Informação;
> *Sistemas de Informação* – que classifica os sistemas conforme a aplicação e comenta sobre alguns sistemas atuais mais importantes;
> *Arquitetura de Computadores* – apresenta os níveis de máquina virtual e o nível no qual trabalha o pessoal de Sistemas;
> *Lógica de Programação e Algoritmos* – apresenta a necessidade da lógica e do uso da mesma nos sistemas;
> *Linguagens de Programação* – introduz as noções das principais linguagens de programação para implementação da lógica de programação;
> *Cálculo Numérico Computacional* – apresenta formas de trabalho com métodos numéricos por meio do uso do computador;
> *Pesquisa Operacional* – apresenta algumas formas de modelagem de problemas do dia-a-dia das organizações, de modo a se buscar soluções para tais problemas;
> *Engenharia de Software* – apresenta o estudo do produto de "software" com seus níveis de qualidade e a forma de controlar o projeto;

Introdução ❊ **XI**

➢ *Banco de Dados* – apresenta o que é considerado como o "centro" do sistema ou seu repositório de dados;

➢ *Redes e Sistemas Distribuídos* – apresenta os conceitos de redes de computadores e dos sistemas distribuídos.

➢ *Interface Homem-Máquina e Ergonomia* – apresenta a forma de projeto amigável de interfaces bem como a tentativa de se diminuir o "stress" no uso de computadores;

➢ Gestão do Conhecimento e Inovação – apresenta os conceitos desta área e, algumas formas de se trabalhá-la;

➢ *Segurança em Sistemas de Informação* – apresenta a necessidade do planejamento e organização da segurança nas empresas;

➢ *Sistemas de Informação Integrados e Comércio Eletrônico* – apresenta a tendência dos sistemas de informação de funcionar na Web e de gerar novos negócios na grande "rede das redes";

➢ *Computação Gráfica e Processamento de Imagens* – apresenta noções da formação de imagens e algumas aplicações.

Os autores não se preocupam em detalhar os sistemas mais atuais e modismos que passam rapidamente. Procuram fornecer uma visão resumida das principais disciplinas voltadas para a formação, e não apenas informação, desta área de conhecimentos, de forma a diferenciar-se de outros trabalhos de títulos semelhantes.

Na obra incluem várias questões de concursos, provões do MEC (Ministério da Educação e Cultura) até 2003 e Exame Nacional de Desempenho de Estudantes – ENADE 2004.

A partir de 2005, este será aplicado aos alunos de cursos de Bacharelado em SI e de CC.

Cada capítulo segue uma seqüência que envolve os mesmos itens nos quais se apresenta uma breve teoria, seguida de algumas aplicações, exercícios de fixação e da Bibliografia do respectivo capítulo.

O livro é destinado aos leitores interessados na Administração dos Sistemas de Informação. Ele também é útil para estudantes dos cursos superiores de bacharelado, tecnologia e cursos técnicos de nível médio da área de informática.

Capítulo 1

Ensino de Sistemas de Informação no Brasil

> A área de conhecimento dos Sistemas de Informação é uma das que continua em crescimento motivada pelas vantagens competitivas fornecidas pela Tecnologia de Informação e pelos Sistemas. Ela trabalha em praticamente todas as outras áreas, processando dados das mesmas e produzindo informações. Atualmente, existe um leque de cursos nos quais se estudam os sistemas de informação. Neste capítulo procura-se apresentar algumas modalidades desses cursos e suas características principais.

O crescimento em uso da Tecnologia de Informação (TI) e dos sistemas nas organizações fizeram surgir cursos superiores destinados a formar profissionais voltados para estas áreas de conhecimento.

Cursos de Sistemas de Informação ainda são recentes em nosso País. Eles passam pela criação e por uma rápida evolução que é característica da área de TI. Nesta área há o surgimento freqüente de novas tecnologias, inovação e novas aplicações cujo objetivo, quase sempre, é o de agregar valor aos produtos e serviços de seus clientes. No contexto, muito embora as Instituições não possam se "dar ao luxo" de alterar constantemente

Sistemas de Informação: Um Enfoque Computacional

seus cursos, adaptando-se aos modismos, houve nestes anos mais recentes a criação de diversos cursos nesta área de conhecimento.

1. As Modalidades dos Cursos de Sistemas de Informação

Cursos na área de Computação e Informática existem há muitos anos. Na década de 70 surgiram os primeiros cursos de Ciência da Computação no Brasil. Estes eram mais "científicos", preparando os graduandos para trabalhar nos diversos níveis da computação, desde a criação de softwares básicos até as aplicações. Simultaneamente, os cursos de Análise de Sistemas preocupavam-se mais em ensinar aplicativos e aplicações, numa camada mais próxima dos usuários de informática.

Nos últimos cinco anos a quantidade de cursos superiores de graduação em Sistemas de Informação cresceu em número e quantidade de vagas. Muitos destes são herdeiros diretos dos cursos de Tecnologia em Informática e Tecnologia em Processamento de Dados que existiram durante algumas décadas em muitas Instituições de Ensino Superior.

Até meados de 1999, haviam sido criados, em nosso país, diversos cursos de Bacharelado em Computação e Informática, com denominações diversas e diferentes, apesar de serem cursos muito semelhantes em termos de conteúdo.

Havia, na época, em torno de dez cursos, com nomes diferentes, sendo que muitos deles possuíam a proposta de formar profissionais com o mesmo perfil, porém com denominações diferentes, como é o caso de Bacharel em Análise de Sistemas, Bacharel em Processamento de Dados, Bacharel em Informática etc.

O divisor das águas ocorreu em maio de 1999, quando o Governo Federal publicou no website da Secretaria do Ensino Superior (SESu) do Ministério da Educação e Cultura (MEC) as diretrizes[1] para os cursos superiores da área de computação e informática. As recomendações (que não limitavam as possibilidades, mas procuravam organizar esta área de conhecimento) caracterizavam o que foi visto pela sociedade,

---

[1] www.mec.gov.br.

como sendo uma espécie de "padronização" das denominações dos novos cursos para esta área de conhecimento, divididas em:

- ➤ Bacharelado em Ciências da Computação;
- ➤ Engenharia da Computação;
- ➤ Bacharelado em Sistemas de Informação e,
- ➤ Licenciatura em Computação.

Cursos já existentes, na área de Computação e Informática, na época do "reconhecimento de curso", para que fossem reconhecidos, deveriam fazer opção para a mudança de nome (para uma dessas novas nomenclaturas acima) ou justificar qualquer outra denominação, porém, de modo convincente.

Mesmo sem ser da área abrangida pela Comissão de Especialistas em Ensino de Computação e Informática (CEEInf) do SESu, alguns cursos da área de Administração com Habilitação em Informática e outros com Habilitação em Análise de Sistemas já estavam em funcionamento nesta época, com grande demanda.

No final de 1999, houve o início da autorização dos cursos de Administração com Habilitação em Sistemas de Informação. Nestes cursos as matérias básicas são da área de administração, como é o caso de: Teoria Geral da Administração, Administração da Produção, Administração de Recursos Humanos, Administração Financeira e Orçamentária, Administração de Recursos Materiais e Patrimoniais, Administração de Sistemas de Informação etc. Além deste fato, a habilitação permitia, via de regra, que até 30% das disciplinas do curso fossem específicas da área de informática, como é o caso de Informática, Banco de Dados, Redes e Tele-processamento, Análise e Projeto de Sistemas, Segurança da Informação etc.

Além dos cursos mencionados, no ano de 2000, foram aprovados diversos cursos de Tecnologia cuja entrada não ocorreu pela Secretaria do Ensino Superior (SESu), mas sim pelo SEMTEC (Secretaria do Ensino Médio e Tecnológico do MEC).

Os cursos de Tecnologia não têm a duração de 8 semestres (ou 4 anos), portanto, não são considerados de Bacharelado. Entre esses cursos, muitos têm anunciado processo seletivo para cursos superiores com no mínimo 2.000 horas de duração, da área de Informática. Tais cursos podem possuir grades de disciplinas e horários de funcionamento que os conduzam a duração total de respectivamente 4, 5 ou 6 semestres (2 a 3 anos). Este é o caso dos cursos de Tecnologia em Rede de Computadores, Tecnologia em Sistemas de Informação, Tecnologia em Banco de Dados, Tecnologia em Web Design, ou com 1.600 horas para os cursos da área de Gestão, como é o caso de Tecnologia em Gestão de Negócios e outros semelhantes.

2. Diferenças entre Cursos de Sistemas de Informação de Bacharelado e Tecnológico:

Um dos itens que pode diferenciar um curso de sistemas de maior duração, isto é, dos cursos de Bacharelado, dos outros de duração menor, Graduação Tecnológica, é a completeza no estudo dos sistemas. Esta questão pode ser observada quando se considera pontos de vista coincidentes de autores desta área de conhecimento como é o caso de Stair (1998), Laudon e Laudon (2000), Boghi e Shitsuka (2002) e O´Brian (2004).

Os Sistemas de Informação são formados por componentes humanos, regras, hardware, software, banco de dados e redes de computadores.

Os itens anteriores formam a dimensão sócio-técnica a qual se junta a dimensão temporal que é fornecida pelo ciclo de vida dos sistemas de informação.

Durante este período do ciclo de vida mencionado, e de forma seqüencial, ocorre a origem da concepção do sistema, passando pela etapa de levantamento dos requisitos, da análise e do projeto, até a implementação, implantação, operação e manutenção do sistema.

Os diversos fatores que vão atuar no sistema e também os analistas, desenvolvedores e pessoal de suporte podem adquirir o conhecimento de várias formas.

No caso do conhecimento formal, os cursos superiores de sistemas têm oferecido algumas modalidades principais como apresenta a Tabela 1.1. Nesta pode-se observar a comparação entre alguns cursos de Sistemas de Informação. Pela tabela nota-se também que há cursos de duração de 8 semestres ou 4 anos e outros que podem durar 4 semestres ou 2 anos.

Ensino de Sistemas de Informação no Brasil ✳ **5**

TABELA 1.1
Comparação dos Cursos de Sistemas de Informação

Curso	Característica		
	Origem	Duração	Possibilidade de Cursar Pós-Graduação
Bacharelado em Sistemas de Informação	SESu/CEEInf	8 semestres	possível
Administração com Habilitação em Sistemas de Informação	SESu/ Comissão de Especialistas em Administração	8 semestres	possível
Tecnologia em Sistemas de Informação	SEMTEC/ Comissão de Especialistas do Ensino Tecnológico	4 a 6 semestres	possível

Há também cursos, como se mencionou anteriormente, cuja origem está na grande área de conhecimento da Administração de Empresas e outros que se originam na grande área da Computação e Informática.

Existe a possibilidade de se prosseguir em cursos de Pós-Graduação, após a conclusão da graduação no curso. Esta possibilidade já sinalizava para que as Instituições de Ensino criassem cursos deste nível, o que foi acontecendo paulatinamente. Para o sucesso destes últimos, é preciso, no entanto, que estejam alinhados com às necessidades do mercado de trabalho e de conhecimentos mais específicos solicitados pela clientela exigente de alunos já graduados.

Os cursos têm que ser flexíveis no sentido de poderem ser criados e desativados quando necessário (falta de demanda na sociedade), e, simultaneamente, devem ser específicos às necessidades dos profissionais, desta forma, os mesmos são essencialmente diferentes dos cursos de graduação.

De modo geral, os cursos de Bacharelado em Sistemas de Informação concentram-se mais no ensino e no desenvolvimento de novas aplicações e na reengenharia das aplicações já existentes nas organizações. Para que isso ocorra, os Analistas de Sistemas fazem uso de dispositivos, sistemas operacionais e linguagens de programação já existentes.

6 · Sistemas de Informação: Um Enfoque Computacional

A Lei de Diretrizes e Bases da Educação (LDB) de 1996 acabou com o currículo mínimo. Os cursos superiores passaram a adotar a referência das Diretrizes Curriculares de cada área. Por este motivo ainda não existe um currículo mínimo para os cursos de Bacharelado na área de Computação e Informática.

As aplicações envolvem componentes de pessoas, regras, hardware, software, redes e banco de dados os quais devem ser trabalhados de modo sistêmico.

Já os cursos de Bacharelado em Ciências estão mais voltados para a criação e desenvolvimento de novas linguagens de programação, novos algoritmos, novos dispositivos e novos sistemas operacionais.

Os cursos de Tecnologia, por sua vez, procuram trabalhar de modo especializado nas disciplinas de formação específica das suas áreas de concentração.

3. Regulamentação na Área de Informática:

Outro aspecto a ser realçado é a inexistência de regulamentação profissional, na área de Informática, diferentemente de profissões mais antigas e regulamentadas como é o caso da Engenharia, Biblioteconomia, Contabilidade, Odontologia, Medicina, Direito etc.

No caso das profissões regulamentadas por lei, os Conselhos Profissionais fiscalizam o exercício profissional, a responsabilidade profissional em projetos, a legalidade e outros aspectos inerentes à área considerada.

Há muita discussão a respeito deste tema, sendo que ainda não se atingiu um consenso na comunidade.

Para os cursos de Administração de Empresas com Habilitação em Sistemas de Informação há a possibilidade de registro no Conselho Regional de Administração (CRA).

A ausência da regulamentação, de um lado não delimita o limite de atuação dos profissionais da área de sistemas, por outro lado, está em consonância com a dinâmica de uma área que está em constante evolução e mudanças e que, desta forma, torna esta área aberta e receptiva a novos talentos.

A Sociedade Brasileira de Computação (SBC), por meio de seu Website, defende a posição contrária a regulamentação no sentido de evitar o "engessamento" da profissão, e de não deixá-la à mercê de grupos cartoriais, especialmente numa área de rápido avanço e que permeia por muitas outras áreas de conhecimento.

Cunha Jr. no Website do Ministério da Ciência e Tecnologia (MCT) afirma que, "como não há nenhuma exigência legal para o exercício das profissões na área de TI, então qualquer pessoa pode fazê-lo, ou seja, não apenas aqueles que têm conhecimento científico ou embasamento teórico sobre o assunto. "Essa é uma situação grave e desconfortável". Ele lembra que houve diversos projetos de lei visando regulamentar as profissões na área de Informática, tendo sido arquivados em 2003.

O Website do Departamento de Ciência da Computação (DCC) da Universidade Federal de Minas Gerais (UFMG) apresenta uma proposta de projeto que foi arquivada. Cunha Jr. ainda sugere o uso da auto-regulamentação, de modo semelhante ao que existe na área de Propaganda e Publicidade com o órgão denominado CONAR.

Há grupos que defendem a primeira posição e outros grupos que defendem a posição seguinte de modo democrático.

O futuro há de mostrar o melhor caminho fruto da evolução da sociedade e da Tecnologia de Informação.

4. Auto-Suficiência e Lucratividade de Instituições de Ensino e Cursos.

A auto-suficiência e lucratividade são princípios básicos para que as empresas particulares possam existir. Estes princípios, normalmente, são aplicados pelas Instituições para que seus cursos de Graduação e Pós-Graduação existam, continuem a evoluir e possam prosperar.

Existem várias formas de se lidar com este assunto: uma delas é a do ponto de equilíbrio entre as despesas e as receitas.

Com relação ao ponto de equilíbrio, pode-se adotar um padrão mínimo operacional de secretaria de além de uma Secretária Geral, pelo menos mais um funcionário, de Secretaria, para cada grupo 300 alunos. Dessa forma, numa Instituição com 1200 alunos, haveria uma Secretária mais quatro auxiliares de secretaria. De modo semelhante, há como se trabalhar com a criação de padrões para Biblioteca, Serviços Gerais (manutenção, limpeza, copa...).

Os custos com mão-de-obra direta são fixos, assim como os de aluguéis e prestações. Também existem custos variáveis de energia elétrica, água e materiais de consumo (folhas sulfite, toner, tinta para impressoras, papel higiênico...).

Por outro lado, em muitas Instituições particulares, de modo geral, a receita é proveniente, principalmente, das mensalidades quitadas pelos alunos pagantes.

Todo negócio empresarial ou comercial passa por épocas de maior lucro, outras de escassez, e de até mesmo prejuízo, fato que não inviabilizará o negócio caso haja um horizonte de previsibilidade com perspectivas futuras de lucro.

Na iniciativa privada, para que os cursos possam existir, há a necessidade de que os mesmos possam ser lucrativos: as receitas são provenientes de mensalidades efetivamente pagas, e os custos fixos e variáveis são relativamente previsíveis e estáveis nesta área.

Há cursos cujo ponto de equilíbrio entre as despesas e as receitas "break even" pode estar em 10 alunos por sala de aula, outros com mensalidade menor podem ter pontos de equilíbrio em 15 alunos, outros em 20, e ainda aqueles que possuem o valor da mensalidade mais reduzido e cujo ponto de equilíbrio pode estar acima de 25 alunos. Porém, acima do ponto de equilíbrio, o lucro pode ocorrer, muitas vezes, com uma boa gestão logística e de alocação de recursos.

Existe o caso de Instituições que mantêm cursos que apesar de deficitários, continuam a existir por questões estratégicas para as instituições. Um dos cursos deste tipo, por exemplo, é o de Engenharia da Computação ou Licenciatura em Computação, que podem ajudar a formar pessoas, conhecimento e cultura na Instituição que serão necessárias para a própria sobrevivência ou expansão da mesma mais à frente.

A auto-suficiência e lucratividade de um curso, indiretamente também interessam aos alunos, pois os mesmos, provavelmente, vão preferir estudar numa Instituição com tradição, que possua recursos, que esteja financeiramente sadia, que possa oferecer os bons serviços que todos merecem, e cujos cursos vão ter continuidade e não se extinguir, "definhar" e "cambalear" ao longo do caminho.

Por outro lado, para a Instituição não basta apenas reduzir custos de forma indiscriminada. O simples corte de custos pode, num momento posterior, trazer mais prejuízos do que lucro. Este é o caso de se dispensar um bom funcionário para contratar outro com salário menor.

O tempo que se leva para treinar um funcionário pode, muitas vezes, ser de anos. Funcionários com muita vivência profissional já tiveram tempo de acertar e errar em diversas situações, de modo que as chances de sucesso nas decisões aumentam com a experiência e "back ground" anteriores. Este é um dos motivos pelos quais muitos diretores de alto nível preferem trabalhar com secretárias profissionalmente experientes, de mais idade e estáveis, em relação às iniciantes que podem atuar em outros escalões de uma organização.

Os funcionários mais jovens, em geral, posteriormente à contratação, podem vir a necessitar de muitos treinamentos (que aumentam os custos), além de demorarem mais tempo para realizar atividades de modo correto e, até mesmo levar anos para que atinjam um bom nível de rendimento.

Muitas empresas de sucesso realizam um mix de funcionários: os mais experientes trabalhando em conjunto com os funcionários mais jovens incentivam a troca de conhecimentos de modo que todos saem beneficiados neste processo.

É preciso planejar e verificar os prós, os contras e as reais necessidades das ações, pois conservar bons funcionários pode, muitas vezes, traduzir-se na manutenção do conhecimento e da memória da empresa.

5. Segmentação do Mercado

O Marketing nos ensina a busca pelos 4 P´s: produto, preço, ponto e promoção.

Um curso particular, de qualquer tipo, basicamente atua na área de prestação de serviços.

Cria-se contratos de prestação de serviços entre Instituição e alunos, e para prestá-los é necessário ter instalações, pessoal preparado, tecnologia e recursos diversos.

Para que se atendam aos requisitos básicos é preciso que os cursos possuam clientela pagante. Ter clientela pode ser traduzido em oferecer um curso adequado aos segmentos aos quais pretende-se vender os serviços e estar em harmonia com o contexto social vivido.

Os segmentos podem ser melhor atendidos em suas necessidades do que com uma abordagem geral. Para uma boa abordagem dos segmentos de clientela, é preciso começar com projetos adequados. Desta forma, os projetos têm que prever entre as diversas questões, algumas como: objetivos (da Instituição, do curso, dos alunos, da sociedade), existência de docentes compatíveis, previsão orçamentária, investimentos e prazos de retornos respectivos, viabilidade técnico-econômica, interações previstas com a comunidade e empresas, e relevância do curso no contexto econômico-social do momento da sociedade ou comunidade na qual se pretende formar os profissionais da área.

6. Provões do MEC na Área de Computação / ENADE

Em julho de 2005 está prevista a realização da segunda edição do Enade (Exame Nacional de Desempenho de Estudantes), que também é conhecido popularmente como "provão do MEC". Neste provão, uma das novidades é a inclusão de alunos da área de computação (cursos de Bacharelado em Sistemas de Informação e de Ciência(s) da Computação, para realizar os exames).

6.1. Objetivo em Relação ao Estudante

Em termos de objetivo em relação ao estudante, o ENADE pretende avaliar o desenvolvimento das competências dos estudantes. Para que isso ocorra, ele terá ênfase nas expectativas em relação ao perfil profissional que se deseja formar em cada curso, com foco de avaliação no desenvolvimento de competências, para além dos conteúdos programáticos previstos.

6.2. Competência

No sentido amplo, competência é a capacidade de agir de forma reflexiva e de modo eficaz, num determinado tipo de situação humana e profissional, apoiado no conjunto articulado e dinâmico de conhecimentos, saberes, habilidades, condutas e posturas.

6.3. Como Funciona o ENADE?

O ENADE é aplicado anualmente para um conjunto de cursos superiores de bacharelado pré-selecionados. Ele utiliza procedimentos de amostragem para a seleção dos estudantes que participarão do exame.

6.4. Como é a Prova do ENADE?

A mesma prova é aplicada aos alunos dos primeiros e dos últimos anos. A comparação dos resultados permite analisar o valor agregado adquirido durante a formação. Na prova há a aplicação de dois instrumentos: uma prova e um questionário.

Com relação à prova: Ela investiga habilidades, saberes e competências fundamentais da área profissional, considera as Diretrizes Curriculares, evidencia conhecimentos que compõem o perfil profissional, articulação teoria e prática, desenvolvimento do processo pedagógico. Composta de duas partes:

6.4.1. Primeira parte (componente comum): aplica-se a todos os cursos; avalia aquisição de competências gerais. Essas envolvem temas de responsabilidade social e ética.

6.4.2. Segunda parte (componente específico): contempla a especificidade de cada curso no domínio das competências. Nestas há a tendência a se aplicar questões mistas (testes de múltipla escolha com cinco alternativas (a,b,c,d,e) e questões dissertativas simples. As questões normalmente são simples, algumas descrevem "casos práticos" o que as tornam um pouco mais longas, e são relacionadas a situações profissionais. Elas procuram avaliar a conduta correta do estudante em relação a essas situações.

6.5. Dicas para Provas do ENADE

Alunos dos anos iniciais: procurem manter a calma, fazer as questões sem pressa e usando o bom senso, pois não se exige de um aluno de ano inicial que tenha conhecimentos gerais e da sua área específica, já que ainda terá que estudar muitas disciplinas do curso.

Alunos dos últimos anos: procurem fazer as questões com calma; lembrem-se do que foi estudado nas diversas disciplinas do seu curso;

Sistemas de Informação: Um Enfoque Computacional

lembrem-se da sua responsabilidade social e ajam como bons profissionais ao responder as questões.

APLICAÇÕES

1. Caso da Criação de Projeto de Curso de Bacharelado em Sistemas de Informação

Uma Instituição de Ensino Superior deseja implantar um curso de Bacharelado em Sistemas de Informação na área de Computação e Informática. Em linhas gerais, qual deve ser a grade de disciplinas?

Um bom local para se começar é pelas Diretrizes Curriculares do MEC. Elas apresentam, de modo abstrato, os seguintes conhecimentos para a área de Sistemas de Informação[2]:

1.1. Estrutura Curricular Abstrata:

Contém uma descrição das áreas de formação que compõem os currículos dos cursos de graduação da área de computação, incluindo, para cada uma delas, uma descrição das matérias (ou áreas do conhecimento) afins.

1.1.1. Área de Formação Básica

Inclui disciplinas de Introdução à Computação, Lógica de Programação e Algoritmos, Programação, Arquitetura de Computadores e Matemática.

1.1.2. Área de Formação Tecnológica

Esta área inclui disciplinas como: Sistemas Operacionais, Redes de computadores e Sistemas Distribuídos, Banco de Dados, Engenharia de Software, Interface homem-máquina e Processamento de Imagens.

1.1.3. Área de Formação Complementar

Nesta área estão incluídas as disciplinas de Inglês Técnico e Administração.

---

[2] http://www.mec.gov.br/sesu/ftp/curdiretriz/computacao/co_diretriz.rtf

1.1.4. Área de Formação Humanística

Na formação humanística estão incluídas disciplinas como Filosofia e Psicologia.

1.2. O Projeto do Curso de Bacharelado em Sistemas de Informação:

Para criar o projeto, a Instituição terá que investir na contração de um coordenador de curso, ou de uma empresa de consultoria que elaborará o projeto.

O coordenador é elemento chave no processo visto que atuará em todas as fases do projeto e deverá ser o elemento aglutinador em torno do qual o curso e suas variáveis correrão. Este coordenador deve ser pessoa de boa formação, com titulação, experiência de mercado, experiência docente e experiência em coordenação de cursos. Deve possuir uma visão ampla, liderança e bom relacionamento com as camadas superiores, inferiores e laterais ao seu curso. Shitsuka et al. (2004) em suas estratégias enxadrísticas aborda a necessidade da estratégia de nível médio, ou seja, na tática, necessária à conduta do coordenador de curso no seu trabalho no dia-a-dia.

Normalmente, o projeto deverá iniciar-se pelo estudo da região na qual se pretende instalar o curso: este estudo deverá considerar a possível demanda por profissionais egressos neste tipo de curso, os cursos já existentes na região e os que são do mesmo tipo, bem como o número de vagas oferecidas para que não haja excesso de oferta de vagas.

O projeto deve considerar os objetivos da instituição, sua missão, seus valores, suas metas e o planejamento orçamentário para os próximos anos (considerando o curso em funcionamento).

Outros aspectos a serem considerados são: o número de vagas a serem oferecidas, períodos e turmas que se pretende formar. A partir desses dados iniciais, far-se-á o dimensionamento do número de salas de aula, do número de laboratórios e máquinas (computadores), do número de livros da Biblioteca (consideram-se os livros texto, os livros auxiliares e os de consulta). Também deve ser considerado o número de docentes, a seleção dos mesmos de modo que sejam adequados (com formação, titulação, experiência de mercado e formação docente).

14 ✴ Sistemas de Informação: Um Enfoque Computacional

Quem cria a grade de disciplinas de um curso, busca e contrata professores adequados para cada disciplina e trabalha com os mesmos de modo coordenado e interdisciplinar para criar as ementas e definir recursos necessários, é o coordenador de curso.

2. Caso de Projeto de Curso de Bacharelado em Administração com Habilitação em Sistemas de Informação

No caso do projeto para criação de um curso superior de Bacharelado em Administração de Empresas o início também é semelhante. Inicialmente, o diretor contrata um coordenador de curso.

A seguir, é necessário que este crie a grade de disciplinas do curso. Nesta deve-se considerar a presença das disciplinas de Teoria Geral da Administração, Administração da Produção, Administração de Marketing, Administração de Recursos Humanos, Administração Financeira e Orçamentária, Administração de Materiais, Administração Patrimonial, além das disciplinas básicas de Sociologia, Contabilidade, Economia, Estatística e Matemática.

Há a necessidade de se ter até 30% das disciplinas correspondentes ao núcleo de disciplinas da habilitação. Neste caso, podem incluir estas disciplinas: Administração de Sistemas de Informação, Informática, Tecnologia de Informação, Redes de Computadores, Banco de Dados, Análise e Projeto de Sistemas, Auditoria e Segurança em Sistemas etc.

O restante do projeto segue as linhas gerais quanto a professores, laboratórios, livros, instalações, localização etc.

Com a definição dos professores do curso, estes devem criar as ementas das disciplinas em conjunto com o coordenador de forma a se realizar os ajustes necessários para que ocorra uma seqüência harmoniosa de disciplinas e também a interdisciplinaridade.

3. Caso da Ética, Conduta Profissional e Responsabilidade Social

Ética é a ciência do bem comum. Ela está relacionada com os padrões de conduta moral, de boa educação e de boa norma, isto é, padrões de comportamento relativos a profissionais, clientes e usuários de serviços, ao patrão e aos colegas de trabalho.

A boa capacidade de discernimento implica em saber o que é o certo e o errado, o que é politicamente e eticamente correto, e como agir para chegar ao equilíbrio.

O bom senso e a ética andam lado-a-lado e *pari-passu*.

Na área de computação e informática existem muitos pontos importantes relacionados à ética, principalmente nos contratos de serviços, casos de informações sigilosas de banco de dados, casos de uso de informações das empresas para benefício próprio, entre muitas outras situações envolvendo vírus de computador, cavalos de tróia, hackerismo, direitos autorais, pirataria etc.

Atualmente, as empresas estão preferindo os profissionais éticos em relação aos não éticos. Muitos profissionais que utilizavam websites de pornografia, pedofilia ou que enviavam e-mails indesejáveis nos seus ambientes de trabalho, foram demitidos.

A própria existência da Sociedade e a saúde da mesma dependem da conduta ética, isto é, do modo de agir ético e confiável das pessoas, de maneira que ela acaba desenvolvendo mecanismos para banir, isolar ou criar obstáculos aos comportamentos considerados não éticos.

Com relação ao raciocínio crítico, é necessário que os estudantes aprendam a questionar os motivos verdadeiros pelos quais se apresentam críticas ou elogios e, se as propagandas podem apresentar-se ou não tendenciosas. Não se pode acreditar em tudo que se lê ou em tudo que se ouve no dia-a-dia.

Para ter responsabilidade social é necessário lembrar que nenhum homem ou empresa é uma ilha isolada.

Viver em sociedade implica em ter regalias e responsabilidades. Em particular, a responsabilidade social está relacionada à não poluição e a agir de modo a minimizar os impactos dos projetos sobre as pessoas e comunidades.

Sistemas de Informação: Um Enfoque Computacional

EXERCÍCIOS

1. **Os cursos de Bacharelado em Sistemas de Informação possuem a duração de:**
   a. ( ) 6 semestres.
   d. ( ) 2 semestres.
   b. ( ) 8 semestres.
   e. ( ) 10 semestres.
   c. ( ) 4 semestres.

2. **Os cursos de Bacharelado em SI pertencem à grande área de:**
   a. ( ) Administração de Empresas.
   b. ( ) Sociologia e Política.
   c. ( ) Comunicação Social e Jornalismo.
   d. ( ) Computação e Informática.
   e. ( ) Tecnologia.

3. **Para se criar um curso de Bacharelado em Sistemas de Informação deve-se dar entrada do projeto:**
   a. ( ) No SEMTEC.
   b. ( ) No SEMAP.
   c. ( ) No SENAC.
   d. ( ) No SENDIC.
   e. ( ) No SESu.

4. **Os cursos de Tecnologia em Sistemas de Informação (2000h) possuem duração média de:**
   a. ( ) 4 a 6 semestres.
   b. ( ) 8 semestres.
   c. ( ) 10 semestres.
   d. ( ) 2 semestres.
   e. ( ) 1 semestre.

5. **Os cursos de Bacharelado em Administração de Empresas com habilitação em Sistemas de Informação possuem duração média de:**
   a. ( ) 4 semestres.
   b. ( ) 8 semestres.
   c. ( ) 10 semestres.
   d. ( ) 12 semestres.
   e. ( ) 6 semestres.

Ensino de Sistemas de Informação no Brasil **17**

6. **Nos cursos de Bacharelado em Sistemas de Informação 30% das disciplinas corresponde à habilitação:**
   a. ( ) Em Sistemas de Informação.
   b. ( ) Em Administração de Empresas.
   c. ( ) Em Administração de Sistemas.
   d. ( ) Em ambas as formações.
   e. ( ) NDA.

7. **As disciplinas de Administração de Produção, Administração de Recursos Humanos e Administração de Materiais são necessárias no curso de:**
   a. ( ) Bacharelado em Sistemas de Informação.
   b. ( ) Bacharelado em Administração de Empresas.
   c. ( ) Tecnologia em Sistemas de Informação.
   d. ( ) Bacharelado em Ciência da Computação.
   e. ( ) Engenharia da Computação.

8. **30% das disciplinas de especialização, no máximo, correspondem a:**
   a. ( ) Bacharelado em Sistemas de Informação.
   b. ( ) Bacharelado em Adm. de Empresas com habilitação em Sistemas de Informação.
   c. ( ) Bacharelado em Administração de Sistemas.
   d. ( ) Bacharelado em Ciências da Computação.
   e. ( ) NDA.

9. **Nos cursos de Tecnologia em Sistemas de Informação:**
   a. ( ) Existe o reconhecimento profissional regulamentado.
   b. ( ) O formado é um bacharel em Sistemas de Informação.
   c. ( ) O curso é de habilitação em Administração de Empresas.
   d. ( ) Não é possível fazer o registro profissional regulamentado.
   e. ( ) NDA.

10. **A regulamentação dos cursos de Bacharelado em Ciências da Computação deve ser realizada no:**
    a. ( ) CREA.
    b. ( ) CRA.
    c. ( ) CRC.
    d. ( ) Não existe regulamentação profissional em Computação e Informática.
    e. ( ) NDA.

11. São componentes dos sistemas de informação:
a. ( ) Pessoas.
b. ( ) Hardware.
c. ( ) Software.
d. ( ) Regras.
e. ( ) todas as anteriores.

12. Num curso de Administração de Empresas com habilitação em Análise de Sistemas, a porcentagem de disciplinas da habilitação pode chegar ao máximo de:
a. ( ) 10%.
b. ( ) 20%.
c. ( ) 30%.
d. ( ) 40%.
e. ( ) 50%.

13. Um curso de Bacharelado em Administração de Empresas em relação ao Bacharelado em Sistemas de Informação possui:
a. ( ) O primeiro dura mais tempo que o segundo.
b. ( ) O segundo dura mais tempo que o primeiro.
c. ( ) Os dois têm duração equivalente.
d. ( ) Ambos têm duração diferente.
e. ( ) NDA.

14. Num curso de Tecnologia em Sistemas de Informação em relação a um curso de Bacharelado em Administração de Empresas:
a. ( ) O primeiro dura mais tempo que o segundo.
b. ( ) O segundo dura mais tempo que o primeiro.
c. ( ) Os dois têm duração equivalente.
d. ( ) Ambos têm duração diferente.
e. ( ) NDA.

15. Um curso de Bacharelado em Sistemas de Informação em relação ao curso de Bac. em Ciência da Computação tem duração:
a. ( ) O primeiro dura mais tempo que o segundo.
b. ( ) O segundo dura mais tempo que o primeiro.
c. ( ) Os dois têm duração equivalente.
d. ( ) Ambos têm duração diferente.
e. ( ) NDA.

Ensino de Sistemas de Informação no Brasil **19**

16. (MEC, Provão 2001) Após uma série de processos movidos por grupos de clientes, fornecedores e funcionários devido a problemas relativos à possível falta de ética de sua área de sistemas de informação, a diretoria da Carioca Sistemas Ltda. Pretende implementar um conjunto de medidas para resolver tais problemas. Para tal, ele deve embasar-se em quatro princípios que nortearam questões éticas na área de sistemas de informação. São eles: privacidade, acuidade, propriedade e acesso. Entre as providências a serem adotadas está:

a. ( ) Garantir que somente cada setor tenha acesso irrestrito aos dados referentes aos seus funcionários.

b. ( ) Preocupar-se menos com a exatidão das informações armazenadas em seus bancos de dados e mais com o sigilo dessas informações.

c. ( ) Fornecer sua base de dados a empresas que prestam serviços de mala direta para proporcionar maior veiculação da informação.

d. ( ) Instalar em todos os computadores da empresa um software com licença para uso doméstico, regularizando assim, sua situação junto aos órgãos de direitos autorais.

e. ( ) Construir um controle de acesso que garanta que as informações de caráter pessoal de cada funcionário só serão acessadas por ele ou com sua permissão.

BIBLIOGRAFIA

BOGHI,C; SHITSUKA, R. *Sistemas de informação:* um enfoque dinâmico. 2.ed. São Paulo: Érica, 2005.

LAUDON, Kenneth C; LAUDON, Janeth Price. *Sistema de informação na era da internet.* Rio de Janeiro: LTC, 2000.

O'BRIEN, James A. *Sistemas de informação e as decisões gerenciais na era da internet.* São Paulo: Saraiva, 2004.

SHITSUKA, R. et al. *Xadrez e as estratégias de poder nas organizações.* Rio de Janeiro: Ciência Moderna, 2004.

SPRAGUE, R.M. *Decision support systems.* Rio de Janeiro: LTC, 1991.

STAIR, Ralph M. *Princípios de sistemas de informação:* uma abordagem gerencial. 2.ed. Rio de Janeiro: LTC, 1998.

WEBGRAFIA

Website do MEC. Disponível em: www.mec.gov.br. Acesso em: em 30/10/2004.

Website do Inep – Instituto Nacional de Estudos e Pesquisas Educacionais Anísio Teixeira, disponível em: www.inep.gov.br. Acesso em 20/11/2004.

Website Teenager. Disponível em:
http://www.teenageronline.com.br/carreiras/sistemainfo.htm. Acesso em: 02/11/2004.

Website da Sociedade Brasileira de Computação (SBC). Disponível em:
http://www.sbc.org.br/profissao/posicao.html. Acesso em: 10/11/2004.

Cunha Jr., Eurípides Brito, in: Site do Ministério da Ciência e Tecnologia (MCT). Disponível em:
http://www.mct.gov.br/legis/Consultoria_Juridica/artigos/auto_regulamentacao_TI.htm. Acesso em: 09/11/2004.

Website do Departamento de Ciência da Computação (DCC) da Universidade Federal de Minas Gerais (UFMG): Projeto de Lei nº 815, de 1995 (Do Sr. Sílvio Abreu). Disponível em: http://www.dcc.ufmg.br/~bigonha/Sbc/pl815-1995.html. Acesso em: 08/11/2004.

Capítulo 2

Fundamentos de Administração e Informática

> A Tecnologia de informação tem transformado as organizações na sua forma de trabalho, na maneira como ocorre a tomada de decisão, na estrutura organizacional, na cultura empresarial e, enfim, nos paradigmas das organizações. Por este motivo, é necessário o estudo e entendimento da Administração e Informática, das relações entre ambas e seus impactos nas organizações e pessoas.

Organizações são conjuntos de pessoas que, de forma ordenada, procuram alcançar objetivos comuns, por meio da coordenação de recursos humanos, finanças, informações, materiais e tempo.

Os recursos existentes (materiais, pessoas, dinheiro, instalações, equipamentos) são limitados e dessa forma as organizações precisam escolher as alternativas que as conduzam a atingir o mais próximo possível de seus objetivos (SOUKI; ZAMBALDE, 2003).

1. Administração

A Administração é uma ciência, cujo princípio pode ter ocorrido na Antiguidade onde se encontram obras magníficas no Egito, Mesopotâmia e Ásia, nas quais haviam elementos de planejamento e direção de milhares de trabalhadores (FARIA, 1997).

Desde os primórdios, entre as funções básicas da Administração podia-se observar àquelas relacionadas com o planejar, organizar, coordenar, dirigir e controlar.

Na evolução, as teorias pioneiras nesta área do conhecimento são: a abordagem clássica, que inclui a administração científica de Frederick Winslow Taylor. Este realizava experiências com pessoas nos ambientes de trabalho industrial com o objetivo de determinar o que as motivavam para o trabalho ou que fatores poderiam aumentar a produtividade do operário. Por exemplo, alterava a iluminação, o salário, e outras condições locais verificando o efeito destes fatores sobre a produtividade e motivação para o trabalho dos empregados (TAYLOR, 1970).

Outro autor ilustre da Teoria Clássica, Henri Fayol, estudava as organizações sob o ponto de vista estrutural e desenvolvia organogramas e regras organizacionais (FAYOL, 1978).

Na continuidade, Faria (1997) recordava a abordagem humanística de administração, de Elton Mayo, a qual era mais centrada nas pessoas, suas necessidades e seus valores, e depois, a Teoria Geral de Sistemas de Ludwig Von Bertalanffy, apresentada em 1937, que acrescentou para as empresas, a visão sistêmica evitando-se o excesso de especialização e favorecendo a "visão do todo, isto é, do conjunto, e de suas partes componentes". Note-se a importância desta teoria que lembrava que no caso do corpo humano, um braço ou uma perna não podem viver isolados, era necessário todo o sistema em conjunto para que o corpo funcionasse a contento. Esta óptica, devidamente aplicada aos sistemas empresariais, viria, posteriormente, dar origem à sistêmica dos Sistemas de Informação atuais.

Porter (1986) complementava a visão de empresas, dizendo que são sistemas abertos, afirmando, assim, que além das forças internas às mesmas (organização, eficácia e eficiência internas) também estavam sujeitas às influências ambientais externas. Os fatores externos são: regulamentações por parte do governo, ações dos concorrentes, sindicatos, clientes e fornecedores. Estes também são conhecidos, popularmente, nos meios acadêmicos como "Forças competitivas de Porter".

2. Mudanças de Paradigmas nas Organizações

Souki e Zambalde (2003) afirmaram que existem três ambientes numa organização: o geral, o operacional e o interno, todos interagindo entre si de forma dinâmica. Esta dinâmica é afetada pelas Tecnologias de Informação que são instrumentos de mudanças nas organizações.

Uma boa parcela dos problemas vividos pelas organizações atuais têm origem nas mudanças ambientais e nas habilidades dessas em se adaptar a essas mudanças.

Em nenhuma época da história da humanidade, como atualmente, houve tantas mudanças e com velocidade cada vez maior: levou 46 anos para que 50 milhões de pessoas tivessem acesso à eletricidade ao passo que em 12 anos, 50 milhões passaram a utilizar o microcomputador e em 4,5 anos, o mesmo tanto de pessoas pode se conectar a Internet. Dessa forma, há uma mudança nos paradigmas que são os sistemas básicos de crenças ou visões do mundo que guiam as pessoas, ou seja, definem a natureza das coisas, situando os indivíduos no mundo e estabelecendo as relações destes com seus componentes (SOUKI; ZAMBALDE, 2003).

Morgan (1996) lembra que as tecnologias de informação e comunicação podem diminuir riscos e incertezas por meio da disponibilização de informações, e que estas servirão de base para a criação de conhecimentos.

Para O'Brien (2004) os componentes dos sistemas de informação são os recursos de: pessoas, hardware, software, dados, rede e produtos de informação.

Hardware são os computadores e seus periféricos; Software é o componente lógico dos sistemas. Com relação à parte física do computador, lembra-se que os componentes do hardware são: processador, memória principal e secundária, os dispositivos de entrada e saída e também o barramento, que faz a ligação entre os componentes e o processador (TORRES; WEBER, 2000).

Quanto ao uso de softwares, existem vários tipos; Meirelles (1994) classifica os softwares em: básicos, aplicativos e aplicações.

O software básico é aquele que é constituído por sistemas operacionais de software de comunicação.

3. Aplicativo

Aplicativo é o software que possibilita a criação de aplicações e funciona em conjunto com os sistemas operacionais utilizando os recursos dos mesmos. Este é o caso dos softwares editores de texto e também das planilhas eletrônicas.

As aplicações são *softwares* desenvolvidos para tarefas específicas ou também são arquivos criados a partir dos softwares aplicativos.

Existem várias planilhas eletrônicas no mercado, como é o caso da Quattro Pro[1], da planilha do Open Office[2], da planilha do StarOffice e o Excel[3].

O Excel faz parte do pacote Office e caracteriza-se por ser de fácil assimilação e possuir ambiente gráfico amigável. Souki e Zambalde (2003) mencionam que as planilhas eletrônicas constituem-se numa solução fácil, rápida e de baixo custo para informatização de organizações, fato que também é lembrado por Santos (2000).

A figura 1 ilustra como as planilhas eletrônicas podem participar na tomada de decisão nas empresas e no ensino acadêmico. Nesta figura, pode-se observar o amplo leque possível de utilização do software no ensino de Sistemas de Informação e disciplinas associadas à tomada de decisões como é o caso da Estatística, Matemática Financeira, Contabilidade, Produção e Marketing.

O ensino de software de planilha para os cursos de Administração de Empresas fornece aos estudantes uma excelente ferramenta de apoio à decisão empresarial.

Figura 1 – *Planilhas na tomada de decisão na empresa e no ensino acadêmico.*

---

[1] Quattro Pro é produto da Corel Co.
[2] OpenOffice.org utiliza uma licença dupla para o código fonte: a LGPL (GNU Lesser General Public License) e SISSL (Sun Industry Standards Source License).
[3] Excel está contido no pacote Office e é produto da Microsoft Co.

Um estudo sobre uso de Tecnologia de Informação no mercado realizado pela Fundação Getúlio Vargas, a 15ª pesquisa anual, Administração de Recursos de Informática em março de 2004 revelou que: no segmento empresarial, a planilha mais utilizada atualmente é o Excel em ambiente Windows.

No caso do uso do sistema operacional Linux, o software Star Office (nas versões gratuitas) e o Open Office (nas versões gratuitas) possuem planilhas eletrônicas semelhantes ao Excel e têm também uma boa procura nas Universidades e Faculdades nas quais existem cursos de Administração de Empresas, em boa parte motivada pela inexistência do custo.

Percebeu-se também que nas Universidades Públicas a procura por softwares gratuitos é maior do que nas Universidades Privadas.

A figura 2 ilustra um gráfico da projeção do uso das planilhas eletrônicas no ambiente empresarial, que é praticamente semelhante ao ambiente acadêmico.

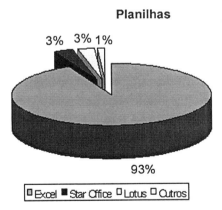

Figura 2 – *Comparação entre uso de diversas planilhas no mercado nacional (FUNDAÇÃO GETÚLIO VARGAS, 2004).*

As empresas têm obtido vantagens competitivas com o uso da Tecnologia de Informação aliada aos Sistemas de Informação.

Também as ferramentas de *Executive Information System* (EIS) possuem semelhanças com o Excel, até mesmo na interface gráfica.

O uso das Ferramentas do Excel permite que o usuário visualize, rapidamente, tendências ocultas atrás de uma grande massa de dados numéricos, as quais, em princípio, dificultariam a análise dos dados (BOGHI; SHITSUKA, 2002).

Aplicações

As planilhas são empregadas em aplicações empresariais (no comércio, no ensino, na produção e na automatização da decisão) de diversas formas. Apresentam-se, nos casos seguintes, algumas aplicações dos tipos mencionados.

Aplicação da Planilha de Preços de Peças de Computador

Na presente aplicação, faz-se o cálculo de conversão de dólar em real, na tabela de preços de mercadorias em dólar. Este tipo de cálculo é muito comum nas épocas em que há oscilação do valor do real em relação a essa moeda. Siga os passos:
1) Como elementos básicos do Excel, a figura 3 apresenta a barra de títulos, barra de menu, barra de ferramenta, barra de formatação e barra de fórmulas que são telas básicas do Excel. Já na área de trabalho, as linhas são horizontais e identificadas por números, ao passo que as colunas são identificadas por letras. Observa-se a célula A1 que é a primeira célula da área de trabalho.

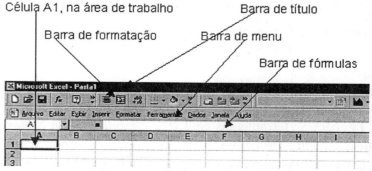

Figura 3 – *Planilha Eletrônica Excel, com Detalhe das Barras e Células.*

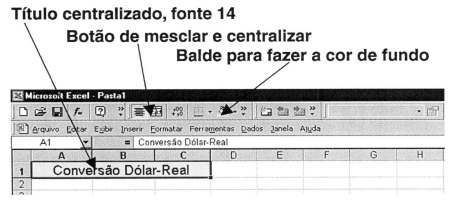

Figura 4 – *Título e sua Centralização na Planilha.*

2) Uma célula é o encontro de uma linha e uma coluna na área de trabalho da Planilha. Ela pode ser preenchida com números, valores, letras, palavras, fórmulas ou, até mesmo, operadores lógicos de decisão.
3) Nas células de A1 até C1 inserimos o título "Conversão Dólar-Real" que será "mesclado e centralizado". Isto é feito iluminando-se ou marcando-se o título digitado, a seguir, marcando-se as células de A1 até C1.

Em seguida, clica-se no ícone de mesclar e centralizar, que é o botão com fundo branco, que fica na barra de formatação, e possui uma letra "A" no seu interior.

A figura 4 apresenta o titulo já mesclado e centralizado, com fundo amarelo e letra tamanho 14.

4) Observe na figura 5, a célula A3 com o rótulo "MATERIAIS" e a célula B3 com o rótulo "DÓLARES" (que corresponde ao preço nesta moeda). Por último, na célula C3, vem o rótulo "REAIS". Os rótulos identificam as respectivas colunas (Figura 5).
5) A partir das células A4, B4 e C4 para baixo vêm os materiais e valores respectivos.
6) Observe, também, que a partir de C4 só se insere uma fórmula na planilha e esta será arrastada para que os cálculos ocorram de modo automático nas células abaixo da C4, isto é, C5, C6, C7...

28 ✳ *Sistemas de Informação: Um Enfoque Computacional*

7) Para que a fórmula seja inserida na célula C4 é necessário começar digitando "=" na mesma. Este símbolo permite que entre a fórmula. No caso, vamos utilizar o valor D2, no qual o operador da planilha irá digitar o fator de conversão dólar-real.

8) A fórmula a ser digitada será: = D2*B3, tecla-se ENTER. Note o símbolo de cifrão que congela a célula, isto é, cifrão antes da coluna D congela a mesma, e antes da linha 2, congela esta célula. O congelamento ou fixação funciona da seguinte forma: ao arrastarmos a fórmula, o D2 não variará, pois foi congelado, porém o B3, que não foi, poderá mudar para outras células... Ao se digitar a fórmula imediatamente seguida pela tecla ENTER, a mesma será aceita e o valor será calculado instantaneamente.

A figura 5 apresenta a tela na qual já estão incluídos os rótulos das colunas, as fórmulas, e os nomes dos materiais.

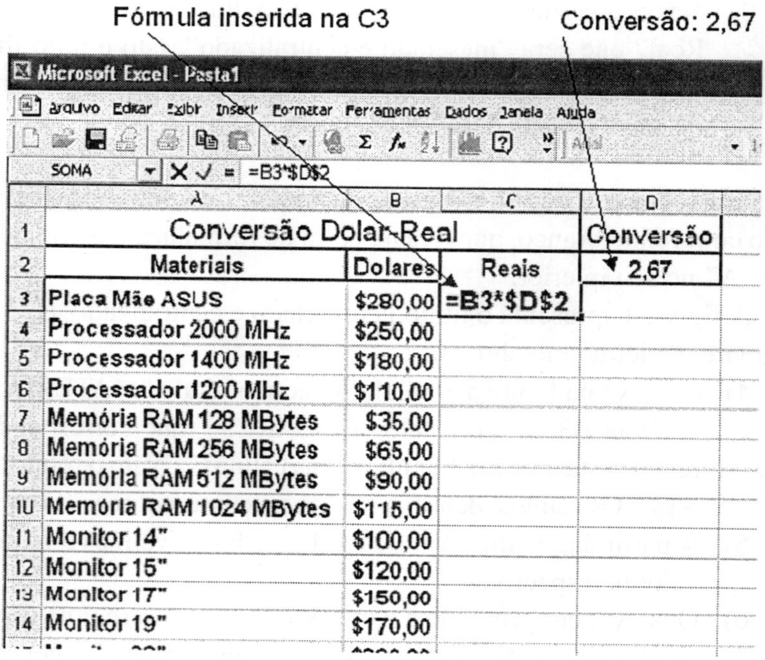

Figura 5 – *Planilha de Conversão Dólar-Real.*

Fundamentos de Administração e Informática ✳ **29**

9) Para realizar o processo de arraste, é necessário estar na célula C4 e clicar no canto inferior direito, no local onde existe uma pequena marca; com isso, ocorrerá o arraste automático até o local onde a coluna ao lado estiver preenchida com valores de dólares.

10) No dia-a-dia, quando o valor do dólar muda, é só digitar o novo valor na célula D2 e teclar ENTER. Imediatamente toda a planilha será recalculada com este novo valor.

Aplicação da Planilha de Notas de Alunos de um Curso

Nesta aplicação, muito popular nas escolas, o professor vai realizar o lançamento das notas dos alunos da classe.

1) Assume-se que o título da planilha "Notas da turma X" será centralizado entre as células A1 até E1.

2) Na coluna A, na célula A3, vem o rótulo "NOME". A partir da célula A4, e daí para baixo, segue-se os nomes dos alunos.

3) Na coluna B, na célula B3, vem o rótulo "NOTA 1". A partir da célula B4, e daí para baixo, são lançadas as notas correspondentes ao primeiro bimestre.

4) Na coluna C, na célula C3, vem o rótulo "NOTA 2". A partir da célula C4, e daí para baixo, são lançadas as notas correspondentes ao segundo bimestre.

5) Na coluna D, na célula D3, vem o rótulo "MÉDIA". No caso, assumiu-se a média ponderada.

6) Na coluna E, célula E3, vem o rótulo "STATUS". A partir da célula E4, para baixo, será preenchido com Aprovado para médias maiores ou iguais a 5,0. Para médias menores, o aluno estará reprovado.

30 ✳ *Sistemas de Informação: Um Enfoque Computacional*

Observe, na Tabela 2.1, um corte em que se apresenta apenas parte da região de trabalho onde se localiza a planilha montada.

TABELA **2.1**
Planilha de Notas

Notas da Turma X				
Nome	*Nota1*	*Nota 2*	*Média*	*Status*
Antonio da A. Silva	7	9	8	Aprovado
Armando Penteado	6	8	7	Aprovado
Basílo da Grama	5	7	6	Aprovado
Bellina da Ford	4	6	5	Aprovado
Carlos dos Anjos	3	6	4,5	Reprovado
Carla Perles	2	5	3,5	Reprovado
Daniella Mercurio	1	9	5	Aprovado
João Kleber da Silva	10	8	9	Aprovado
José Maria Hoje	9	7	8	Aprovado
Maria José Ontem	8	6	7	Aprovado
Ronaldo Excel	7	6	6,5	Aprovado
Ronaldo Marketero	6	5	5,5	Aprovado
Sonia Limeira	5	5	5	Aprovado
Tatiana Bellacoisa	4	4	4	Reprovado
Wanderléia Gama	3	4	3,5	Reprovado
William Vacqueiro	2	3	2,5	Reprovado
Wilson Back	1	3	2	Reprovado
Xantia Plus	0	5	2,5	Reprovado

A Tabela 2.2 apresenta a mesma planilha com as fórmulas:

Tabela 2.2
Fórmulas Incluídas na Planilha

Notas da Turma X			
Nome	Nota 1	Nota 2	Média	Status
Antonio da A. Silva	7	9	=(B3+C3)/2	=SE(D3>=5;"APRO VADO";"REP")
Armando o Penteado	6	8	=(B4+C4)/2	=SE(D4>=5;"APRO VADO";"REP")
Basílo da Grama	5	7	=(B5+C5)/2	=SE(D5>=5;"APRO VADO";"REP")
Bellina da Ford	4	6	=(B6+C6)/2	=SE(D6>=5;"APRO VADO";"REP")
Carlos dos Anjos	3	6	=(B7+C7)/2	=SE(D7>=5;"APRO VADO";"REP")
Carla Perles	2	5	=(B8+C8)/2	=SE(D8>=5;"APRO VADO";"REP")
Daniella Mercurio	1	9	=(B9+C9)/2	=SE(D9>=5;"APRO VADO";"REP")
João Kleber da Silva	10	8	=(B10+C10)/2	=SE(D10>=5;"APR OVADO";"REP")
José Maria Hoje	9	7	=(B11+C11)/2	=SE(D11>=5;"APR OVADO";"REP")
Maria José Ontem	8	6	=(B12+C12)/2	=SE(D12>=5;"APR OVADO";"REP")
Ronaldo Excel	7	6	=(B13+C13)/2	=SE(D13>=5;"APR OVADO";"REP")
Ronaldo Marketero	6	5	=(B14+C14)/2	=SE(D14>=5;"APR OVADO";"REP")
Sonia Limeira	5	5	=(B15+C15)/2	=SE(D15>=5;"APR OVADO";"REP")
Tatiana Bellacoisa	4	4	=(B16+C16)/2	=SE(D16>=5;"APR OVADO";"REP")
Wanderléia Gama	3	4	=(B17+C17)/2	=SE(D17>=5;"APR OVADO";"REP")
William Vacqueiro	2	3	=(B18+C18)/2	=SE(D18>=5;"APR OVADO";"REP")
Wilson Back	1	3	=(B19+C19)/2	=SE(D19>=5;"APR OVADO";"REP")
Xantia Plus	0	5	=(B20+C20)/2	=SE(D20>=5;"APR OVADO";"REP")

Aplicação da Planilha em Automatização da Decisão

Na cidade de São Paulo, que conta com uma frota de em torno de seis milhões de veículos, existe um sistema de rodízio municipal de veículos. Neste rodízio não rodam os veículos conforme o dia da semana em relação ao número final da placa.

A Tabela 2.3 apresenta a escala de rodízio municipal de veículos utilizada na cidade.

TABELA 2.3
Rodízio Municipal de Veículos Adotado na Cidade de São Paulo

Dia da Semana	Final de Placa que não Roda no Dia
Segunda-feira	1 e 2
Terça-feira	3 e 4
Quarta-feira	5 e 6
Quinta-feira	7 e 8
Sexta-feira	9 e 0
Sábado e Domingo	Rodízio liberado

O seguinte sistema foi desenvolvido para determinar se um veículo roda ou não no dia conforme o final da placa.

Montagem da Planilha:

1) Entre as células A1 e D1 é digitado o título "Sistema de Rodízio", e as células são mescladas;

2) Na célula A3 deve ser digitado o rótulo "dia atual";

3) Na célula B3 deve ser digitada a fórmula na qual entra a função diadasemana( ) e um conjunto de funções SE( ) encadeadas. Conforme o dia, automaticamente, deverá aparecer na célula: segunda-feira, terça-feira, quarta-feira, quinta-feira, sexta-feira, sábado ou domingo. A fórmula inserida é: =SE(OU(DIA.DA.SEMANA(HOJE( ))=1;DIA.DA.SEMANA

(HOJE( ))=7);"FIM DESEMANA";SE(DIA.DA.SEMANA
(HOJE( ))=2;"segunda-feira";SE(DIA.DA.SEMANA
(HOJE( ))=3;"terça-feira";SE(DIA.DA.SEMANA
(HOJE( ))=4;"quarta-feira";SE(DIA.DA.SEMANA
(HOJE( ))=5;"quinta-feira";"sexta-feira"))))) ;

4) Na célula A5 deve ser digitado o rótulo: "Placa";

5) Na célula B5 deve ser digitado o rótulo: "Final";

6) Na célula C5 deve ser digitado o rótulo: "Rodízio";

7) Na célula D5 deve ser digitado o rótulo: "Status";

8) A partir da célula A6, para baixo na coluna, entram as placas dos veículos que serão digitadas;

9) A partir da célula B6, para baixo na mesma coluna, entram os finais das placas correspondentes à coluna A;

10) A partir da célula C6, para baixo, seguindo a coluna, entram as fórmulas com funções SE( ) encadeadas, conforme o final da placa, automaticamente, deverá aparecer "segunda-feira", "terça-feira", "quarta-feira", "quinta-feira", "sexta-feira", ou "fim de semana". A fórmula inserida é:
=SE(OU(B6=1;B6=2);"segunda-feira";SE(OU(B6=3; B6=4);"terça-feira";SE(OU(B6=5;B6=6);"quarta-feira"; SE(OU(B6=7;B6=8);"quinta-feira";"sexta-feira"))));

11) A partir da célula D6, obedecendo a coluna, devem ser inseridas as fórmulas, com funções SE( ) encadeadas que vão fornecer, automaticamente, o Status, por exemplo: "não roda", se a data do "dia atual" coincidir com dia de rodízio da coluna C, ou seja "segunda-feira", "terça-feira" etc até "sexta-feira", ou "fora do rodízio", se for "fim de semana". A fórmula inserida é:
=SE(B3=C6;"Não circula hoje";"liberado") ;

12) Devem ser digitadas as placas na coluna A e, automaticamente, calculado o restante da planilha por arraste;

A Tabela 2.4 apresenta o corte da área de trabalho da planilha de sistema de rodízio municipal já montada;

34 ❊ *Sistemas de Informação: Um Enfoque Computacional*

Tabela 2.4
Planilha do Sistema de Rodízio

Sistema de Rodízio			
Dia atual: Segunda-feira			
Placa	*Final*	*Rodízio*	*Status*
AKZ-1231	1	segunda-feira	Não circula hoje
BKZ-2345	5	Quarta-feira	liberado
CKZ-3456	6	Quarta-feira	liberado
DKZ-4567	7	Quinta-feira	liberado
EKZ-5672	2	segunda-feira	Não circula hoje
FKZ-6789	9	sexta-feira	liberado
GKZ-7890	0	sexta-feira	liberado
ALZ-1234	4	terça-feira	liberado
BLZ-2345	5	Quarta-feira	liberado
CLZ-3451	1	segunda-feira	Não circula hoje
DLZ-4562	2	segunda-feira	Não circula hoje
ELZ-5678	8	Quinta-feira	liberado
FLZ-6782	2	segunda-feira	Não circula hoje
GLZ-7890	0	sexta-feira	liberado
ALW-1234	4	terça-feira	liberado
BLW-2345	5	Quarta-feira	liberado
CLW-3456	6	Quarta-feira	liberado
DLW-4567	7	Quinta-feira	liberado
ELW-5678	8	Quinta-feira	liberado

Observa-se, também, que pelo arraste das fórmulas, pode-se inserir muitas outras placas de veículos e que, automaticamente, serão exibidos o status correspondente.

Existe a possibilidade ilimitada de se criar aplicações diversas para uso nas organizações. Em grande parte, há a dependência da criatividade. Porém, para a criação das aplicações é necessário "arregaçar as mangas", realizar uma análise do sistema para conhecer o negócio, seus objetivos, suas necessidades de informação, suas restrições e regras. A seguir, é preciso planejar o sistema ou a planilha com suas fórmulas, lógicas e formatação.

Neste processo de construção da planilha, a lógica de programação é essencial e vai nortear os trabalhos a ser realizados.

EXERCÍCIOS

1. **Paradigmas são conjuntos de:**
   a. ( ) Organizações da era atual nas quais as pessoas trabalham.
   b. ( ) Crenças, valores e modelos que regem o comportamento das pessoas.
   c. ( ) Métodos de trabalho que surgiram nos anos mais recentes.
   d. ( ) Pessoas e máquinas que formam um sistema de informação.
   e. ( ) Dados que formam um banco de dados.

2. **Foi o criador da Teoria Geral de Sistemas:**
   a. ( ) Elton Mayo.
   b. ( ) Frederick W. Taylor.
   c. ( ) Henry Fayol.
   d. ( ) Churchman.
   e. ( ) Ludwig von Bertalanffy.

3. **De acordo com Souki e Zambalde, existem três ambientes numa organização:**
   a. ( ) Operacional, interno e externo.
   b. ( ) Acadêmico, empresarial e corporativo.
   c. ( ) Geral, operacional e externo.
   d. ( ) Aberto, fechado e semi-aberto.
   e. ( ) Natural, artificial e misto.

4. **A planilha Excel é um produto:**
   a. ( ) *Open source.*
   b. ( ) De propriedade da Borland.
   c. ( ) Faz parte do pacote Open Office.
   d. ( ) Faz parte do pacote Office da Microsoft.
   e. ( ) É uma aplicação e software básico simultaneamente.

5. **O software que é constituído por sistemas operacionais e software de comunicação chama-se:**
   a. ( ) Aplicativo.
   b. ( ) Aplicação.
   c. ( ) Básico.
   d. ( ) Final.
   e. ( ) *Open source.*

Sistemas de Informação: Um Enfoque Computacional

6. O software que possibilita a criação de aplicações e funciona em conjunto com os sistemas operacionais utilizando os recursos dos mesmos.
   a. ( ) Aplicativo.
   b. ( ) Aplicação.
   c. ( ) Básico.
   d. ( ) Final.
   e. ( ) *Open source.*

7. São softwares desenvolvidos para tarefas específicas ou também são arquivos criados a partir dos softwares aplicativos.
   a. ( ) Aplicativo.
   b. ( ) Aplicação.
   c. ( ) Básico.
   d. ( ) Final.
   e. ( ) *Open source.*

8. São planilhas de software *open source*:
   a. ( ) Excel.
   b. ( ) Word.
   c. ( ) Access.
   d. ( ) QuatroPro.
   e. ( ) NDA.

9. O Linux é um software:
   a. ( ) Aplicação.
   b. ( ) Aplicativo.
   c. ( ) Básico ou de sistema operacional.
   d. ( ) Firmware, embutido em máquinas.
   e. ( ) NDA.

10. O software mais utilizado para planilhas eletrônicas segundo pesquisa da FGV (2004) é:
    a. ( ) Open Office.
    b. ( ) Star Office.
    c. ( ) Quatro Pro.
    d. ( ) Lótus 123.
    e. ( ) Excel.

11. Qual das funções a seguir não é uma função lógica do Excel?
a. ( ) SE.
d. ( ) NÃO.
b. ( ) OU.
e. ( ) HOJE.
c. ( ) E.

12. Qual das funções a seguir é uma função de procura e referência?
a. ( ) SE.
b. ( ) OU.
c. ( ) E.
d. ( ) NÃO.
e. ( ) ProcV.

13. Qual das alternativas a seguir responde melhor a questão: é uma função de procura e referência?
a. ( ) procV.
b. ( ) OU.
c. ( ) procH.
d. ( ) alternativas (a), (b) e (c).
e. ( ) alternativas (a) e (c).

14. Qual das funções a seguir não é uma função data do Excel?
a. ( ) dia.
b. ( ) mês.
c. ( ) hora.
d. ( ) e.
e. ( ) hoje.

15. Qual das funções a seguir não é uma função lógica do Excel?
a. ( ) QUANDO.
b. ( ) FALSO.
c. ( ) VERDADEIRO.
d. ( ) OU.
e. ( ) E.

16. O número máximo de planilhas em uma pasta Excel é:
a. ( ) 3.
d. ( ) 64.
b. ( ) 16.
e. ( ) 256.
c. ( ) 32.

17. **(ENADE –2004)** Os países em desenvolvimento fazem grandes esforços para promover a inclusão digital, ou seja, o acesso por parte de seus cidadãos, as tecnologias da era de informação. Um dos indicadores empregados é o número de hosts, ou seja, número de computadores que estão conectados à Internet. A tabela e o gráfico a seguir mostram a evolução do número de hosts nos três países que lideram o setor na América Latina.

Número de hosts

	2000	*2001*	*2002*	*2003*	*2004*
Brasil	446444	876596	1644575	2237527	3163349
México	404873	559165	918288	1107795	1333406
Argentina	142470	270275	465559	495920	742358

Fonte: Internet System Consortium, 2004

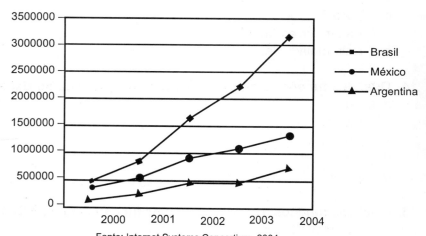
Fonte: Internet Systems Concortium, 2004.

Dos três países, os que apresentaram, respectivamente, o maior e o menor crescimento porcentual no número de hosts no período de 2000 a 2004 foram:
a. ( ) Brasil e México.
b. ( ) Brasil e Argentina.
c. ( ) Argentina e México.
d. ( ) Argentina e Brasil.
e. ( ) México e Argentina.

Fundamentos de Administração e Informática ✳ **39**

18. **(ENADE – 2004)** "Os determinantes da globalização podem ser agrupados em 3 conjuntos de fatores: tecnológicos, institucionais e sistêmicos" (GONÇALVES, Reinaldo. Globalização e Desnacionalização. São Paulo: Paz e Terra, 1999).

    "A ortodoxia neoliberal não se verifica apenas no campo econômico. Infelizmente, no campo social, tanto no âmbito das idéias como no terreno das políticas, o neoliberalismo faz estragos (...)" (SOARES, Laura T. O Desastre Social. Rio de Janeiro: Record, 2003).

    "Junto com a globalização do grande capital, ocorre a fragmentação do mundo do trabalho, a exclusão de grupos humanos, o abandono de continentes e regiões, a concentração da riqueza em certos empresas e países, a fragilização da maioria dos Estados, e assim por diante (...). O primeiro passo para que o Brasil possa enfrentar esta situação é parar de mistificá-la" (BEJAMIM, Cesar & outros. A Opção Brasileira. Rio de Janeiro: Contraponto, 1998).

    Diante do conteúdo dos textos apresentados anteriormente, algumas questões podem ser levantadas.

    1 – A que está relacionado o conjunto de fatores de "ordem tecnológica"?

    2 – Considerando que globalização e opção econômica neoliberal caminham lado a lado, nos últimos tempos, o que defendem os críticos do neoliberalismo?

    3 – O que seria necessário fazer para o Brasil enfrentar a situação da globalização no sentido de "parar de mistificá-la"?

    A alternativa que responde corretamente às três questões em ordem, é:

    a. ( ) Revolução da informática / Reforma do estado moderno com nacionalização de indústrias de bens de consumo / assumir que está em curso um mercado de trabalho globalmente unificado.

    b. ( ) Revolução nas telecomunicações / Concentrações de investimentos no setor público com eliminação gradativa de subsídios nos setores da indústria básica / implementar políticas de desenvolvimento a médio e longo prazos que estimulem a competitividade das atividades negociáveis no mercado global.

    c. ( ) Revolução tecnocientífica / reforço de política sociais com presença do Estado em setores produtivos estratégicos / garantir o nível de bem estar das pessoas considerando que

40 Sistemas de Informação: Um Enfoque Computacional

uma parcela de atividades econômicas e recursos é inegociável no mercado internacional.

d. ( ) Revolução da biotecnologia / fortalecimento da base produtiva com subsídios à pesquisa tecnocientífica nas transnacionais / considerar que o aumento das barreiras ao deslocamento de pessoas, o mundo do trabalho e a questão social estão circunscritos aos espaços regionais.

e. ( ) Terceira Revolução Industrial / auxílio do FMI com impulso para atração de investimentos estrangeiros / compreender que o desempenho de empresas brasileiras que não operam no mercado internacional não é decisivo para definir o grau de utilização do potencial produtivo, o volume de produção a ser alcançado, o nível de emprego e a oferta de produtos essenciais.

19. **(PROVÃO / MEC – 1998) Considere um sistema com retroalimentação:**

Ambiente – entrada – processo – saída – ambiente, e retorno de retroalimentação da saída para a entrada.

O esquema anterior apresenta os parâmetros que são condicionantes das propriedades, do valor e da descrição dimensional (arquitetura) de um sistema ou de um de seus componentes. Qual desses é o parâmetro responsável pelo controle do comportamento do sistema em face de suas metas e objetivos?

a. ( ) Saída.
b. ( ) Entrada.
c. ( ) Processador.
d. ( ) Retroação.
e. ( ) Ambiente.

BIBLIOGRAFIA

BOGHI, C; SHITSUKA, R. *Sistemas de informação: um enfoque dinâmico.* 2.ed. São Paulo: Érica, 2005.

FARIA, José Carlos. *Administração: introdução ao estudo.* 4.ed. São Paulo: Pioneira, 1997.

FAYOL, Henri. Administração industrial e geral. São Paulo: Atlas, 1978.

MEIRELLES, Fernando de Souza. *Informática: novas aplicações de microcomputadores*. São Paulo: Makron Books, 1994.

MORGAN, G. *Imagens da organização: a criação da realidade social*. São Paulo: Atlas, 1996.

O´BRIEN, James A. *Sistemas de informação e as decisões gerenciais na era da internet*. São Paulo: Saraiva, 2004.

PORTER, Michael E. *Estratégia competitiva: técnicas para análise de indústrias e da concorrência*. 15.ed. Rio de Janeiro: Campus, 1986.

SANTOS, Aldemar A. *Informática na empresa*. 2.ed. São Paulo: Atlas, 2000.

SOUKI, Gustavo Quiroga; ZAMBALDE, André Luiz. *Fundamentos de administração e informática*. Lavras: UFLA/FAEPE, 2003.

SOUZA, Reginaldo Ferreira de *Sistemas integrados e comércio eletrônico*. Lavras: UFLA/FAEPE, 2004.

TAYLOR, Frederick Winslow. Princípios de administração científica. São Paulo: Atlas, 1970.

TORRES, Gabriel *Hardware: curso completo*. 3.ed. Rio de Janeiro: Axel Books, 1999.

WEBER, Raul Fernando *Arquitetura de computadores pessoais*. Porto Alegre: Sagra Luzzatto, 2000.

WEBGRAFIA.

FUNDAÇÃO GETÚLIO VARGAS. Disponível em: http://www.fgvsp.br/cia/. Acesso em: ago. 2004.

Capítulo
3

Sistemas de Informação

> Os sistemas de informação são compostos por software, hardware, pessoas, regras, intranets, Internet, portais e repositórios de dados e interfaces que funcionam juntos, com objetivo comum, para receber entradas de dados, processar os mesmos, produzir e distribuir informações e *feedbacks* para o sistema, nas saídas. Estes sistemas estão cada vez mais presentes no dia-a-dia das pessoas e das organizações. O conhecimento desses sistemas inicia-se pela Teoria Geral dos Sistemas, passa pela classificação dos mesmos e atinge a Análise e Projeto dos Sistemas de Informação.

Após a visão de Bertalanffy (1971) mencionada para os sistemas, surgiu a óptica de Churchman (1972) que apontava para os sistemas administrativos. A seguir, Alter (1992) apresentou seus enfoques da tecnologia de informação. Posteriormente, Laudon e Laudon (2000) apresentaram a idéia dos sistemas voltados para a Internet. Mais recentemente, Boghi e Shitsuka (2005), O'Brien (2004), Alves et al. (2004) apresentaram uma visão dos sistemas atuais incluindo *Enterprise Resource Planning* (ERP), *Customer Relashionship Management* (CRM), *Data Warehousing, Data Marts e Business Intelligence*.

Boghi e Shituska (2005) classificam os sistemas de informação em:
- Orientados para Áreas de Operação (Processamento Transacional, Automação de Escritórios e Controle de Processos);
- Orientados ao Gerenciamento. Apoio à Decisão;
- Orientados para Executivos;
- Orientados ao Desempenho (Sistemas de Inteligência Artificial, Sistemas de Trabalho em Equipe, Sistemas de Intercâmbio Eletrônico de Dados, Sistemas de Apoio ao Ensino e Sistemas de Informações Estratégicas) e,
- Sistemas de Comunicação.

Alves et al. (2004) afirmou que, normalmente, um sistema de informação tem um ciclo de vida curto, no máximo 5 anos, quando não sofre alteração, e que temos que partir do conceito que não existe sistema de informação pronto e acabado, pois no decorrer do tempo, o processo exigirá manutenção legal, correções e melhorias.

1. Etapas na Análise e Projeto de Sistemas

Numa forma bastante resumida, a Análise e Projeto de Sistemas de Informação começa pela necessidade de usuários ou clientes.

É preciso que o analista convidado entenda qual é ou quais são os problemas ou áreas que necessitam de soluções computacionais por meio de sistemas de informação.

No passo seguinte, é necessário estudar os objetivos, os limites, as necessidades de informação e a viabilidade técnico-econômica. Com base nestes estudos iniciais, define-se um ciclo de vida a ser utilizado na análise e projeto do sistema. Elabora-se a proposta para os donos do capital, ou seja, para quem vai aprovar ou pagar pelo projeto.

2. Ciclo de Vida do Software e a Análise de Requisitos do Sistema

Há vários modelos de ciclo de vida do processo de software (PRESSMAN, 2002; ROUILLER et al, 2003; TONSIG, 2003):
- Modelo em cascata original;
- Modelo em cascata melhorado;
- Modelo em espiral;
- Os modelos de desenvolvimento evolucionário (programação exploratória e prototipagem descartável);

- Modelo da transformação formal;
- Modelo do desenvolvimento baseado em reuso; e
- Modelos iterativos (desenvolvimento espiral e desenvolvimento incremental).

2.1. Modelo em Cascata

O modelo clássico mais antigo é o modelo em cascata. A figura 6 ilustra o modelo em cascata inicial com suas etapas.

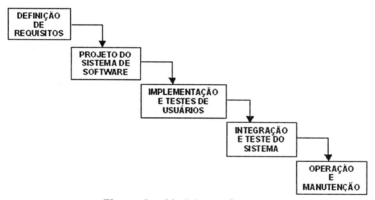

Figura 6 – *Modelo em Cascata.*

2.2. Modelo de Desenvolvimento em Espiral (É um Modelo Iterativo)

Acrescenta aspectos gerenciais (planejamento, controle, e tomada de decisão) ao processo de desenvolvimento de software. Suas etapas são:
1) Determinação dos objetivos, das alternativas e restrições;
2) Análise das alternativas e/ou resolução de riscos;
3) Desenvolvimento e validação da versão corrente do produto; e
4) Planejamento.

2.3. Modelo de Prototipagem Descartável

O principal objetivo deste modelo é entender os requisitos do sistema. Ele tem sido utilizado com sucesso para validar a interface gráfica. O protótipo é descartado e o software deve ser re-implementado na etapa seguinte, usando qualquer modelo de ciclo de vida, por exemplo, o modelo em cascata.

2.4. Modelo Baseado em Reuso

Baseia-se no uso de componentes já existentes. A arquitetura do sistema é modificada para incorporar estes componentes já existentes. O processo de desenvolvimento segue as etapas:

- Especificação de requisitos;
- Análise de componentes;
- Modificação dos requisitos;
- Projeto do sistema com reuso;
- Desenvolvimento e integração; e
- Validação.

2.5. Modelo de Desenvolvimento Incremental.

Neste modelo trabalha-se com módulos, que são criados e incluídos de modo que o sistema possa ser criado por etapas. Este tipo de sistema é o que ocorre quando se implanta pequenos data marts específicos de áreas de uma organização até que se atinja um nível tal de complexidade do conjunto de data marts formando um grande data warehouse.

2.6. Modelo da 4GL

No modelo 4GL utilizam-se ferramentas de software que habilitam o desenvolvedor a especificar algumas características de software em alto nível de abstração. O desenvolvedor especifica "o que" o software deve executar ao invés de especificar os detalhes associados à implementação, isto é, "o como". As ferramentas de software associadas às técnicas de **Quarta Geração** levam o programa escrito para a linguagem de programação, que é automaticamente gerada com base nas especificações dos desenvolvedores.

Como outros paradigmas, o 4GL inicia-se com o passo de levantamento de requisitos (SHITSUKA; BOGHI, 2004).

Idealmente, o usuário descreve os requisitos. Porém, ocorre que este pode estar inseguro sobre o que é requisito ou não. Ele pode ser ambíguo nas especificações de fatos que são conhecidos e difíceis. O diálogo estreito entre usuário e desenvolvedor é uma parte essencial no 4GL. Para softwares mais complexos, é necessário desenvolver uma estratégia de projeto para o sistema.

O último passo na 4GL é transformar uma implementação num produto. O desenvolvedor deve conduzir o processo por meio de testes, documentação.

3. Engenharia de Requisitos – Levantamento de Dados e Especificação de Requisitos

Num projeto pode-se utilizar um único modelo, ou a mistura de alguns modelos, formando-se os chamados "modelos mistos".

Em qualquer que seja o modelo selecionado, a etapa de levantamento de dados e de estudo de viabilidade inicial deve ser realizada com rapidez para que se possa dar continuidade ou não aos trabalhos. Nesta etapa, colocam-se as estimativas dos limites do projeto, custos, recursos, prazos e faz-se a proposta inicial de trabalho para quem vai comprar o sistema de informação.

Como o modelo clássico, em cascata original, não considerava os estudos de viabilidade, posteriormente estes foram acrescentados no início, antes da definição dos requisitos, e o modelo foi considerado como sendo de cascata melhorado (ROUILLER et al. 2003).

Com base nesses dados e propostas iniciais existe a decisão por parte do contratante.

Caso o projeto seja aprovado, iniciar-se-á o serviço definindo-se uma metodologia de trabalho: estruturada, essencial ou então orientada a objetos.

Quando se inicia o trabalho de análise do sistema, uma das questões mais importante é a da análise de requisitos.

Os responsáveis em realizar a análise de requisitos, normalmente, são os analistas ou engenheiros de requisitos. Estes devem ouvir os usuários. Precisam entender as necessidades de informação dos mesmos. Devem utilizar técnicas do tipo:

- Simples questionário;
- Reuniões;
- Verificação de documentos utilizados nos processos;
- Cenários participativos;
- Entrevistas com usuários;
- Visitas "in loco"; e
- Aplicação de técnicas como é o caso do *Joint Application Development* (JAD). Esta é uma técnica de realização de reuniões com várias pessoas envolvidas no problema e projeto de novo sistema.

Tonsig (2003) afirmou que a análise de requisitos é uma atividade de investigação, e que uma boa especificação de requisitos deve ser:

- Clara;
- Não ambígua;
- Completa;
- Correta;
- Consistente;
- Concisa; e
- Confiável.

Atualmente, considera-se que todas as fases de um projeto devem estar sujeitas às influências do meio, que podem fazer com que se realize replanejamentos e revisões do projeto de modo que o mesmo possa ser dinâmico, adaptando-se às mudanças, porém, de forma rápida, garantindo qualidade, atendimento aos requisitos dos clientes e sobrevida ao projeto.

A figura 7 apresenta uma outra forma de se enxergar o ciclo de vida, proposta por Boghi e Shitsuka (2002) para o ciclo de vida de um sistema:

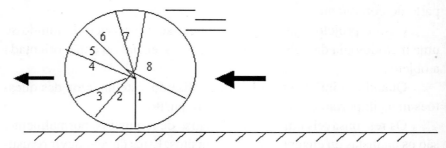

Figura 7 – *Ciclo de Vida de um Sistema – Legendas: 1. Levantamento de dados; 2. Estudo de viabilidade; 3. Projeto lógico; 4. Projeto físico; 5. Programações, Implementação; 6. Testes; 7. Implantação; 8. Manutenção. (BOGHI; SHISTUKA, 2002).*

A figura 8 apresenta o modelo anterior, porém, com o acréscimo da influência da manutenção nas diversas fases do ciclo de vida do sistema.

Para se obter informações, é necessário o uso de técnicas de levantamento de dados.

Na construção do projeto lógico e projeto físico vai se fazer uso de alguns diagramas que ajudarão a visualizar o sistema, seus limites, suas propostas, suas necessidades de recursos diversos e os programas de computador que terão que ser desenvolvidos na implementação.

O levantamento de dados é uma das fases mais importantes. Ele pode ser chamado de Análise de Requisitos ou Engenharia de Requisitos; a boa análise vai determinar o sucesso ou não do projeto. Procura-se entender as necessidades dos clientes e usuários e suas expectativas em relação ao sistema.

Em suma, a Engenharia de Requisitos é o processo de aquisição, verificação e refinamento das necessidades dos usuários ou clientes de um determinado sistema de informações.

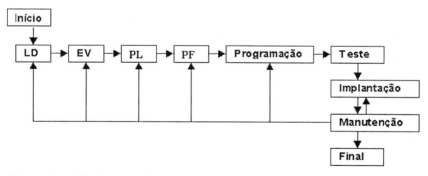

Figura 8 – *Influência da Manutenção nas Diversas Fases do Ciclo de Vida do Sistema. (Legendas: LD – Levantamento de Dados; EV – Estudo de Viabilidade; PL – Projeto Lógico; PF – Projeto Físico.*

A figura 9 apresenta o ciclo de vida do sistema de informação considerando o efeito da manutenção, que é representada por meio de uma bola lateral que possui a letra M.

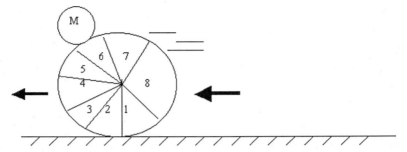

Figura 9 – *Ciclo de Vida de um Sistema com Manutenção. (Legendas: 1.Levantamento de dados; 2.Estudo de viabilidade; 3.Projeto lógico; 4.Projeto físico; 5.Programações; Implementação; 6.Testes; 7. Implantação; 8.Manutenção.*

4. Análise e Projeto Estruturado

Análise Estruturada tem enfoque *top-down,* isto é, cria-se, inicialmente, uma visão macro (alto nível) do sistema e depois se vai decompô-la em seus vários sub-sistemas ou elementos até atingir as funções mais detalhadas. Ela surgiu a partir de 1975 sendo utilizada até os dias atuais, como recorda Tonsig (2003). Concentrava-se na funcionalidade e posteriormente em ferramentas de Sistemas Gerenciadores de Bancos de Dados (SGBD). Entre os principais autores dessa escola estão Edward, Yourdon, James Martin, Peter Chen e Chris Gane.

Na Análise Estruturada faz-se uso dos diagramas de fluxo de dados (DFDs), cujos níveis principais são 0, 1 e 2. Resumidamente, pode-se afirmar em relação aos DFDs, que:

1) DFD nível 0 apresenta uma visão geral do sistema e seus limites, dessa forma, muitas vezes, confunde-se com o diagrama de contexto;

2) DFD nível 1 apresenta a visão dos módulos que compõe o sistema. Neste nível surgem as interações com os repositórios de dados;

3) DFD nível 2 apresenta os processos dos módulos de modo mais detalhado.

A figura 10 ilustra parte de um diagrama de fluxo de dados nível 0, correspondente a um Sistema de Vendas.

Sistemas de Informação: Um Enfoque Computacional 51

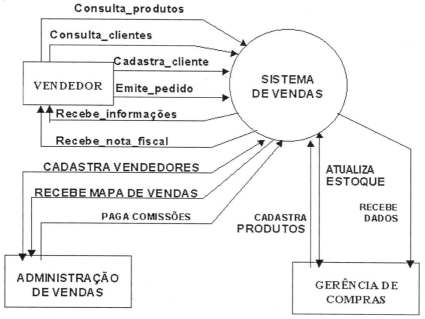

Figura 10 – *DFD Nível 0 de Sistema de Vendas Simplificado.*

A figura 11 apresenta parte de um DFD nível 1, do sistema anterior, a título de ilustração do formato deste diagrama.

A figura 12 apresenta parte do DFD nível 2 no qual se pode observar detalhes dos processos dos módulos.

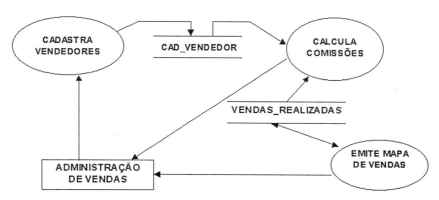

Figura 11 – *DFD Nível 1 de Sistema de Vendas Simplificado.*

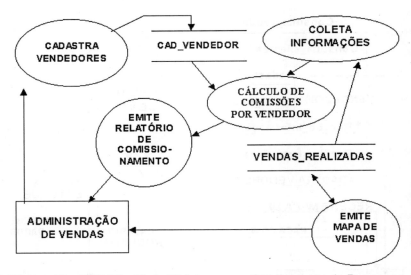

Figura 12 – DFD Nível 2 de Biblioteca, com Detalhamento de Processos.

Em complementação viria o Diagrama Entidade Relacionamento, como ilustra a figura 13, no qual se apresenta uma parte do diagrama completo, apenas no sentido de se visualizar a forma do mesmo. Observe as entidades em retângulos nos quais são listados os atributos ou características.

Pode-se notar também as relações de 1:n, n:n etc..

O conjunto de diagramas do que já existe e das propostas de alteração, mais os cronogramas e dimensionamento dos recursos necessários para o projeto, vão fazer parte do projeto conceitual.

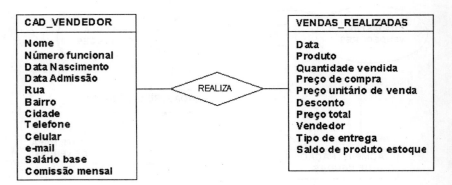

Figura 13 – DER Biblioteca.

Além dos diagramas, cria-se o chamado dicionário de dados e a especificação de processos do DFD nível 2.

5. Projeto Conceitual

É um documento escrito, o qual contém especificações do sistema a ser desenvolvido, considerando as necessidades do cliente e os requisitos obtidos na etapa de levantamento. Ele conterá, também, informações sobre as fases de desenvolvimento, responsáveis, prazos, telas e requisitos. Observe, o leitor, uma proposta para o seu conteúdo:

1) Características da forma atual de trabalho do cliente (fluxo atual existente);
2) Objetivos do sistema novo, conforme os levantamentos;
3) Fatores críticos de sucesso (FCS) e análise de riscos;
4) Etapas de desenvolvimento: cronograma e responsáveis por tarefas;
5) Telas do sistema;
6) Desenho lógico: DER e DFDs, sendo que a quantidade de níveis de DFD depende dos objetivos e detalhamento desejados:

DFD 0 – apresenta a visão geral do sistema;

DFD 1 – apresenta os módulos que compõe o sistema;

DFD 2 – detalha os processos que ocorrem em cada módulo;
7) Ferramentas a serem utilizadas no desenvolvimento; e
8) Requisitos de hardware e software para desenvolver o projeto;

6. Análise Essencial

Esta originou-se a partir da análise estruturada. Foi intermediária entre a estruturada e a orientada a objetos. Porém, foi relativamente menos popular que as mesmas. Surgiu a partir de 1984, sendo utilizada até os dias de hoje.

A Análise Essencial preocupava-se com a essência, a integração funcional e com os dados. Nela usa-se os mesmos diagramas DFD, Contexto, Diagrama Entidade Relacionamento e acrescenta-se a lista de eventos e o diagrama DFD particionado por eventos. Os autores representantes são McMenamin e John Palmer (TONSIG, 2004).

7. Análise Orientada a Objetos

A orientação a objetos na análise iniciou-se na década de 90. Nela consideram-se as funcionalidades dos sistemas, os objetos (estes são funções e dados encapsulados), e as visões estática e dinâmica. Alguns autores são: Peter Coad, Scott Ambler e James Rumbaugh.

Utiliza os diagramas de Casos de uso, Classes de objetos, Seqüência, Colaboração, Componentes e Distribuição. Para realizar a análise orientada a objetos utiliza-se a Linguagem de Modelagem Unificada (UML). Esta é uma linguagem gráfica, não de programação, mas de organização e de visualização do sistema em desenvolvimento.

Os sistemas de informação continuam na sua marcha em direção à evolução e aos sistemas que atendam melhor às pessoas que necessitam da informação para a tomada de decisões. A seguir, apresenta-se alguns dos principais tipos de diagramas da UML, à título de exemplo.

O primeiro diagrama é o de casos de uso. São vários diagramas que vão apresentar os atores e suas ações em relação ao sistema.

A figura 14 ilustra um diagrama de Casos de Uso da UML para o caso de funcionário de hotel. Note que este pode ser uma recepcionista, um supervisor ou até mesmo um gerente do hotel.

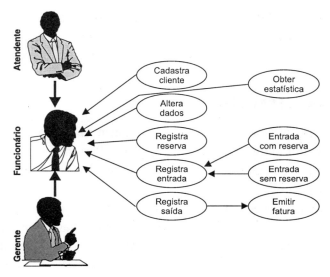

Figura 14 – *Caso de Uso de Funcionário do Hotel.*

Sistemas de Informação: Um Enfoque Computacional 55

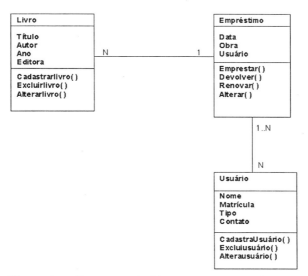

Figura 15 – *Diagrama de Classes para uma Biblioteca.*

A figura 15 ilustra o diagrama de Classes da UML de uma Biblioteca.

O diagrama de interação representa o comportamento dinâmico, pois os objetos estão constantemente trocando mensagens. Este é o caso do diagrama de seqüências e do diagrama de colaboração.

A figura 16 ilustra o diagrama de interação da UML para o caso de um consultório odontológico.

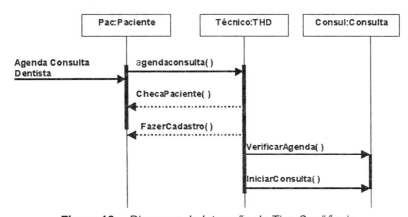

Figura 16 – *Diagrama de Interação do Tipo Seqüência.*

Figura 17 – *Diagrama de Colaboração Simplificado.*

Como se constrói um diagrama de seqüências?
a. Transforme um caso de uso em descrição algorítmica. Identifique passos no caso;
b. Desenhe as classes que farão parte do caso;
c. Cada passo terá classe que o executa;e
d. Se a tarefa é complexa, dividi-la em mais classes.

A figura 17 ilustra um modelo para diagrama de interação do tipo colaboração.

A figura 18 ilustra um exemplo de diagrama de estado, para o caso de um sistema de controle de revisões de artigos, criado pela FEUP (2004).

Figura 18 – *Exemplo de Diagrama de Estado (FEUP, 2004).*

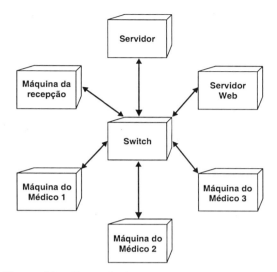

Figura 19 – *Exemplo de Diagrama de Implantação.*

A figura 19 apresenta um exemplo de diagrama de implantação. Neste tipo de diagrama pode-se observar os componentes de hardware envolvidos.

APLICAÇÕES

Uma Instituição de Ensino Superior, a Faculdade FDM, contratou um analista de sistemas para desenvolver um sistema de Bibliotecas.

O analista iniciou as tarefas fazendo um estudo de viabilidade técnico-econômica.

Após aprovação do estudo de viabilidade e da proposta inicial do sistema, o analista definiu o modelo de ciclo de vida para desenvolvimento do sistema como sendo o modelo de reuso, como ilustra a figura 20. Neste modelo pode-se observar as etapas de desenvolvimento do sistema.

Observa-se que a análise de componentes envolve os já existentes na empresa e os externos (de mercado).

Existe a necessidade de ajustes dos requisitos junto aos usuários para se adaptar aos componentes existentes. Cria-se, então, um novo projeto com os componentes que são "reutilizados".

Há o desenvolvimento, a integração e, finalmente, a validação do sistema. Esta tem que ser aprovada ou validada pelo usuário do sistema.

58 Sistemas de Informação: Um Enfoque Computacional

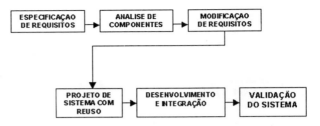

Figura 20 – *Modelo de Reuso (ROUILLER et al., 2003)*.

A etapa inicial de levantamento de requisitos foi realizada por meio de entrevistas com a bibliotecária, entrevista com os usuários (professores, alunos e funcionários) e entrevista com a direção e gerência da empresa.

A análise de requisitos apresenta, de modo resumido, as seguintes informações:

1. Conhecimento da Organização;
2. Conhecimento da área a ser informatizada;
3. Objetivo do sistema;
4. Envolvidos no sistema;
5. Tarefas do sistema;
6. Limites do sistema;
7. Volumes previstos para o sistema;
8. Relatórios pedidos para serem emitidos pelo sistema;
9. Regras a serem seguidas pelo sistema;
10. Requisitos do sistema;
11. Requisitos dos usuários;
12. Requisitos da Bibliotecária;
13. Requisitos da Instituição;
14. Requisitos dos desenvolvedores;
15. Prazos a serem cumpridos;
16. Vantagens e desvantagens; e
17. Opções de desenvolvimento.

Na etapa seguinte, foi feita a busca de software do mercado que pudesse atender aos requisitos solicitados. Encontrou-se o software MultiAcervo[1] que superava as expectativas.

---

[1] MultiAcervo é marca registrada da Horizonte Tecnologia de Informação (HTI) de Joinville – SC.

Sistemas de Informação: Um Enfoque Computacional ✳ **59**

EXERCÍCIOS

1. **A análise essencial surgiu como evolução:**
    a. ( ) Da análise orientada a objetos.
    b. ( ) Da engenharia de software.
    c. ( ) Da análise estruturada.
    d. ( ) Da modelagem orientada a objetos.
    e. ( ) Dos casos de uso.

2. **Utiliza os diagramas de classes, diagramas de casos de uso e diagramas de componentes:**
    a. ( ) Análise estruturada.
    b. ( ) Análise orientada a objetos.
    c. ( ) Análise essencial.
    d. ( ) Engenharia de requisitos.
    e. ( ) NDA.

3. **Os sistemas Integrados de Gestão da Produção são:**
    a. ( ) MRP.
    b. ( ) ERP.
    c. ( ) SCM.
    d. ( ) CRM.
    e. ( ) EPI.

4. **Os sistemas de Educação à distância são classificados como:**
    a. ( ) SIG – Sistema de Informação Gerencial.
    b. ( ) SAD – Sistema de Apoio à Decisão.
    c. ( ) SPT – Sistema de Processamento Transacional.
    d. ( ) SIEx – Sistema de Informação para Executivos.
    e. ( ) SAE -Sistema de Apoio ao Ensino.

5. **A UML é uma linguagem:**
    a. ( ) De programação de computadores.
    b. ( ) De programação orientada a objetos.
    c. ( ) De modelagem visual.
    d. ( ) De baixo nível.
    e. ( ) De alto nível.

60 Sistemas de Informação: Um Enfoque Computacional

6. **A análise orientada a objeto já existe há vários anos. Ela surgiu em:**
   a. ( ) Em 1970.   c. ( ) Em 1984.   e. ( ) Em 1996.
   b. ( ) Em 1975.   d. ( ) Em 1990.

7. **O diagrama de contexto também é conhecido como:**
   a. ( ) Diagrama entidade relacionamento.
   b. ( ) Diagrama de casos de uso.
   c. ( ) Diagrama de fluxo de dados nível zero.
   d. ( ) Diagrama de fluxo de dados nível um.
   e. ( ) Diagrama de componentes.

8. **A análise estruturada tem um enfoque:**
   a. ( ) botton-up.   d. ( ) left-right.
   b. ( ) right-size.   e. ( ) NDA.
   c. ( ) top-down.

9. **A modelagem que apóia a análise orientada a objetos é:**
   a. ( ) SAO.   d. ( ) UML.
   b. ( ) SAP.   e. ( ) SIG.
   c. ( ) MAC.

10. **Diagramas de Casos de uso, Classes de objetos, Seqüência, Colaboração, Componentes e Distribuição pertencem ao modelo:**
    a. ( ) DFD.   d. ( ) SAD.
    b. ( ) UML.   e. ( ) DER.
    c. ( ) SIG.

11. **Fazer uso de diagramas ajuda a enxergar os sistemas com abstração. A Análise de Sistemas faz uso de diagramas do tipo Diagrama de Fluxo de Dados (DFD) e Diagrama Entidade Relacionamento (DER). A função dos DFD nível zero e DFD nível 1, na Análise Estrutura de Sistemas é:**
    a. ( ) Delimitar o escopo do projeto do sistema.
    b. ( ) Deixar livre o limite do projeto do sistema.
    c. ( ) Realizar uma análise de requisitos.
    d. ( ) Realizar a manutenção do sistema.
    e. ( ) NDA.

Sistemas de Informação: Um Enfoque Computacional **61**

12. **João Silva é proprietário da Empresa TEMAX que fabrica produtos de consumo. Ele contratou você para orientá-lo com relação à Administração de SI. João ouviu falar num tal "diagrama de fluxo de dados". Você vai explicar o mesmo para o João informando que o mesmo corresponde a:**
    a. ( ) Projeto físico.
    b. ( ) Projeto lógico.
    c. ( ) Manutenção do sistema.
    d. ( ) Implementação.
    e. ( ) Implantação.

13. **Você foi contratado como Administrador de Sistemas de Informação da empresa Jolesa Industrial com 350 funcionários. Os gerentes e chefes das diversas áreas sabem que uma Empresa Desenvolvedora de Software, a EXTERNA, vai desenvolver o Sistema Computadorizado de Gestão de Produção da Jolesa. Estes chefes e gerentes trazem a proposta da EXTERNA e pedem que você diga-lhes o que é a tal bola no centro do Diagrama de Contexto (DFD nível zero). Nela é inserido:**
    a. ( ) O sistema (programas).
    b. ( ) A manutenção (serviços).
    c. ( ) A implementação (programação).
    d. ( ) A implantação (treinamento).
    e. ( ) A análise de requisitos (questões).

14. **O conhecimento de sistemas em geral é o início do conhecimento necessário para se entender os sistemas de informação. Um sistema é o conjunto de componentes:**
    a. ( ) Sem vínculo nenhum e sem objetivos.
    b. ( ) Interagentes e interdependentes com objetivo comum.
    c. ( ) Aberto e sem interação com qualquer meio.
    d. ( ) Fechado e com interações e trocas com o meio.
    e. ( ) Pessoas sem regras.

15. **Quando se vai desenvolver um sistema, uma das primeiras coisas a se fazer é definir um modelo de ciclo de vida de sistema. Dentre os modelos de ciclo de vida de sistema conhecidos e utilizados, o mais antigo, simples e conhecido é o de:**
    a. ( ) Cascata.
    b. ( ) Espiral quântica.
    c. ( ) Da transformação formalizada.
    d. ( ) Da 4GL.
    e. ( ) Do modelo incremental reverso.

62 ❋ *Sistemas de Informação: Um Enfoque Computacional*

16. **Numa Instituição de Ensino Superior, uma Biblioteca é um sistema que possui muitos outros subsistemas. Quando se considera a parte do software como sistema de Biblioteca, este pode ser estudado em termos de:**
    a. ( ) Engenharia de software utilizada no projeto.
    b. ( ) Interface-homem máquina utilizada no projeto.
    c. ( ) Redes de computadores utilizadas no projeto.
    d. ( ) Gestão do conhecimento utilizada no projeto.
    e. ( ) Todas as alternativas anteriores estão corretas.

17. **Ao longo do ciclo de vida de um sistema, existem várias etapas. Você começou a desenvolver um sistema e está numa das etapas iniciais. A etapa do ciclo de vida de sistemas na qual o analista faz questionários, reuniões e JAD para levantamento de dados é conhecida como:**
    a. ( ) Análise de regressão.
    b. ( ) Estudo de viabilidade.
    c. ( ) Análise de requisitos do sistema.
    d. ( ) Estudo de dinâmica.
    e. ( ) Análise de padrões.

18. **Os Analistas de Sistemas devem realizar estudos nas áreas que estão sendo analisadas. Para realizar os estudos são necessárias a realização de entrevistas e levantamentos de dados. O analista deve ter postura de não divulgar abertamente as informações coletadas. São características desejáveis e necessárias aos analistas de sistemas:**
    a. ( ) Ter responsabilidade, ser observador, ser organizado e educado.
    b. ( ) Ter irresponsabilidade, ser observador, não ser organizado e educado.
    c. ( ) Ter responsabilidade, não ser observador, ser organizado e não educado.
    d. ( ) Ter irresponsabilidade, não ser observador, ser organizado e educado.
    e. ( ) Ter responsabilidade, não ser observador, ser organizado e não educado.

Sistemas de Informação: Um Enfoque Computacional ✳ **63**

19. **O que se entende por projeto conceitual e quais seus componentes?**

20. **O modelo de ciclo de vida que permite utilizar componentes previamente existentes de software de prateleira, é conhecido como:**
a. ( ) Ciclo de vida clássico em cascata.
b. ( ) Ciclo de vida incremental.
c. ( ) Ciclo de vida de reuso.
d. ( ) Ciclo de vida em espiral.
e. ( ) Ciclo de vida de prototipação.

21. **Quem é o responsável pela validação de um sistema?**

22. **Qual diagrama de fluxo de dados faz o detalhamento dos processos de cada módulo?**
a. ( ) DFD0.   c. ( ) DFD1.   e. ( ) DFD2.
b. ( ) DER.   d. ( ) DED.

23. **Responda: no sentido amplo, o que entendemos por sistema?**

64 ❈ *Sistemas de Informação: Um Enfoque Computacional*

24. **Selecione qual o diagrama que trabalha com fluxo de dados e delimita o sistema:**

a. ( ) DED.

b. ( ) DFI.

c. ( ) DER.

d. ( ) DFF.

e. ( ) NDA.

25. **Identifique a alternativa que não apresenta uma característica do modelo de ciclo de vida clássico em cascata original.**

a. ( ) Quanto maior o tamanho do projeto, maior será a probabilidade de problemas de qualidade.

b. ( ) Baixa interação entre o analista e o usuário.

c. ( ) Alto índice de manutenção no sistema.

d. ( ) Documentação em geral é muito precária.

e. ( ) Tempo de desenvolvimento é maior que os demais ciclos.

26. **Responda qual a principal diferença entre os diagramas de fluxo de nível 0 e nível 1?**

27. **O que é o método COCOMO?**

a. ( ) Conjunto de reuniões realizadas para se levantar requisitos.

b. ( ) Conjunto de questionários para se avaliar a aprovação dos usuários.

c. ( ) Método utilizado para calcular tempo e recursos para desenvolver projetos de sistema.

d. ( ) Gráfico utilizado para estimar o preço de um projeto de sistemas.

e. ( ) Diagrama de tempo no qual constam os responsáveis e as tarefas a serem realizadas.

28. **Responda: que funções (4) têm que possuir um sistema de controle de Biblioteca?**

29. **Qual a característica mais marcante da Análise Estruturada?**

a. ( ) A sua utilização de objetos.

b. ( ) A visualização do início do projeto.

c. ( ) A determinação do cronograma das fases de desenvolvimento.

d. ( ) O uso de modelo de ciclo de vida.

e. ( ) A característica top-down.

Sistemas de Informação: Um Enfoque Computacional ✳ **65**

30. Identifique a alternativa que representa uma característica da prototipação?

a. ( ) Não pode ser utilizada na fase inicial de levantamento de requisitos.

b. ( ) Tem a finalidade de reduzir o retrabalho após a implantação do sistema.

c. ( ) É feita pelo usuário para facilitar o trabalho do analista.

d. ( ) É a principal ferramenta do ciclo de vida em cascata.

e. ( ) Consome muitas horas de desenvolvimento.

31. Associe a coluna da direita com a coluna da esquerda:

1	DFD0	Detalha os processos que ocorrem em cada módulo.	
2	DFD1	Apresenta a visão geral do sistema.	
3	DFD2	Apresenta os módulos que compõe o sistema.	

32. O ciclo de vida em espiral dita que cada etapa do desenvolvimento deve ser planejada, deve ter seu risco analisado, deve ser executada e, finalmente, passar pela avaliação da área usuária. Identifique a alternativa que não representa uma finalidade da avaliação no ciclo de vida em espiral.

a. ( ) Avaliar o custo benefício do projeto.

b. ( ) Verificar se a execução atendeu ao objetivo planejado.

c. ( ) Adquirir a validação da área usuária sobre o trabalho realizado na etapa.

d. ( ) Evitar que a fase seguinte seja executada enquanto ainda houver problema na fase atual.

e. ( ) Verificar se já existem condições para se executar a próxima etapa.

33. Qual alternativa melhor representa quem é autor da análise e projeto estruturado?

a. ( ) James Martin.   d. ( ) Edward Yourdon.

b. ( ) Peter Chen.   e. ( ) Todas as anteriores.

c. ( ) Chris Gane.

34. No projeto lógico utiliza-se:

a. ( ) DFE e DER.   d. ( ) DRE e DFD.

b. ( ) DER e DED.   e. ( ) DER e DEP.

c. ( ) DER e DFD.

66 ❧ *Sistemas de Informação: Um Enfoque Computacional*

35. O que significa os seguintes símbolos: ⬚▭ ▬
a. ( ) Fluxo de dados.
b. ( ) Nome da entidade.
c. ( ) Depósito de dados.
d. ( ) Indicadores de processo.
e. ( ) Nome de processos.

36. (PCIconcursos) No contexto de modelagem orientada a objetos, é correto afirmar que:
a. ( ) A cardinalidade específica quanto os atributos de um objeto relacionam-se aos atributos de um outro objeto.
b. ( ) Um atributo é uma propriedade de um objeto de uma instância.
c. ( ) Ligações e associações são os meios para se estabelecer relacionamentos entre atributos.
d. ( ) Os objetos de uma classe possuem os mesmos atributos e padrões comportamentais.
e. ( ) NDA.

37. (PROVÃO MEC/2002) A MD Laboratórios Médicos está implantando um Sistema de Informações Gerenciais (SIG) para transformar dados de seus sistemas operacionais em informações. Pode ser caracterizado como parte integrante do sistema a ser implantado no Sistema de:
a. ( ) Armazenamento do conhecimento.
b. ( ) Emissão de Notas Fiscais.
c. ( ) Baixa de Equipamentos Vendidos.
d. ( ) Contabilização de Entradas de Peças no Estoque.
e. ( ) Relatórios Comparativos do Número de Exames.

38. (PROVÃO MEC/1999) Nenhum sistema, por si só, proporciona toda a informação de que a organização necessita. As organizações contam com muitos sistemas de informação que servem aos seus diferentes níveis e funções. Entre os principais sistemas de informação, requeridos pelos diversos níveis organizacionais, encontram-se os seguintes:
I – Sistemas de Suporte a Executivos (SSE) no nível estratégico.
II – Sistemas de Informação para Administração (SIA) no nível gerencial.

Sistemas de Informação: Um Enfoque Computacional ✳ **67**

III – Sistema de Recrutamento e Seleção de Pessoal no nível operacional.

IV – Sistema de Automação de Escritórios (SAE) no nível do conhecimento ou operativo.

V – Sistema de Processamento de Operações no nível operacional.

VI – Sistema de Compras à Distância (SCD) no nível comercial.

Estão corretos os sistemas:
a. ( ) I, II e III apenas;
b. ( ) I, III e IV apenas;
c. ( ) I, IV e V apenas;
d. ( ) II, III e VI apenas;
e. ( ) II, V e VI apenas.

EXERCÍCIOS PARA RESPONDER

39. Identifique o modelo de ciclo de vida adotado no desenvolvimento de software pela empresa Cachoeira Software, na qual as etapas de desenvolvimento foram definidas para serem seguidas em seqüência, que se inicia pela definição de requisitos. Após terminar essa fase, vem a fase do projeto do sistema e software. Terminada esta segunda etapa, os analistas realizam a implementação e testes utilitários. Na etapa que se segue, realiza-se a integração e o teste do sistema. Na etapa final, inicia-se a operação e manutenção. Não estão previstas revisões de projeto. Qual é o tipo de ciclo de vida?

40. A empresa desenvolvedora de software "Spiral Solutions" pratica em seus projetos um modelo de ciclo de vida de desenvolvimento de sistemas de informação, no qual acrescenta aspectos gerenciais ao processo de desenvolvimento, ou seja, análise de risco em intervalos regulares. A primeira etapa contém a determinação dos objetivos, alternativas e restrições. A segunda etapa estuda a análise das alternativas. Na terceira etapa realiza-se o desenvolvimento e validação e na quarta etapa faz-se o planejamento com revisões periódicas. Qual é o modelo?

68 ❈ *Sistemas de Informação: Um Enfoque Computacional*

41. **Identifique o modelo de ciclo de vida de desenvolvimento adotado na empresa desenvolvedora "Descartes Software". Nela criam-se protótipos de interface gráfica, performance e portabilidade, isto é, de telas, que são apresentadas aos usuários e depois são descartadas. A empresa está trabalhando com este modelo em conjunto com um modelo em cascata. Qual é o modelo utilizado?**

42. **Identifique o modelo de ciclo de vida de sistema de informação utilizado pela empresa Sofware Reuse. Nela o ciclo de vida assume que o sistema é formado por componentes pré-existentes. Pratica-se o reuso de componentes. O processo de desenvolvimento é parecido com uma linha de montagem. Qual é o modelo de ciclo de vida utilizado?**

43. **(PROVÃO – MEC/1998) Assinale a opção que apresenta uma linguagem de 4ª Geração cujos recursos estão adequados às necessidades de elaboração de planilhas da área financeira das empresas.**
    a. ( ) Excel.
    b. ( ) Access.
    c. ( ) PageMaker.
    d. ( ) CorelDraw.
    e. ( ) PowerPoint.

44. **São razões típicas para se iniciar um projeto de desenvolvimento de um sistema: (SERPRO – 2001)**
    a. ( ) Política de marketing, vontade de se fazer uso mais efetivo das informações, incentivo às importações.
    b. ( ) Vontade de explorar novas oportunidades, vontade de realocação de recursos humanos, perfil dos concorrentes.
    c. ( ) Vontade de explorar novas oportunidades, vontade de se fazer uso mais efetivo das informações, aumento da concorrência.
    d. ( ) Vontade de explorar novas oportunidades, vontade de se modificar o perfil dos usuários, aumento das vendas.
    e. ( ) Planejamento estratégico, planejamento metodológico, aumento da concorrência.

45. No estabelecimento de objetivos para o desenvolvimento de sistemas, é correto afirmar que (SERPRO – 2001):

a. ( ) O desenvolvimento deve dar suporte e estar alinhado com as metas organizacionais.

b. ( ) O impacto que um determinado sistema tem, ou terá, na integridade de uma organização em alcançar suas metas estabelece o real valor desse sistema para a complexidade da organização.

c. ( ) A etapa inicial do processo de desenvolvimento deve ser um sistema que permite alcançar certos objetivos de desempenho, custos, controle e complexidade.

d. ( ) Objetivos de payback são as despesas decorrentes de se conferir, ao sistema, certo nível de desempenho, controle e complexidade.

e. ( ) Objetivos de complexidade tentam definir quão básicos ou complexos devem ser os relacionamentos entre os proponentes do sistema.

46. Na análise e diagnóstico das necessidades de informação dos clientes, (SERPRO – 2001)

a. ( ) O analista de sistemas ou a equipe de desenvolvimento estabelece a estrutura modular do sistema.

b. ( ) A orientação para o que o sistema deve fazer decorre do conhecimento de como ele deve fazer.

c. ( ) O patrocinador especifica os procedimentos computacionais que o novo sistema deve realizar.

d. ( ) O analista de sistemas ou a equipe de desenvolvimento determina as definições de nível estratégico do patrocinador.

e. ( ) A ênfase é colocada no que o sistema deve fazer e não no como ele deve fazer.

BIBLIOGRAFIA

ALTER, Steven L. *Information systems: a management perspective*. New York: Addison Wesley, 1992.

ALVES, Rêmulo Maia; ZAMBALDE, André Luiz; FIGUEIREDO, Cristhiane Xavier. *Sistemas de informação*. Lavras: UFLA/FAEPE, 2004.

BERTALANFFY, Ludwig Von. *A teoria geral dos sistemas*. Petrópolis-RJ: Vozes, 1971.

BOGHI, Cláudio; SHITSUKA, Ricardo. *Sistemas de informação: um enfoque dinâmico*. 2ª ed. São Paulo: Érica, 2005.

CHURCHMAN, C. West. *Introdução à teoria dos sistemas*. Petrópolis-RJ: Vozes, 1972.

LAUDON, Kenneth C; LAUDON, Janeth Price. *Sistema de informação na era da internet*. Rio de Janeiro: LTC, 2000.

O´BRIEN, James A. *Sistemas de informação e as decisões gerenciais na era da internet*. São Paulo: Saraiva, 2004.

PRESSMAN, Roger S. *Engenharia de software*. 5.ed. Rio de Janeiro: McGraw-Hill, 2002.

SHITSUKA, R.; BOGHI, C. *Os paradigmas na engenharia de software para melhoria de processos*. Revista Científica, v.3, n.3, p.25-34, 2004.

ROUILLER, Ana Cristina; VASCONCELOS, Alexandre M. Lins de; MACIEL, Teresa M.Medeiros. *Engenharia de software*. Lavras: UFLA/FAEPE, 2003.

TONSIG, Sergio L. *Engenharia de software: análise e projeto de sistemas*. São Paulo: Futura, 2003.

WEBGRAFIA

FEUP – Universidade do Porto. Website no endereço. Disponível em: http://www.fe.up.pt/~jpf/teach/ES/Exercicios/exercicio_3.html. Acesso em: 10/10/2004.

Capítulo 4

Arquitetura de Computadores

> A Arquitetura de Computadores é a área de conhecimento da computação que estuda o conjunto de tipos de dados, instruções e características que definem uma máquina virtual do ponto de vista do seu usuário (programador). Estuda também as características visíveis dos computadores. Na área de Computação e Informática o profissional deve possuir uma visão da arquitetura e dos seus diversos níveis, pois o desenvolvimento em um nível pode afetar os outros, uma vez que os mesmos não são isolados e estanques. Os Analistas de Sistemas comerciais normalmente atuam nas camadas de aplicação, ao passo que os Cientistas da Computação têm que atuar em todos os níveis de máquinas.

A Organização de Computadores estuda os diversos componentes de um sistema de computação, suas respectivas funcionalidades e também a forma como os mesmos estão interconectados e relacionam-se.

No dia-a-dia, os termos Arquitetura e Organização de Computadores confundem-se.

A idéia de computador como o conhecemos surgiu com a máquina de Alan Turing e este participou, em 1943, da construção do computador Colossus I, digital, que funcionava por meio de válvulas eletrônicas

72 — *Sistemas de Informação: Um Enfoque Computacional*

e era utilizado para decifrar códigos militares durante a II Grande Guerra (FIDELI et al., 2003).

Os computadores atuais são evoluções do modelo inicialmente proposto por John Von Neuman, que criou o computador IAS em 1952, com a unidade de controle e unidade lógica aritmética atuando em nível de processador, e trocando dados com a memória, as entradas e saídas.

Posteriormente, houve diversas evoluções, muitas das quais nos processadores, outras com a introdução do barramento que ocorreu com o computador PDP-8 da Digital Electronic Corp. (DEC), no início da década de 60.

Já no final da década de 70, nos computadores IBM-PC, surgiu a idéia do barramento padronizado, o qual permitiu o desenvolvimento de diversos dispositivos num tempo posterior ao lançamento desse computador no século passado. Entre os dispositivos que surgiram havia placas de som, placas de vídeo, e muitos outros.

Novas arquiteturas ainda estão em evolução, como é o caso da arquitetura do computador quântico, de modo que os próximos anos parecem prometer muitas inovações.

1. As gerações de Computadores

A tabela 4.1 apresenta as gerações dos computadores.

2. Os Níveis de Máquina

Para entendimento dos computadores e dos projetos dos diversos sistemas, Tanembaum (2000) classificou os sistemas de computadores em níveis ou camadas, que quanto mais elevados esconderiam a complexidade das camadas inferiores. Este conceito é conhecido como máquina virtual.

Atualmente, existem 6 níveis. Vamos observá-los do nível mais externo, mais elevado, isto é, da camada 6, para baixo, até a 1.

A tabela 4.2 apresenta os níveis de arquitetura de computadores. Para um nível superior, o nível inferior é considerado como sendo de máquina virtual, exceto o nível básico, que é da máquina real.

Arquitetura de Computadores 🐝 **73**

TABELA 4.1
Gerações dos Computadores

Geração:	Descrição
1a	A primeira geração de computadores durou de 1945 a 1955. Era a geração dos computadores que funcionava por meio de válvulas eletrônicas. Entre eles o representante famoso é o ENIAC. Ainda nesta fase surgiu a arquitetura que serve de base para os computadores em uso atualmente, foi criada por John von Neuman. Ele desenvolveu o computador IAS (Institute for Advanced Studies, de Princenton) em 1952, que utilizava os seus conceitos. Na visão deste cientista, os computadores eram máquinas que possuem unidade de controle, unidade lógico-aritmética, memória e dispositivos de entrada e saída. Na memória ficam armazenados os programas e os dados.
2a	De 1955 a 1965 ocorreu a segunda geração caracterizada pelos transistores. Desta época os representantes famosos foram os computadores da DEC (Digital Electronic Corp.) entre os mesmos o PDP-1 introduziu o monitor e o PDP-8 introduziu a idéia de barramento.
3a	Na terceira geração que ocorreu de 1965 a 1980 utilizou-se os circuitos integrados. Nesta geração o computador famoso foi o IBM-360.
4a	Na quarta geração que se iniciou em 1981 até atualmente. No período de 1980 a 2001 os computadores utilizaram os circuitos VLSI (Very Large Scale Integration). São característicos dessa época os processadores da Intel.

TABELA 4.2
Níveis de Arquitetura de Computadores

6° nível:
No nível mais alto, de aplicação se consideraria um nível inferior com suas complexidades como sendo uma máquina virtual para este nível.
O nível mais alto é o de aplicações.
5° nível:
Logo abaixo, viria o nível das linguagens de programação que teria uma máquina virtual abaixo.
4° nível:
Imediatamente inferior ao nível das linguagens de programação, viria o nível dos sistemas operacionais.
3° nível:
Abaixo do nível de sistemas operacionais, existe um outro nível de máquina virtual que seria o de programação assembler da máquina.
2° nível:
Num nível abaixo do assembler haveria a microprogramação da máquina que seria definida pelo fabricante do processador de computador. Abaixo do nível de microprogramação que é da empresa fabricante do processador como é o caso da Intel, da Motorola e da AMD.
1° nível:
No nível mais baixo, viria o nível da máquina real. Neste nível existe a lógica digital e os circuitos eletrônicos que funcionam com binários.
Outros tipos de arquitetura são a paralela que considera processadores funcionando em paralelo e não havia sido prevista na arquitetura de von Neuman, a arquitetura das redes neurais, o grid computing, a arquitetura dos computadores quânticos e possivelmente outras ainda hão de surgir devido aos estudos e pesquisas que vêm ocorrendo continuamente nas empresas da área de computação.

3. Processador

O processador é considerado como o cérebro do computador. Ele é composto por 3 partes: a unidade de controle, que determina a ordem na qual as instruções e dados são processados; a unidade lógico aritmética, que realiza os cálculos, e os registradores, que são memórias internas dos processadores.

Nele ocorre a seguinte seqüência, apresentada na Tabela 4.3.

TABELA 4.3
Seqüência de Instruções num Processador

1. Busca de instruções
2. Interpretação de instruções
3. Busca de dados
4. Processamento de dados
5. Escrita de dados em dispositivos de E/S ou na memória

4. Memórias

4.1. Nomenclatura

Existe uma grande variedade de memórias utilizadas nos meios técnicos e comerciais. Alguns nomes principais são: as Read Only Memorys (ROM), que são memórias só de leitura (não de gravação); as Randon Access Memorys (RAM), que são memórias de acesso aleatório; as memórias Dual In-line Memory Module (DIMM), que são módulos de memória RAM; as Single In-line Memory Module (SIMM), que também são módulos de memória RAM; e muitos outros que estão ligados à tecnologia utilizada (TORRES, 1999).

4.2. Tecnologia das memórias

As memórias podem ser de meios magnéticos, como é o caso dos disquetes, do HD, podem ocorrer em meios ópticos, como é o caso do CD e podem ser por meio de circuitos integrados. Nestas, os circuitos vão controlar pequenos capacitores. Quando os capacitores estão carregados, eles representam o "um", e descarregados representam o "zero". Considerando-se milhares desses circuitos em microchips, pode-se entender as memórias RAMs e porque as mesmas são de custo mais elevado que as memórias de meio magnético (WHITE, 1993).

4.3. Classificação e Hierarquia das Memórias

As memórias podem ser internas ao processador, como é o caso dos registradores, e caches internas ou externas; as caches externas (RAMs, ROMs) são primárias ou principais; as memórias auxiliares ou secundárias incluem os HDs, CDs, disquetes, Fita DAT, Zip Drive, Jazz Drive etc.

Memórias RAMs podem ser estáticas ou dinâmicas. As estáticas são as caches que conservam as informações mais utilizadas, e as dinâmicas são as RAMs (EDO, DIMM, SIMM etc).

As memórias também podem ser classificadas como: voláteis e não voláteis. As primeiras perdem a informação quando se desliga a energia, como é o caso das RAMs, ao passo que as últimas conservam a informação mesmo depois de desligadas, como é o caso do HD, disquetes, CDs...

Quanto às memórias dos computadores, existe uma hierarquia em relação a velocidade que é maior nos registradores, seguidos pelas memórias caches, as RAMs ou memórias principais e as memórias auxiliares ou memórias de massa. A mesma seqüência corresponde aos custos mais altos; a capacidade de armazenamento segue a ordem inversa, ou seja: os registradores internos ao processador podem armazenar pouca informação, ao passo que as RAMs podem armazenar uma quantidade intermediária de informações e as memórias auxiliares, como é o caso do HD, podem armazenar grandes quantidades de dados.

5. Barramentos

Os barramentos são vias de comunicação que ligam os dispositivos do computador ao processador. Estes podem ser de endereços, de controle e de dados. Há outras classificações para os barramentos: uma que os divide em seriais e paralelos; e uma terceira classificação que os divide em assíncronos e síncronos.

76 ❧ Sistemas de Informação: Um Enfoque Computacional

A arbitragem é o processo de determinar qual dispositivo terá prioridade no uso do barramento.

Como já se mencionou, os barramentos surgiram com o PDP-8 da DEC e foram evoluindo de forma proprietária até que a IBM, no seu computador PC, criou um barramento. Este previa a possibilidade de se espetar placas de expansão em slots e além disso, a IBM também liberou os protocolos de modo público para que outras empresas pudessem fabricar tais cartões. Não demorou, surgiram placas de vídeo com mais recursos, placas de som e seus kits multimídia, placas para scanner e muitas outras.

O interessante é o fato de que, quando foi criado o barramento do PC, os dispositivos e placas mencionados ainda nem existiam; foi uma aposta no futuro que aconteceu.

Atualmente, é normal os barramentos possuírem os slots para possíveis expansões futuras.

Alguns barramentos são muito conhecidos, como é o caso do PCI, por serem mais gerais para diversos dispositivos, outros são mais específicos, como é o caso do barramento Accelerated Graphics Port (AGP) para placas aceleradoras gráficas, que só serve para este tipo de placa de vídeo (que possui memória própria) e não recebe outros dispositivos.

6. Interrupções

Interrupções são sinais emitidos por dispositivos ou pelo processador indicando a ocorrência de um evento excepcional.

Um evento pode ser o click num mouse, o digitar de uma tecla, o sinal de um Hard Disk (HD) indicando gravação, o sinal de uma impressora, o sinal de um scanner etc. Internamente ao processador, as interrupções podem ser geradas por erros de *overflow*, paridade ou até mesmo pela divisão por zero. Neste último caso, o programa de cálculo é abortado e emite-se uma mensagem na tela, retornando a seguir o controle ao programa que estava sendo executado.

As interrupções podem ser de 0 até 15 para os PCs, a partir do AT até os atuais.

A tabela 4.4 apresenta os IRQs de 0 a 15.

Tabela 4.4
Interrupções

Nº	Origem do sinal
0	Clock da placa mãe (fixo)
1	Teclado (fixo)
2	Cascateador (fixo) - associa de 8 a 16
3	Porta serial 2
4	Porta serial 1
5	Livre para uso com placas controladoras
6	Drive A (fixo)
7	Porta paralela (controladora de impressora)
8	Relógio CMOS (fixo
9	Placa de vídeo
10	Livre para uso com placas controladoras
11	Controlador de USB
12	Porta OS/2
13	Coprocessador aritmético (fixo)
14	IDE primária (fixo)
15	IDE secundária (fixo)

Observe, o leitor, que na época do PC-XT só havia as interrupções de 0 até 7. Posteriormente, a partir dos micros PC-AT, houve uma expansão que tem sido utilizada até os dias de hoje. Nesta expansão acrescentava-se mais um chip controlador de interrupções que era cascateado com o primeiro.

O cascateamento ocorria no local da interrupção 2, desta forma esta ficava inutilizada, porém abria espaço para mais 8 interrupções novas.

O número total de sinais de interrupção passa então a ser 15, descontado um que corresponde ao número 2.

A limitação na quantidade de interrupções fez com que surgissem soluções criativas para resolver o problema do surgimento de mais dispositivos.

Entre as soluções temos o uso de padrões SCSI (lê-se "iscâzi"), que permite que se ligue mais dispositivos na mesma placa controladora e também o USB, que permite que se conecte muito mais aparelhos e utilize-se uma via de sinais.

7. Dispositivos de Entrada e Saída

Os dispositivos de entrada e saída também são conhecidos como periféricos. Estes permitem que ocorra a comunicação entre computador e o mundo externo.

Periféricos são conectados ao computador por meio de placas controladoras (interfaces), e estas, por sua vez, são conectadas aos barramentos de um computador.

As placas controladoras possuem processadores especializados para que ocorra a transferência de entrada ou saída de dados.

A medida em que esses componentes são criados por diversos fabricantes, surge a necessidade de padronização. Neste ponto entrarão em cena os órgãos normalizadores, tais como: International Standard Organization — ISO em nível mundial; Intitute of Electrical and Electronic Engineers — IEEE; American National Standard Instituition — ANSI (nos EUA); e Associação Brasileira de Normas Técnicas — ABNT (no Brasil).

A figura 21 apresenta um esquema genérico de barramento de computador ligado ao processador e à memória principal. Pode-se observar a presença de unidades de disco, mouse, teclado, rede e vídeo com suas respectivas placas controladoras.

APLICAÇÕES

Os sistemas de tempo real, em geral, são concorrentes com muitos processos funcionando em paralelo. Para tentar melhorar o desempenho dos sistemas procurou-se formas de se trabalhar com paralelização.

Os sistemas de processadores paralelos, em relação aos sistemas seqüenciais, permitem que se diminua o tempo de execução de programas que necessitam de grande quantidade de cálculos.

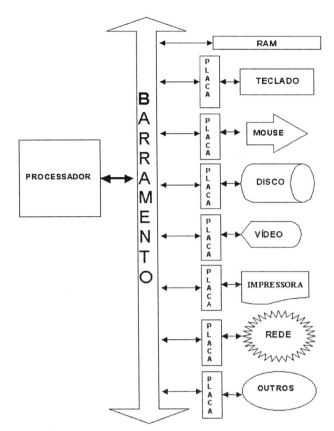

Figura 21 — *Barramento e as Ligações de Periféricos de Entrada e Saída.*

Para se trabalhar com os processadores paralelos, é necessário que se construa sistemas adequadamente paralelos que considerem os processos seqüenciais autônomos.

Shitsuka e Kan (2002) apresentaram um exemplo de aplicação para controle de braço de robô, utilizando um algoritmo paralelo associado a uma técnica denominada pipeline e em conjunto com computadores paralelos de memória distribuída.

A arquitetura do modelo é ilustrada na figura 22.

A figura 23 apresenta o sistema de robótica no qual foi instalado a arquitetura de multi-processadores.

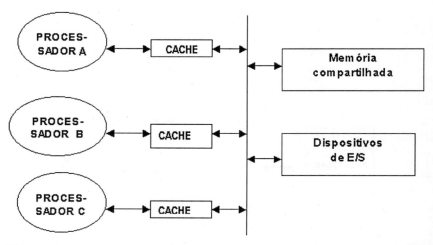

Figura 22 — *Arquitetura para Multi-processadores com Memória Compartilhada.*

Figura 23 — *Sistema de Robótica Utilizando o Multi-processamento. Legendas: 1) posicionamento; 2) movimentação.*

No esquema, os sensores são dispositivos que capturam dados do robô em relação ao ambiente, ao passo que os atuadores vão realizar os movimentos desejados. Utilizou-se a linguagem Cpar, para implementação dos algoritmos de paralelização.

Arquitetura de Computadores 🪰 **81**

EXERCÍCIOS

1. **Segundo Tanembaum (2000) o nível zero ou mais inferior é o de ou da:**
   a. ( ) Aplicação.
   b. ( ) Linguagem de programação.
   c. ( ) Sistema operacional.
   d. ( ) Assembler.
   e. ( ) Lógica digital.

2. **Os computadores da segunda geração são caracterizados por:**
   a. ( ) Uso de circuitos integrados.
   b. ( ) VLSI.
   c. ( ) Válvulas eletrônicas.
   d. ( ) Uso de transistores.
   e. ( ) Uso de relés.

3. **Os registradores são:**
   a. ( ) Circuitos de apoio da placa mãe.
   b. ( ) Memórias auxiliares.
   c. ( ) Vias de comunicação entre dispositivos.
   d. ( ) Memórias internas dos processadores.
   e. ( ) Memórias principais dos computadores.

4. **Os barramentos são:**
   a. ( ) Circuitos de apoio da placa mãe.
   b. ( ) Memórias auxiliares.
   c. ( ) Vias de comunicação entre dispositivos.
   d. ( ) Memórias internas dos processadores.
   e. ( ) Memórias principais dos computadores.

5. **Qual das operações a seguir não ocorre no processador:**
   a. ( ) Busca de instruções.
   b. ( ) Interpretação de instruções.
   c. ( ) Busca de dados.
   d. ( ) Processamento de dados.
   e. ( ) Armazenamento de grandes volumes de dados.

Sistemas de Informação: Um Enfoque Computacional

6. **Os barramentos não podem ser classificados como:**
   a. ( ) Seriais ou paralelos.
   b. ( ) Controle, endereço e dados.
   c. ( ) Síncronos ou assíncronos.
   d. ( ) PCI, EISA e ISA.
   e. ( ) Dos computadores de primeira geração.

7. **A arbitragem é o processo de determinar:**
   a. ( ) Qual dispositivo terá prioridade no uso do barramento;
   b. ( ) Qual memória será mais veloz;
   c. ( ) Se o processamento será síncrono ou assíncrono;
   d. ( ) Se o processador será de terceira ou quarta geração;
   e. ( ) Qual dispositivo será desconectado do computador.

8. **Qual dos computadores a seguir é característico da primeira geração?**
   a. ( ) PDP-1.   c. ( ) IBM-360.   e. ( ) UNISYS.
   b. ( ) ENIAC.   d. ( ) ALTAIR.

9. **O primeiro computador criado por John von Neuman foi o:**
   a. ( ) PDP-1.   c. ( ) EDVAC.   e. ( ) IBM/360.
   b. ( ) ENIAC.   d. ( ) IAS.

10. **O processo de escolha de qual dispositivo terá prioridade no uso de um barramento é chamado de:**
    a. ( ) Arbitragem.   c. ( ) Interrupção.   e. ( ) Alternação.
    b. ( ) Seleção.   d. ( ) Priorização.

11. **A memória que têm a maior velocidade das listadas a seguir é:**
    a. ( ) Memória RAM.
    b. ( ) Memória ROM.
    c. ( ) Memória Cache.
    d. ( ) Memória Registrador.
    e. ( ) Memória auxiliar.

12. **A memória que possui o maior custo por quantidade de bytes armazenados é:**
    a. ( ) RAM.   c. ( ) Registradores.   e. ( ) ROM.
    b. ( ) HD.   d. ( ) Cache.

Arquitetura de Computadores 83

13. Que memória possui o menor custo por quantidade de bytes?:
a. ( ) RAM. c. ( ) Registradores. e. ( ) ROM.
b. ( ) HD. d. ( ) Cache.

14. A memória que possuem o menor tempo de acesso é:
a. ( ) RAM; c. ( ) Registradores; e. ( ) ROM.
b. ( ) HD; d. ( ) Cache;

15. (PCIconcursos) A principal diferença entre um processador de 450 MHz equipado com memória cache e um segundo, também de 450 MHz, sem memória cache, está na:
a. ( ) Velocidade final de processamento.
b. ( ) Capacidade de armazenamento na memória RAM.
c. ( ) Velocidade de acesso à memória RAM.
d. ( ) Velocidade de acesso ao disco rígido.
e. ( ) NDA.

16. (Provão Mec 2003) "É espantoso o crescimento das comunidades da Internet que se auto-organizam espontaneamente, sem dar muita bola para a propriedade privada dos bits que resultam de seu trabalho. O exemplo mais citado é o Linux, um software livre — gratuito e de código aberto — desenvolvido por milhares de programadores numa colaboração pela Internet que hoje ameaça o monopólio da Microsoft no mercado dos sistemas operacionais." (Exame, mar. 2003)
Qual dos fatores a seguir pode ser um obstáculo para a adoção do Linux como plataforma de sistemas de informação numa empresa?
a. ( ) O alto custo para conectar os computadores da empresa à Internet.
b. ( ) A perda de confidencialidade das informações da empresa, devido ao fato de o Linux ser criado por milhares de programadores.
c. ( ) A necessidade de criar uma Intranet para disponibilizar serviços no Linux.
d. ( ) A obrigatoriedade de implementar uma arquitetura cliente/servidor específica para prover serviços no ambiente Linux.
e. ( ) A possível incompatibilidade entre o Linux e o hardware (equipamentos) e software (programas) já instalados na empresa.

84 ❋ *Sistemas de Informação: Um Enfoque Computacional*

17. **(PROVÃO MEC/2000) Para aumentar a produtividade de uma empresa, o consultor João Cardoso sugeriu a utilização de processamento paralelo em seus computadores. O processamento paralelo permite que:**

a. ( ) A saída de um programa executado pelo primeiro de uma série de computadores, colocados um após o outro, seja executada pelo computador que vem a seguir.

b. ( ) Diversos computadores, colocados um ao lado do outro, processam ao mesmo tempo, diferentes partes da mesma tarefa.

c. ( ) Diversos microcomputadores, colocados em paralelo, funcionam como um supercomputador.

d. ( ) Mais de uma instrução de um determinado programa possa ser executada, ao mesmo tempo, por mais de um processador.

e. ( ) Uma instrução de um determinado programa seja executada, ao mesmo tempo, por mais de um processador para verificação de erros.

QUESTÕES PARA RESPONDER VERDADEIRO (V) OU FALSO (F):

18 ( ) EPROM é o nome de Electrical Programable Read Only Memory.

19 ( ) Quanto ao tipo de armazenamento, as memórias podem ser estáticas ou dinâmicas.

20 ( ) Quando falamos que um Z80 possuía via de 8 bits, quer dizer 8 bits de memória por célula.

21 ( ) Cada célula de memória não pode ser identificada por endereço único.

22 ( ) Os endereços de memória são numerados de forma seqüencial e no formato binário.

23 ( ) Memória é uma forma para designar computador ou periférico onde dados são armazenados.

24 ( ) As memórias possuem características específicas quanto a sua forma de utilização na CPU.

25 ( ) Registradores são memórias internas de um processador.

26 ( ) Registradores possuem alta capacidade.

27 ( ) Registradores são desenvolvidos com a mesma tecnologia dos processadores.

28 ( ) Memórias cache são memórias de alta velocidade.

29 ( ) As memórias principais são as famosas memórias de massa.

Arquitetura de Computadores ✳ **85**

30 ( ) A hierarquia correta das memórias é: processador; cache; registrador; memória auxiliar.

31 ( ) A memória auxiliar vem antes da memória secundária em termos de custo e rapidez.

32 ( ) O conteúdo que é armazenado numa memória está na forma de bit.

33 ( ) Memória RAM é memória volátil, já memória cache não é volátil.

34 ( ) Memória principal localiza-se na UCP e é de alta velocidade.

35 ( ) Memória auxiliar possui a capacidade da ordem de Mbytes, é volátil e localiza-se na placa.

36 ( ) Quanto à troca de dados, as memórias podem ser de leitura/escrita ou só de leitura;

37 ( ) Um pente de memória RAM é composto por um conjunto de Cis.

38 ( ) No barramento de dados ocorre o envio e recebimento dos dados a serem lidos ou gravados na memória.

39 ( ) A capacidade total numa memória pode ser calculada pela fórmula $Cm = 2^N * m$; onde N e m são bits.

40 ( ) O processador recebe, a cada ciclo, todo o conteúdo de uma célula de memória.

41 ( ) As memórias dinâmicas exigem a reescrita de dados de tempos em tempos para mantê-los.

42 ( ) Devido ao processo construtivo, as memórias dinâmicas são mais baratas que as estáticas.

43 ( ) Pela proximidade com a ULA e a UC os registradores são memórias muito rápidas.

44 ( ) As memórias caches são utilizadas para acelerar o processamento de instruções dadas à memória.principal.

45 ( ) Os discos rígidos são exemplos de memórias principais.

46 ( ) Memórias auxiliares são exemplos de memórias voláteis.

47 ( ) Memórias de acesso aleatório permitem que se chegue a um endereço diretamente sem intermediários.

Questões dissertativas:

48. Em que época ou década surgiram os sistemas operacionais? E as máquinas ou computadores com 3 níveis de arquitetura computacional?

49. O que são firmwares?

50. O que são montadores?
51. Por que um sistema operacional de um PC não funciona num microcomputador MAC?
52. Em que nível de arquitetura de computadores surge diferenças entre microprocessadores diferentes?
53. O que é uma máquina virtual?
54. O que se encontra no nível de lógica digital?
55. Quais as duas técnicas utilizadas para o desenvolvimento de programas?
56. O que caracteriza os computadores de 3ª. e de 4ª. geração respectivamente?
57. Que ações uma Unidade Central de Processamento (UCP) deve executar?
58. Que tipo de instruções pode deixar um computador mais lento?
59. Com a utilização de um co-processador matemático, que tipo de software se beneficia?
60. (Provão Mec 2001) A figura a seguir representa a hierarquia de memória dos microcomputadores.

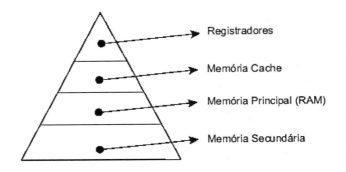

a) Explique a razão da existência da memória cache.
b) Analise, comparativamente, as memórias cache e principal (RAM), com relação a: capacidade de armazenamento; velocidade de acesso; volatilidade; custo.

BIBLIOGRAFIA

FIDELI, Ricardo D.; POLLONI, Enrico G. F.; PERES, Fernando E. *Introdução à ciência da computação*. São Paulo: Pioneira Tomson Learning, 2003.

TANEMBAUM, Andrew S. *Organização estruturada de computadores*. Rio de Janeiro: Campus, 2000.

WHITE, Ron. *Como funciona o computador*. São Paulo: Quark, 1993.

TORRES, Gabriel. *Hardware — curso completo*. 3ª. ed. Rio de Janeiro: Axel Books, 1999.

WEBGRAFIA

Shitsuka, R.; Kan, C.J. Um tipo de aplicação de processamento paralelo para sistema em tempo real. **Rev. Fac. Tecnol. FAAP**, v.1, n.1, p.7-13, jan./jul. 2002. Disponível em: www.faap.br. Na opção da Faculdade de Computação e Informática, no link e-learning. Acesso em: 20/11/2004.

Capítulo 5

Lógica de Programação e Algoritmos

> Todo programa de computador exige que seu criador tenha pensado na lógica de acontecimentos e em todas as possibilidades do programa. O raciocínio lógico pode ser desenvolvido por meio de treinamento e este é essencial para o bom desempenho dos programadores e do pessoal da área de sistemas. Ele está presente em toda a Tecnologia de Informação.

Lógica é a seqüência coerente, regular e necessária de acontecimentos, coisas ou fatos, ou até mesmo a maneira do raciocínio particular de um grupo. É a ciência dos princípios formais do raciocínio, ou, em última análise, a correção do raciocínio.

Como exemplo de lógica de programação, pode-se observar os jogos de computador no qual existem milhares de situações lógicas: iniciar novo jogo (pede uma lógica para novo jogo), permitir a escolha de opções por parte dos jogadores (requer uma lógica de decisão), acertar um alvo (exige uma lógica de comparação) finalizar o jogo (exige uma lógica para o encerramento) e contar pontos de cada jogador (exige uma lógica de contagem).

Sistemas de Informação: Um Enfoque Computacional

Note o leitor que, para implementar a lógica é necessário ter várias seqüências de passos que denominamos algoritmos.

1. Exemplo da Emissão de Ficha em Restaurante por Quilo

Outro exemplo está na necessidade de emissão de ticket para alguma coisa, por exemplo, num restaurante por quilo: o cliente, após ter preparado seu prato, dirige-se à balança e coloca o prato sobre a mesma.

Automaticamente, um programa vai realizar o cálculo de preço e vai emitir linha a linha a informação para o cliente. Caso o mesmo perca a ficha impressa, terá que pagar o preço máximo.

A balança pode também totalizar o ganho por dia, pode ter um programa que registre a hora para posteriormente saber em qual horário havia a maior concentração de pessoas em cada dia.

O dia-a-dia nas organizações exige que as pessoas pensem ou que trabalhem com raciocínio lógico para realizar as diversas tarefas necessárias para que os diversos processos funcionem.

Na computação todas as coisas ocorrem com uma seqüência lógica e isso começa desde o nível mais inferior da lógica digital dos processadores.

Acima dos níveis inferiores são construídas camadas que vão esconder a complexidade inferior e facilitar a vida dos programadores.

Há, porém, que se considerar a existência de outro nível de complexidade decorrente das aplicações.

2. Algoritmos

Cada aplicação tem as suas particularidades, necessidades, regras de negócio que devem ser respeitadas na sua seqüência, nas suas limitações e nos passos a serem seguidos. A seqüência lógica de passos para se resolver um problema chama-se Algoritmo.

Uma receita de bolo é um algoritmo, a seqüência para a troca de um pneu de carro é outro algoritmo. O que ambos têm em comum? Fazem uso de seqüências lógicas.

Algoritmos estão intimamente ligados à lógica. Porém, uma se vale da outra de modo que existem algoritmos mais eficientes, que foram construídos segundo uma seqüência lógica melhor para resolução de um problema e outros menos eficientes, que podem conter mais erros ou despender mais tempo para se chegar a solução de um mesmo problema.

Exemplo de algoritmo simples, mas que pode cometer muitos erros: Em um programa de computador, para um operário em um processo de produção de cimento, podemos criar um algoritmo contendo uma lógica na qual se deve fazer uma mistura de materiais sempre na mesma proporção, por exemplo: 25,8 quilos de "**A**" devem ser misturados com exatamente 77,6 quilos de "**B**" para gerar outro material C.

Na ausência de algoritmo melhorado, com cálculo, note que, de forma rudimentar, o operário tem sempre que medir os pesos corretos e produzir o produto, e vai bem enquanto há excesso de matérias primas. Contudo, se há escassez de um dos materiais, A ou B, o operário pode, ficar perdido, não realizar a produção ou produzir erradamente. Esta pode ser a causa de alguns erros que ocorrem na sociedade.

Caso o computador tenha a previsão para a entrada de valores diversos, como é o caso das balanças automáticas nas seções de frutas dos supermercados, imediatamente, os cálculos ajustados serão realizados para qualquer quantidade de A ou B, de modo que se produzirão de forma mais precisa.

Em ambos os casos anteriores havia algoritmos, porém, que funcionavam de forma diferente: o primeiro era constante e o segundo adaptável a qualquer quantidade.

No dia-a-dia das empresas existem milhares de algoritmos e muitos outros ainda deverão ser criados. Ziviani (2004) apresenta os paradigmas para o projeto de algoritmos e estruturas de dados, incluindo, entre outros, os de ordenação, as pesquisas em memória, os algoritmos em grafos e o processamento em cadeias de caracteres.

A lógica de programação está por trás de todo processo. É preciso ter o conhecimento da lógica, que seria equivalente ao conhecimento das notas musicais: a construção de cada música ou estilo dependerá então da vivência, interesse, aplicação e criatividade de cada compositor para a música e de cada programador para o caso dos softwares.

3. A Representação da Lógica de Programação pode ser feita por Meio de Fluxogramas, de Portugol ou por Meio do Diagrama NS

Representamos a lógica por meio de modelos. O que são modelos? São representações, simplificações, resumo ou abstrações da realidade.

Para representar a lógica de programação, podemos fazer uso dos seguintes modelos: linguagem natural, fluxogramas, diagramas NS e pseudo-código, ou portugol, ou português estruturado.

A) Representação por Fluxogramas

A figura 24 apresenta um exemplo inicial de fluxograma:

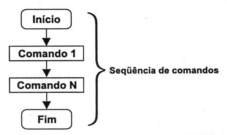

Figura 24 — *Exemplo de Fluxograma com seus Símbolos.*

Este tipo de representação possui indicações para pequenos e médios programas, pois à medida que um programa cresce, ficará cada vez mais complicado visualizar a quantidade de informações gráficas, principalmente no caso de se ter que utilizar várias páginas.

Os fluxogramas são interessantes para a representação da lógica *top-down*, das linguagens de programação estruturadas ou imperativas. Convém lembrar que existem outras formas de representação mais adequadas para esses casos (MANZANO, 1990, KOTANI, 1991).

Símbolos do Fluxograma

Os principais símbolos utilizados na construção de fluxogramas são:
- ⌒ Início e fim.
- ▭ Processo: cálculo, operações e tarefas.
- ◇ Decisão (simples ou múltipla).

- ⊏ Digitação de dados, entrada.
- ◯ Conector, utilizado quando se acaba uma folha, para continuar em outra folha.
- ⊖ Banco de dados, arquivo para armazenamento.
- ◿ Entrada e saída de dados em disquete.
- ◁ Vídeo, saída de informações em telas no monitor
- ⊏ Vídeo, saída de informações em telas no monitor.
- ⊏▮ Documentos impressos em folha.

B) Representação da Lógica de Programação por Pseudo-Código

Pseudo-código é a representação da lógica de forma escrita, resumida, parecida com a linguagem de alto nível Pascal e semelhante às linguagens C, Java, BASIC etc. Ela é muito próxima da programação real e muito utilizada por programadores. Também é indicada para a programação estruturada *top-down*.

C) Representação por Diagrama NS ou Diagrama de Chapin

O diagrama NS utiliza retângulos para descrever ações. Ele é a forma mais resumida ou concisa de se representar à lógica de programação. Desta forma, seu uso possibilita a economia de espaço no papel. Também aplica-se a lógica estruturada.

Todos os modelos anteriores podem ser utilizados para representar a lógica de programação embora apresentem vantagens e desvantagens.

D) Outras Representações

Existe também a lógica dos objetos, que é outra categoria de lógica. Ela é utilizada, por exemplo, para os objetos visuais na programação visual. Este tipo de lógica não é *top-down* como nos casos anteriores. Neste caso, os objetos podem ser chamados a qualquer instante e não existe uma relação *top-down* entre os mesmos.

É necessário considerar que esta não invalida a programação estruturada, contida no interior dos objetos, de modo que uma ainda necessita da outra.

4. CONSTANTES E VARIÁVEIS

A) Nomes

Existem regras para se dar nomes às variáveis. Quais são estas regras?
a. Nomes de variáveis não podem começar por número.
b. Não podem ser nomes de palavras reservadas na linguagem
c. Têm que ter um tamanho máximo.
d. Devem ser declaradas antes de se utilizá-las.
e. Entre aspas, uma variável ou constante vira caracter.
f. Podem ser do tipo inteiro, real, caracter (ou literal) e lógico.
Exemplos válidos: Y; B1; calc, A_1; abcd; aluno etc...
Ex. inválidos: 5B; a:c; a+b; B*; G&%A etc...
Exercício: em cada caso, diga por que a variável é válida ou não.

EXEMPLO DE DECLARAÇÃO DE VARIÁVEL

Declare as variáveis para um algoritmo que calcule o salário de um professor horista com seus descontos de INSS e imposto de renda.
Solução:
As variáveis podem ser: nome_prof, salário_hora, horas_trabalhadas, salário_bruto, desconto_inss, desconto_imposto e salário_liquido.
A declaração ficaria assim:
Var nome_prof:**caracteres;**
Salário_hora, horas_trabalhadas, salário_bruto, desconto_inss, desconto_imposto, salário_líquido: reais;

B) Atribuição de Valores a Variáveis

O comando de atribuição funciona alocando um valor a uma variável que inicialmente estaria vazia. No diagrama de Schneiderman e no fluxograma não se costuma declarar variáveis.
Exemplo em Portugol ou Português estruturado ou Pseudo-código:

Var nome: caracteres;
Cargo: caracteres;
Salário: real;

Inicio
Nome <- "Marcio Silva";
Cargo <- "Coordenador de Projetos"
Salário <- 19.480,00;
fim

A mesma lógica em fluxograma ficaria (Figura 25):

Figura 25 — *Fluxograma de Lógica Simples.*

Veja a simplicidade do Diagrama de Schneiderman ou diagrama NS:

| Leia nome, salário, cargo |

Incrível? Não, é só isso mesmo.

C) Operadores

Além das variáveis, é necessário ter operadores para poder trabalhar com as mesmas, realizar operações, comparar etc.
Operadores aritméticos: +, —, * e /;
Operador de potenciação: pot(x,y);
Operador de radiciação: rad(x);
Operador de resto da divisão: mod, ex: 18 mod 4 = 2
Operador de quociente da divisão: div, ex: 23 div 5 = 4
Operadores relacionais:
Igual =
Maior que >
Menor que <
Maior ou igual >=
Menor ou igual <=
Diferente <>

D) Estrutura de Controle de Fluxo de Programação Tipo: Linear, Primitiva

A figura 26 apresenta uma estrutura de programação linear simples. Pode-se notar a ausência de desvios e a execução *top-down*.

Figura 26 — *Estrutura de Programação Linear Simples.*

A mesma estrutura anterior é representada na figura 27, num diagrama de Chapin ou NS.

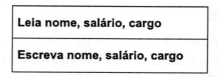

Figura 27 — *Diagram NS da Estrutura de Programação Linear.*

A seguir apresenta-se as linhas da representação da lógica do algoritmo anterior em pseudo-código ou portugol.
Programa atribuição:
var nome, cargo: caracteres;
sal: real;
inicio
imprima("Digite o nome do funcionário: ");
leia(nome);
imprima("Digite o salário bruto mensal: ");

leia(salário);
imprima("Digite o cargo do funcionário: ");
leia(cargo);
Imprima("o nome do funcionário é o seguinte: ", nome);
Imprima("o salário bruto mensal do funcionário é: R$ ", salário);
Imprima("o cargo ocupado pelo funcionário é: ", cargo);
fim

E) Estrutura de Controle de Fluxo de Programação Tipo Decisão Simples

Problema: Dado um inteiro x, verifique se ele é um número par? A solução deste problema exige uma estrutura de controle de decisão simples. A figura 28 apresenta esta estrutura de decisão.

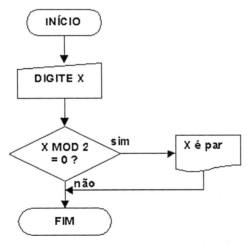

Figura 28 — *Estrutura de Decisão Simples.*

As linhas do código a seguir apresentam a solução do mesmo problema anterior, porém, representada em pseudo-código ou portugol.
Programa Vê_se_é_par
var X: real;
Início
imprima("digite um número inteiro: ");

```
leia (X);
se (x mod 2 = 0) então
imprima(" é um número par ");
fim_se
fim
```

F) Estrutura de Controle de Fluxo de Programação Tipo: Decisão Composta

Para a realização dessa tarefa será utilizado o excel com funções se() encadeadas. A seguir, funções se() com e() e ou(). Caso não seja utilizado o Excel, será visto no Visual Basic.

Um exemplo de aplicação deste tipo de estrutura já foi realizado anteriormente no capítulo 2, no caso do rodízio de veículos realizado na Cidade de São Paulo.

A idéia envolvida é: se o final da placa é 1 ou 2, então o rodízio ocorrerá na segunda-feira, senão pode ser que ocorra na terça, quarta, quinta ou sexta. Continuando, se o final da placa for 3 ou 4, o rodízio ocorrerá na terça-feira e neste dia os carros com este final de placa não rodarão nessa cidade.

Da maneira exposta também a decisão composta prosseguirá para os finais de placa 5 ou 6, para rodízio na quarta-feira, finais 7 ou 8 para rodízio na quinta-feira, e 9 ou 0 para rodízio na sexta-feira.

Note que o uso de decisões compostas é muito freqüente nas organizações.

Outro exemplo de decisão composta, que nesta oportunidade será representado por meio de planilha Excel, é o caso de aprovação ou reprovação de aluno num curso de superior presencial. Note que a lei exige que o aluno tenha média e, além disso, tenha presença.

Caso o aluno não consiga atender aos dois requisitos, então, estará reprovado por falta ou por nota. A tabela 5.1 ilustra este caso da aprovação ou reprovação de aluno.

Note também que a figura foi retirada como parte da planilha Excel.

Observe a coluna das FALTAS que apresenta o número de faltas ao longo do semestre. Este deve ser menor ou igual a 25% do total de aulas dadas. Este total fica localizado na célula H1 e seu valor é 80. Esta célula terá que ser fixada para que, durante o arraste da fórmula, o Excel não apresente erro.

TABELA 5.1
Área de Trabalho de Planilha Apresentando o Status que é Feito com Lógica Composta

Notas da turma X						Aulas =	80
Nome	Nota1	Nota2	Média	Faltas	Status		
Antonio da A. Silva	7	9	8	20	Aprov.		
Armando Penteado	6	8	7	25	Reprov.		
Basílo da Grama	5	7	6	19	Aprov.		
Bellina da Ford	4	6	5	10	Aprov.		
Carlos dos Anjos	3	6	4,5	1	Reprov.		
Carla Perles	2	5	3,5	19	Reprov.		
Daniella Mercurio	1	9	5	30	Reprov.		
João Kleber da Silva	10	8	9	2	Aprov.		
José Maria Hoje	9	7	8	1	Aprov.		
Maria José Ontem	8	6	7	5	Aprov.		
Ronaldo Excel	7	6	6,5	1	Aprov.		
Ronaldo Marketero	6	5	5,5	10	Aprov.		
Sonia Limeira	5	5	5	12	Aprov.		
Tatiana Bellacoisa	4	4	4	35	Reprov.		
Wanderléia Gama	3	4	3,5	10	Reprov.		
William Vacqueiro	2	3	2,5	1	Reprov.		
Wilson Back	1	3	2	40	Reprov.		
Xantia Plus	0	5	2,5	27	Reprov.		

Observe o leitor que a fórmula que ficará na célula F3 e que será arrastada ao longo da respectiva coluna é:

=SE(E(D3>=5;E3<=25%*H1);"APROV.";"REPROV.")

APLICAÇÕES

Caso da Lógica da Equação do 2º Grau

Note que, numa equação do **2º** grau, para se ter soluções válidas dentro do universo de números Reais, temos que ter Delta >=0. Em termos de fluxograma, a lógica pode ser representada como ilustra a figura 29.

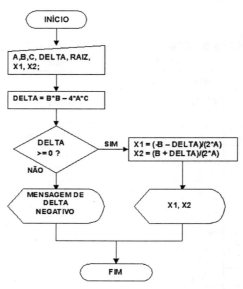

Figura 29 — *Fluxograma apresentando a Lógica da Equação do 2º grau.*

Note que a lógica tornou-se relativamente simples devido às condições simples que foram impostas para sua resolução.

CASO DA SIDERÚRGICA

Existem muitos tipos diferentes de processos. Como exemplo, na área industrial, o processo de produção de aço em siderúrgicas, a partir de sucata até se chegar aos produtos de barras de aço, vergalhões, cantoneiras, parafusos, pregos...

Todo trabalho na siderúrgica começa com a necessidade de se atender clientes que desejam adquirir ou mesmo que já adquiriram algum lote de produtos e que aguardam pela entrega dos mesmos.

É interessante lembrar que existe uma cadeia produtiva na qual, os clientes das siderúrgicas, muitas vezes, são indústrias que vão produzir outros produtos e que, portanto, também terão compromissos com prazos, custos, qualidade, preços etc. Nesta cadeia produtiva não pode haver falhas.

Existem seqüências lógicas que devem ser respeitadas. Existe a necessidade da informação de cada etapa de processo para que se tome decisões diversas para corrigir atrasos ou não conformidade e no sentido de se atingir objetivos.

Clientes emitem pedidos. Há a necessidade de se dimensionar ou planejar cada etapa de produção para atender aos pedidos dos clientes em termos de:

PRAZO;
QUANTIDADE;
QUALIDADE DO PRODUTO;
CONDIÇÕES DE FORNECIMENTO;
PREÇO;
CONDIÇÕES DE PAGAMENTO; E
DEMAIS CLÁUSULAS CONTRATUAIS.

Em cada etapa do processo há informações sobre matérias primas, operários envolvidos, custos, qualidade do material, perda de material no processo, descartes de material inutilizado, quantidade de material que segue para o processo seguinte, produtividade e muitas outras informações.

O fluxo de materiais deve ser acompanhado por um fluxo de informações necessárias ao trabalho.

As informações ao longo de todo processo devem seguir, logicamente, todas as etapas de processo e atender às necessidades dos usuários dos sistemas de informações.

Os sistemas mais utilizados atualmente para se realizar o acompanhamento dos materiais em seu fluxo são os sistemas de Supply Chain Management (SCM).

A lógica para a construção desses sistemas de informação, que irão permitir o acompanhamento e o controle da produção, tem que começar pela lógica de programação.

Lembre-se do velho provérbio chinês "uma grande caminhada de milhares de passos tem que começar pelos primeiros...".

A figura 30 apresenta um fluxograma do sistema de produção no qual se apresenta de um lado o cliente e de outro a siderúrgica com alguns departamentos principais.

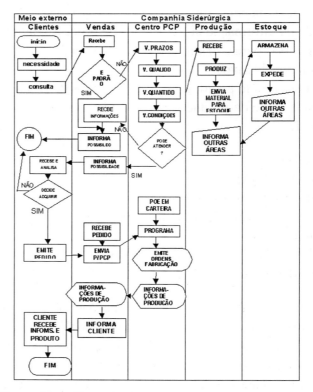

Figura 30 — *Fluxo de Materiais e Informações Resumidos.*

Note o leitor que a parte superior da figura apresenta um fluxo de materiais resumido e a parte inferior um fluxo de informações. Note também a necessidade da seqüência lógica.

Lógica de Programação e Algoritmos ✳ **103**

EXERCÍCIOS

1. **Quando se utiliza a lógica de programação com o português estruturado, é correto afirmar que:**
   a. ( ) O fluxograma também é conhecido como portugol.
   b. ( ) O modelo de linguagem natural também é conhecido como portugol.
   c. ( ) Está escrevendo-se um programa de computador em Pascal.
   d. ( ) Está escrevendo-se um programa de computador em C.
   e. ( ) Portugol é um termo que representa a mesma coisa que português estruturado.

2. **A ciência que estuda os princípios formais do raciocínio.**
   a. ( ) Lógica.   d. ( ) Ciência.
   b. ( ) Aritmética.   e. ( ) Raciocínio.
   c. ( ) Computação.

3. **Qual das alternativas seguintes responde melhor à questão. Como se pode representar a lógica de programação:**
   a. ( ) Por meio de fluxograma.
   b. ( ) Por meio do portugol.
   c. ( ) Por meio do diagrama de Chapin.
   d. ( ) Por meio do português estruturado.
   e. ( ) Todas as anteriores.

4. **O diagrama de Chapin também é conhecido como:**
   a. ( ) Fluxograma.
   b. ( ) Portugol.
   c. ( ) Diagrama de fluxo de dados.
   d. ( ) Português estruturado.
   e. ( ) Diagrama NS.

5. **O diagrama de lógica de programação que utiliza menos espaço para representar sua lógica é:**
   a. ( ) Fluxograma.
   b. ( ) Portugol.
   c. ( ) Diagrama NS.
   d. ( ) Diagrama entidade-relacionamento.
   e. ( ) Diagrama de fluxo de dados.

104 ✳ *Sistemas de Informação: Um Enfoque Computacional*

6. O símbolo ⬨ é utilizado para:
a. ( ) Decisão.   c. ( ) Entrada.   e. ( ) Vídeo.
b. ( ) Saída.   d. ( ) Conexão.

7. O símbolo ⬭ é utilizado para:
a. ( ) Decisão.   c. ( ) Entrada.   e. ( ) Vídeo.
b. ( ) Impressora.   d. ( ) Conexão.

8. O símbolo ▭ é utilizado para:
a. ( ) Decisão.   c. ( ) Entrada.   e. ( ) Vídeo.
b. ( ) Saída.   d. ( ) Conexão.

9. O símbolo ○ é utilizado para:
a. ( ) Decisão.   c. ( ) Entrada.   e. ( ) Vídeo.
b. ( ) Saída.   d. ( ) Conexão.

10. O símbolo ⬭ é utilizado para:
a. ( ) Decisão.   c. ( ) Impressora.   e. ( ) Vídeo.
b. ( ) Início.   d. ( ) Conexão.

11. O símbolo ▱ é utilizado para:
a. ( ) Decisão.   c. ( ) Entrada.   e. ( ) Vídeo.
b. ( ) Documentos.   d. ( ) Conexão.

12. A O símbolo ▱ é utilizado para:
a. ( ) Decisão.
b. ( ) Saída em disquete.
c. ( ) Impressora.
d. ( ) Conexão.
e. ( ) Vídeo.

13. O símbolo ⊖ é utilizado para:
a. ( ) Decisão simples.
b. ( ) Saída por impressão.
c. ( ) Entrada por digitação.
d. ( ) Banco de dados.
e. ( ) Vídeo e monitor.

14. As decisões compostas são:

a. ( ) Simples.
b. ( ) Únicas.
c. ( ) Lineares.
d. ( ) Inexistentes.
e. ( ) Encadeadas.

15. O operador que apresenta como resultado o resto da divisão é:

a. ( ) Mod.   c. ( ) Rad.   e. ( ) cad.
b. ( ) Div.   d. ( ) Pot.

16. O operador que apresenta como resultado o quociente da divisão é:

a. ( ) Div.   d. ( ) Cad.
b. ( ) Mod.   e. ( ) rad.
c. ( ) Pot.

17. (PROVÃO MEC/2002) A Faculdade Golfinhos do Mar está desenvolvendo um sistema acadêmico, computadorizado para controlar suas atividades educacionais. Para avaliar e propor o sistema operacional a ser utilizado, foi contratada a consultora Selma que, para sua decisão, deve considerar que a escolha do sistema operacional:

a. ( ) Determina a confiabilidade do software a ser implantado.
b. ( ) Determina que somente uma linguagem de programação pode ser utilizada.
c. ( ) Estabelece o único tipo de hardware a ser adquirido.
d. ( ) Influencia o custo total da implantação do software.
e. ( ) Faz com que só um tipo de navegador possa ser utilizado na Internet.

18. Identifique o tipo de constante a seguir ("A " para numérica; "B" pra inteira; "C" para literal e "D" para lógica.

( )   Adriana
( )   "349"
( )   3,14
( )   "Verdadeiro"
( )   Falso
( )   3217

106   *Sistemas de Informação: Um Enfoque Computacional*

19. **Declare variáveis para a construção de um algoritmo para cadastro de senha simples para uma única pessoa.**

20. **Declare variáveis para construção de um sistema de cadastro de livros para biblioteca.**

BIBLIOGRAFIA

KOTANI, AM **Lógica de programação**. São Paulo: Erica, 1991.

MANZANO, Jan **Estudo dirigido em algoritmos**. São Paulo: Érica, 1990.

ZIVIANI, Nivio **Projeto de algoritmos**: com implementações em pascal e c. São Paulo: Pioneira Thomson Learning, 2004.

Capítulo 6

Linguagens de Programação

Linguagem de programação é o esquema de codificação por meio do qual são escritos os softwares de sistemas e aplicações. Atualmente existe um grande número de linguagens e é necessário que o analista da área de sistemas possua o conhecimento da seleção e emprego das mesmas. Desta forma, ele poderá especificar corretamente o uso de uma linguagem e orientará os programadores que estiverem sob sua responsabilidade.

Programa — é uma seqüência de eventos.

Programa de computador — é uma seqüência lógica de comandos numa linguagem de programação. Ex: vírus de computador, programa do jogo da velha, programa para emissão de nota fiscal, programa para gerar balanço patrimonial de empresa.

Programação de computadores — ação de programar ou criar software para computadores utilizando-se da lógica e de uma linguagem de programação.

Software — é um programa de computador.

As linguagens de programação servem para implementar a lógica dos algorítmos em programas de computador ou software.

Pode-se escrever programas de computador, os quais contêm a lógica e os algoritmos, utilizando-se dos comandos de uma linguagem de programação.

Atualmente existe uma grande quantidade de linguagens de programação como é o caso do Cobol, Fortran, dBASE, ADA, CLIPPER, C, C++, Visual Basic, Delphi, C# (pronuncía-se: "Ci-sharp"),JAVA, Perl, JavaScript, Zope, Phyton etc.

Quando se precisa selecionar uma boa linguagem para construir uma aplicação, é necessário considerar que para cada tipo de equipamento e aplicação existe uma linguagem que é mais adequada (FRIEDMAN, 2001). Exemplificando, para se trabalhar com robótica e automação pode ser mais interessante utilizar linguagens que sejam de processamento mais rápido e ocupem pouco espaço, como é o caso da linguagem C e suas variantes, do que utilizar uma linguagem visual, como é o caso do Visual Basic[1]. Este seria mais interessante para criar aplicações para usuários finais em cliente, ou aplicações "front end" de uma rede de computadores tipo cliente-servidor.

Uma linguagem possui comandos, sintaxe (que é a forma de se escrever os comandos), regras e forma de funcionamento, que pode ser interpretado ou compilado.

Linguagens interpretadas são traduzidas e executadas linha a linha, ao passo que a compilação traduz todo um arquivo do programa de uma vez, gerando-se um outro arquivo executável, em linguagem de máquina.

1. Nível das Linguagens

A linguagem original que o hardware de computador entende, no seu nível mais inferior, isto é, no nível dos circuitos lógicos (ou da máquina real), é a linguagem de máquina, que é inadequada para os seres humanos por ser cansativa e de difícil entendimento.

---

[1] Visual Basic é propriedade da Microsoft Co.

Nos níveis de arquitetura de computador crescentes, foram criadas linguagens que "escondiam os detalhes dos níveis inferiores" que eram consideradas como níveis de máquinas virtuais.

As linguagens em nível de assembler são próximas da linguagem de máquina: acima vem o nível dos Sistemas Operacionais; mais acima deste, o nível das linguagens mais utilizadas, de alto nível, que permitem criar aplicações.

2. Algumas Classificações das Linguagens de Programação

Uma classificação considera o nível da linguagem:
- Linguagens de máquina;
- Linguagens de montagem; e
- Linguagens de alto nível.

Há aquelas que consideram as formas de interação entre os comandos:
- Linguagens imperativas — comandos em seqüência *top-down*; e
- Linguagens orientadas a objetos — permitem a criação de objetos. Estes se comunicam entre si dispensando a lógica *top-down*.

Existem também as linguagens que consideram o ambiente:
- Linguagens textuais; e
- Linguagens visuais — utilizam objetos visuais.

As classificações possíveis não se esgotam neste item.

3. Parâmetros para Selecionar Linguagens

Alguns parâmetros atualmente utilizados para se selecionar linguagens de programação a serem utilizadas no desenvolvimento de aplicações são apresentados na tabela 6.1:

Tabela 6.1
Parâmetros para seleção de linguagens.

Nº	Parâmetro
1	Compatibilidade e portabilidade
2	Segurança
3	Reusabilidade
4	Existência de programadores e suporte a custo acessível
5	Facilidade de manutenção
6	Reusabilidade
7	Facilidade de integração
8	Facilidade de programação
9	Facilidade de extensão
10	Eficiência

Aplicações

Neste item apresenta-se a forma e alguns exemplos, apenas como ilustração de algumas das principais linguagens de programação existentes no mercado atual.

Recomenda-se, para os leitores interessados em conhecer mais sobre cada linguagem, que procurem conhecer a literatura disponível e específica para a linguagem de seu interesse.

Caso de Programação em Linguagem Assembly

O assembly é uma linguagem de baixo nível e mais próxima da linguagem de máquina.

É linguagem muito rápida. Não ocupa muito espaço em bytes. Possui poucas instruções e sua programação é complexa, pois as poucas instruções têm que ser utilizadas de mais formas para se criar todas as situações de programação possíveis e imagináveis. Nas linhas seguintes se fornece apenas alguma noção dos comandos nessa linguagem por meio do exemplo:

ASSEMBLY

; use; indica que se vai fazer comentários em programas em assembly.

.model small; indica o modelo de memória.

.stack; espaço de memória para instruções do programa na pilha.

.code; indica que as linhas seguintes conterão instruções do programa.

mov ah,01h; move o valor 01h para o registrador (memória do processador). ah.

mov cx,07h; move o valor 07h para o registrador cx.

int 10h; interrupção 10h.

mov ah,4ch; move o valor 4ch para o registrador ah.

Int 21h; interrupção 21h.

END

Note que a linguagem permite controlar até o nível das memórias internas de um processador.

Caso de Programação em Linguagem Cobol

Common Business Oriented Language foi uma linguagem de programação muito popular na década de 70 e 80. Há tentativas de se reviver a linguagem com atualizações, como é o caso do Object COBOL. Atualmente, continua sendo utilizada, havendo inclusive versões para Linux.

```
PROCEDURE DIVISION. 000-ROTINA BÁSICA.
PERFORM 200-INICIO-PROC.
PERFORM 350-PROCESSAMENTO UNTIL <campo-flag> = 1.
PERFORM 900-FINAL-PROC.
STOP RUN.
200-INICIO-PROC.
OPEN INPUT CADNOTA
OUTPUT RELATO.
READ CADNOTA AT END MOVE 1 TO FIM-CAD. MOVE ZEROS TO <campo-
aux1> <campo-aux2>......<campo-auxn)
MOVE SPACES TO <campo-aux1> <campo-aux2>......<campo-auxn).
ACCEPT DATAH FROM DATE.
350-PROCESSAMENTO.
MOVE NOME IN REG-CAD TO NOME IN REG-SAI
MOVE CPF-CAD TO CPF-DET.
PERFORM 720-CALC-GRAU.
PERFORM 730-VERIF-SITUACAO.
READ CADNOTA AT END MOVE 1 TO FIM-CAD.
720-CALC-GRAU.
COMPUTE NP ROUNDED = ( VE + 2 * VC) / 3.
```

```
730-VERIF-SITUACAO.
IF NP > 4,9
MOVE 'APROV' TO SITUACAO
ELSE
MOVE 'RECUP' TO SIOTUACAO.
800-FINAL-PROC.
DISPLAY (10,30) 'FINAL PROCESSAMENTO'.
CLOSE CADNOTA RELATO.
999-FIM-PGM.
```

Caso de Programação em Linguagem dBase / Clipper

Linguagem de programação muito popular na segunda metade da década de 80. Uma das versões mais famosas é o Clipper Sumer'87[2]. Trabalhava-se em ambiente e interface modo texto.

As interfaces melhoraram com os *pop-up menus*. Os bancos de dados aceitavam o formato.DBF, que eram os mesmos do dBASE, além dos formatos.DBT e.NDX, estes últimos para arquivos indexados.

Os programas eram compilados gerando-se programas executáveis em versões para distribuições.

Exemplos de comandos:

```
Set devi to print; direcione a saída para a impressora.
Set print on; ative a impressora.
Set bell off; desligue o som do auto-falante.
use file.dat; utilize o arquivo.
clear screen
borda = chr(201) + chr(205) +chr(187) + chr(186) + chr(188) +
chr(205) + chr(200) +;
chr(186) + chr(176)
@ 1,1 to 20,78 double
@ 5,5,15,73 box borda
inkey(0)
```

Caso de Programação em Linguagem Delphi

Linguagem de programação criada pela Borland para acrescentar objetos visuais à linguagem Turbo Pascal, de modo a permitir a programação para Windows. Possui a parte visual com objetos visuais de modo semelhante ao Visual Basic.

---

[2] Computer Associates.

```
Procedure Tfsistema.BtprocessarClick(Sender: Tobject);
var tamanho, k:integer;
begin
tamanho:=length(trim(endfrase.text));
edcontrario.text:=";
for k:=tamanho downto 1 do
begin
edcontrario.text:=edcontrario.text+copy(edfrase.text,k,1):
end;
end;
end;
```

Caso de Programação em Linguagem Visual Basic

Linguagem de programação criada no início da década de 90 para acrescentar objetos visuais à linguagem BASIC. Ela permite ao programador criar programas rápidos para o ambiente Windows.

Para a parte visual, primeiro constrói-se um esboço da tela com informações que vão ser digitadas, isto é, dados de entrada. E também das informações desejadas de saída, para o caso de saída em tela.

No exemplo seguinte, digita-se o valor do dólar do dia.

Digita-se o valor em reais a ser convertido. Tecla-se em calcular. O resultado sairá mostrado na caixa de textos Text3.

Observe os objetos visuais utilizados: labels (para exibir rótulos), caixas de texto (para entrada e saída de dados e informações) e botão de comando (para executar operações, neste último ficará contido o código a ser executado).

Também nas propriedades, este será configurado para executar a ação quando sofrer o evento de um clique do mouse, ou seja, quando o botão for acionado.

A figura 31 apresenta a tela que é um objeto e que receberá os outros objetos gráficos já mencionados.

A programação correspondente, para os resultados a serem apresentados na tela, é:

```
Sub command1_click( )
Dim taxa, reais, dólar as double
taxa = val(text1.text);
reais = val(text2.text);
dolar = taxa * reais
```

116 ❧ *Sistemas de Informação: Um Enfoque Computacional*

```
text3.text = dolar
endsub
```

Além do código anterior, que será embutido no botão de comando, é necessário configurar cada objeto a ser utilizado nas suas propriedades respectivas.

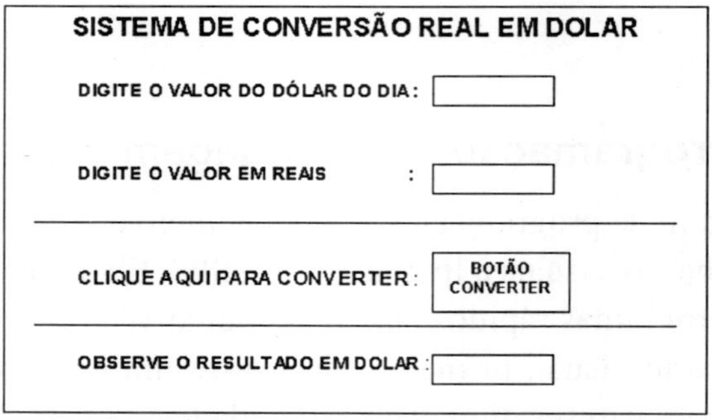

Figura 31 — *Tela do Sistema de Conversão Dólar-Real.*

Exemplo de Programação em Linguagem C

É uma linguagem de programação criada no início da década de 70, por Brian Kerningham. É uma linguagem de fácil entendimento e que continua em uso até os dias atuais; note que o programa tem a extensão ".c" (GIACOMIN, 2003).

```
Programa menu.c
#include "meuinclude.h"
main(int argc, char *argv[])
{ char buffer[255]; //defino buffer da porta
char buftamanho[100];
int wb,nb,fdarq1,confportafd,abreportafd;
struct termos configuração;
struct stat minhaestrutura;
if (argc<3) {printf("A sintaxe correta:\n\n");
printf("./<comando> <porta> <arquivo> \n");
exit (1); }
/* abrir arquivo */
fdarq1=open(argv[2], O_RDONLY);
if (fdarq1<0) { perror ("Arquivo não existe");
return -1; }
/* abrir porta */
```

```
abreportafd = open(argv[1], O_RDWR);
if (abreportafd <0)
{ perror ("Não consegui abrir a porta serial" );
exit (-1); }
else
fcntl (abreportafd, F_SETFL,0); // leio dado da porta
printf("Abri a porta\n");
/* configuracao atual */
tcgetattr (confportafd, &configuração);
/* ajustando a taxa de transmissão em Bauds */
cfsetispeed(&configuracao, B38400);
cfsetospeed(&configuracao, B38400);
/* ajustando entrada com timeout de 1 segundo */
configuracao.c_cflag &= ~CRTSCTS; // Opcao de Controle
configuracao.c_lflag &= ~(ICANON | ECHO | ECHOE | ISIG);
/* opcao */
configuracao.c_oflag &= ~OPOST; //Opção de saída
configuracao.c_cc[VMIN] = 0;
configuracao.c_cc[VTIME] = 50;
configuracao.c_iflag &= ~(IXON | IXOFF | IXANY);
/* ajusta opcoes */
tcsetattr(confportafd, TCSANOW, &configuração);
/* bytes do arquivo */
stat(argv[2],&minhaestrutura);
write(abreportafd,minhaestrutura.st_size,4);
printf ("%d\n",minhaestrutura.st_size);
/* ler arquivo */
while (nb=read(fdarq1,buffer,200)) {
/*checar o time out*/
if (nb==0)
{ printf("Tempo Expirado\n"); exit (-1); }
write(abreportafd,buffer,nb); }
close(fdarq1);
close(abreportafd); }
```

Exemplo de Programação em Linguagem C++

A linguagem C++ foi criada por Bjorn Strostrup, em 1984, nos laboratórios da Bell, nos EUA. Ela originou-se a partir da linguagem C, tendo incorporado diversos comandos, inclusive os que permitem a criação de objetos (MIZHAHI, 1992).

Note que a linguagem C é subconjunto da C++, de modo que, você pode encontrar, nesta última, alguns códigos da C.

118 Sistemas de Informação: Um Enfoque Computacional

```
Programa círculo.cpp
#include <iostrem.h>
struct circulo
//struct que representa um círculo
{float raio; float x; //posições em coordenadas cartesianas
float y;};
void main()
{
circulo ac;
//criação de variavel, veja comentários.
ac.raio = 10.0;
//modificação de conteúdo (atributos) da struct
ac.x = 1.0;
//colocando o circulo em uma posição determinada
ac.y = 1.0;
//colocando o circulo em uma posição determinada
cout<< "X:"<<ac.x<<"\n"; //"\n"==endl
cout<<"Y":"<<ac.y<<endl; }
```

Outro programa em C++ é o seguinte:

Fornecendo-se uma seqüência de números inteiros, o programa deve determinar:

- quantos são pares;
- quantos são ímpares; e
- a soma dos pares.

```
/* programa separa_números.cpp */
# include <stdio.h>
# include <conio.h>
main( ) {
int n, /* total dos números a ser fornecida */
num, /* variável para cada número */
cont_par, /* variável para contagem de pares */
cont_impar, /* variável para contagem de impares */
soma_par;      /* variável para soma dos pares */
clrscr( ); /* limpa a tela */
printf("Digite o valor do total de números n: "); /* mensagen
na tela */
scanf("%d", &n); /* lê o que for digitado no teclado */
cont_par = 0; cont_impar = 0; somar_par = 0; /* inicializa
valores */
scanf("Digite %d números inteiros: ", n);
while (n > 0) { scanf("%d", &num);
if (num % 2 = = 0) {
```

```
cpmt_ar = cpmt_ar + 1;
soma_par = soma_par + 1;
}
else
cont_impar = cont_impar + 1;
n = n — 1; }
printf ("/n"); printf ("/n"); /*salta duas linhas em branco
*/
printf ("Total de impares = %d\n\n", cont_impar);
printf ("Total de pares= %d\n\nSoma dos pares = %d\n",
cont_par, soma_par);
getchar( ); /* lê o último <enter> */
getchar( ); /* para visualizar melhor a saída do programa */ }
```

Caso de Programação em Linguagem ASP[3]

Esta página demonstra a utilização de uma tabela construída a partir de uma consulta SQL.

```
<html>
<title>dbtabela.asp</title>
<body bgcolor="#FFFFFF"
<%
'Programa ASP que se comunica com um database
set
conntemp=server.createobject("adodb.connection")
'DSN, usuário e senha
conntemp.open "Student", "student", "magic"
set rstemp=conntemp.execute("select*from
authos wher AU_ID<100")
qtde_campos=rstemp.fields.count —1
%>
<table border=1>
<tr>
<% 'Coloca o cabeçalho de cada coluna com o nome do campo
for i=0 to qtde_campos %>
<td><b><%=rstemp(i).name %></B></TD>
<% next %>
</tr>
<% 'Preenche a tabela com os registros do while not
rstemp.eof%>
<td valign=top><% = rstemp.fields(i).value
```

---

[3] Da Microsoft Co.

```
%></td>
<% next %>
</tr>
<% rstemp.movenext
loop
conntemp.close%>
</table>
</body>
</html>
```

Caso de Programação em Linguagem HTML

Hyper Text Markup Language (HTML) não é considerada uma linguagem de programação, mas sim de marcação de textos hipermídia. Ela permite a criação de Websites estáticos. Para que estes sejam dinâmicos, pode-se utilizar versões mais atuais como é o caso da Dynamic HTML (DHTML) ou outras linguagens em conjunto com a HTML, como é o caso da JavaScript.

O código seguinte corresponde a uma página do tipo "Envie sua mensagem".

```
 <html>
<head>

<title>Envie suas sugestões</title>
<meta http-equiv="Contente-Type" content="text/html;
charset=iso-8859-1">
</head>
<body bgcolor="#FFFFFF" test="#000000" leftmargin="0"
topmargin="0"
marginwidth="0">
<div align="center"></div>
<table width="795" border="0" cellspacing="0"
cellpadding="0" height="310">
<tr>
<td backround="c:\a\fundo.gif" height="500">
<tabel width="628" border="0" cellspacing="0"
cellpadding="0" height="155" align="center">
<tr>
<td height="212" valign="bottom">
<div align="center"><font face="Arial, Hevetica, Sans-serif"
size="2"><b><font
color="#333333">Envie suas sugestões, críticas, opiniões ou
dúvidas para que <br> melhoremos nossos serviços para
```

```
você.<</fpmt></b></font></div>
<form name="enviar" method="post"
action="mailto:rshitsuka@uol.com.br"
enctyp=text/plain>
<table width="564" border="0" cellspacing="0"
cellpadding="0" height="44">
<tr>
<td width="182" heith="12"
<div align="right"><font color="#666666"><b><font
face="Verdana, Arial, Helvetica, Sans-serif, Garamond"
size="1" color="#333333"Nome:</font><font face="Verdana,
Arial, Helvética, Sans-serif, Garamond" size="1">
</font></b></font></div>
</td>
<td width="382" height="12"> 
<input type="text" name="Nome: ">
</td>
</tr>
</tr>
<tr width="182">
<div align="right"><font color="#666666"><b><font
face="Verdana, Arial, Helvetica, Sans-serif, Garamond"
size="1" color="#333333">e-mail:
</font><font face="Verdana, Arial, Helvética, Sans-serif,
Garamond" size="1">
</font></b></font></div>
</td>
<td width="382"> 
<input type="text" name="e-mail: ">
</td>
</tr>
</tr>
<td width="182">
<div align="right"><font color="#666666"><b><font
face="Verdana, Arial, Helvetica, Sans-serif, Garamond"
size="1" color="#333333">Coment&aacute;rio:
</font><font face="Verdana, Arial, Helvetica, Sans-serif,
Garamond" size="1">
</font></b></font></div>
<td>
<td width="382"> 
<textaresa name="Coment&aacute;rio: " rows="6"></textarea>
</td>
</tr>
</tr>
```

Sistemas de Informação: Um Enfoque Computacional

```html
<td width="182"> </td>
<td width="382"><br>
 
<input type="submit" name="Enviar" value="Enviar">
<input type="reset" name="Limpar" value="Limpar">
</td>
</tr>
</table>
<br>
</form>
</td>
</tr>
</table>
<br>
</td>
</tr>
</table>
</body>
</html>
```

A figura 32 ilustra este tipo de Website. Nela apresenta-se apenas a área de trabalho.

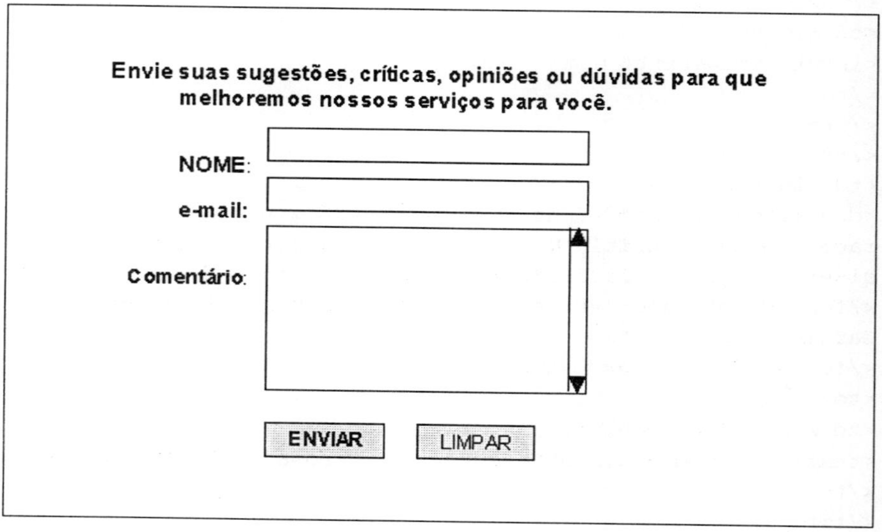

Figura 32 — *Página "Envie suas sugestões".*

Caso de Programação em Linguagem JavaScript

É uma linguagem de programação que é interpretada na máquina, dentro do HTML. Observe que o código JavaScript entra dentro do código HTML (OLIVIERO, 2001).

```
<html>
<head>
<title> Teste de progressão aritmética de 5 em 5, de 0 até
50</title>
</head>
<body>
<script language = "JAVASCRIPT">
for (t = 0; t <= 50; t = t + 5) (document.write("O valor do
elemento é: " t "br" ));
</script>
</body>
</html>
```

Caso de Programação em Linguagem JAVA

Java é uma linguagem que foi criada para permitir que um trecho de código possa "rodar" em máquinas diferentes, sem que se precise reescrever o código. É indicada para o desenvolvimento para Internet. Foi criada na Sun Microsystems por Patrick Naughton, Bill Joy and James Gosling.

Nas linhas seguintes apresenta-se um exemplo de código JAVA.

```
<%@ page import="java.util.Date"%>
<%@ page import="java.net.*"%>
<%
Date now = new Date();
String timestamp = now.toString();
Cookie cookie = new Cookie ("Username", "David");
cookie.setMaxAge(365 * 24 * 60 * 60);
response.addCookie(cookie);
%>
<HTML>
<HEAD>
</HEAD>
<BODY>
<%=cookie.getValue()%>
</BODY>
</HTML>
```

Exercícios

1. **A linguagem de programação que trabalha com objetos e é originada a partir da linguagem BASIC é:**
   a. ( ) Delphi.
   b. ( ) Visual objects.
   c. ( ) C++.
   d. ( ) Visual Basic.
   e. ( ) Java.

2. **A linguagem de programação que trabalha com objetos e é originada a partir da linguagem Pascal é:**
   a. ( ) Delphi.
   b. ( ) Visual objects
   c. ( ) C++.
   d. ( ) Visual Basic.
   e. ( ) Java.

3. **Qual das linguagens de programação a seguir surgiu é um subconjunto da linguagem C++ ?**
   a. ( ) JAVA.
   b. ( ) JavaScript.
   c. ( ) C.
   d. ( ) Pascal.
   e. ( ) ASP.

4. **Na linguagem de programação Visual Basic, o objeto que é normalmente utilizado para entrada e para saída ou exibição de dados é:**
   a. ( ) Label.
   b. ( ) Caixa de texto.
   c. ( ) Command button.
   d. ( ) Scroll bars.
   e. ( ) Line.

5. **Não é considerada uma linguagem de programação e sim uma linguagem de marcação de textos:**
   a. ( ) JavaScript.
   b. ( ) Java.
   c. ( ) Visual Basic.
   d. ( ) BASIC.
   e. ( ) HTML.

6. A linguagem de programação Clipper é:

a. ( ) Orientada a objetos.
b. ( ) Orientada a eventos.
c. ( ) Estruturada.
d. ( ) Natural.
e. ( ) De origem nacional.

7. Uma diretiva de pré-processamento da linguagem C, que permite a inclusão de bibliotecas para a linguagem C:

a. ( ) #trend.
b. ( ) #include.
c. ( ) #struct.
d. ( ) #class.
e. ( ) #object.

8. O criador da linguagem C++, em 1984 foi:

a. ( ) John von Neuman.
b. ( ) Bjarn Strostrup.
c. ( ) Billy Joy.
d. ( ) Grace Hoper.
e. ( ) Alan Turing.

9. Linguagem que surgiu na década de 90 e está em uso crescente.

a. ( ) COBOL.
b. ( ) BASIC.
c. ( ) JAVA.
d. ( ) C++.
e. ( ) FORTRAN.

10. A linguagem de programação criada no Dartmouth College, por professores, no início da década de 60, foi:

a. ( ) COBOL
b. ( ) DBASE.
c. ( ) CLIPPER.
d. ( ) C.
e. ( ) BASIC.

11. É considerada como sendo uma linguagem de baixo nível:

a. ( ) COBOL.
b. ( ) ASSEMBLY.
c. ( ) FORTRAN.
d. ( ) CLIPPER.
e. ( ) C.

Sistemas de Informação: Um Enfoque Computacional

12. **Um dos criadores da linguagem de programação JAVA na Sun Microsystems:**
    a. ( ) John von Neuman
    b. ( ) Bjarn Strostrup.
    c. ( ) Billy Joy.
    d. ( ) Grace Hoper.
    e. ( ) Alan Turing.

13. **É considerada a primeira programadora da história:**
    a. ( ) Grace Hoper.
    b. ( ) Ada Byron.
    c. ( ) Grace Kelly.
    d. ( ) Ada Smith.
    e. ( ) Judith Polgar.

14. **Linguagem de programação orientada para negócios, que foi criada no final da década de 50 e início da década de 60 e que continua sendo utilizada nos dias atuais.**
    a. ( ) CLIPPER.
    b. ( ) COBOL.
    c. ( ) JAVA.
    d. ( ) HTML.
    e. ( ) XML.

15. **É uma linguagem de marcação para hipertextos.**
    a. ( ) JAVA;
    b. ( ) KYLIX;
    c. ( ) HTML;
    d. ( ) CLIPPER;
    e. ( ) COBOL.

16. **Quando se inicia um programa de computador nessa linguagem, é necessário configurar o ambiente por meio de comando do tipo: set devi to print; set print on; set bells off etc... essa linguagem é:**
    a. ( ) CLIPPER.   d. ( ) HTML.
    b. ( ) COBOL.   e. ( ) XML.
    c. ( ) JAVA.

Linguagens de Programação 🌺 **127**

17. Os comandos mov, pic, poke e stack são característicos da linguagem de programação:
a. ( ) COBOL.
b. ( ) ASSEMBLY.
c. ( ) FORTRAN.
d. ( ) JAVA.
e. ( ) KYLIX.

18. Os comandos: # include <stdio.h>, # include <conio.h>, e main( ) {} são característicos da linguagem de programação:
a. ( ) COBOL.
b. ( ) BASIC.
c. ( ) JAVA.
d. ( ) C++.
e. ( ) FORTRAN.

19. Os comandos: <head> <title>Envie suas sugestões</title> <meta http-equiv="Contente-Type" content="text/html; charset=iso-8859-1"> são característicos de que linguagem?
a. ( ) COBOL.   d. ( ) C++.
b. ( ) BASIC.   e. ( ) FORTRAN.
c. ( ) HTML.

20. Na linha de programação HTML seguinte: <body bgcolor="#FFFFFF" test="#000000" leftmargin="0" topmargin="0"
marginwidth="0">, os valores #FFFFFF e #000000, indicam:
a. ( ) Espaço.
b. ( ) Cores.
c. ( ) Alinhamento.
d. ( ) Sombreado.
e. ( ) Repetição.

21. Na linguagem C++ a finalidade do comando cout é de:
a. ( ) Saída de dados.
b. ( ) Entrada de dados.
c. ( ) Mudança de posição.
d. ( ) Ajuste de cálculos.
e. ( ) Mudança de cores.

128 ❋ *Sistemas de Informação: Um Enfoque Computacional*

22. Nas seguintes linhas de código:
@ 1,1 to 20,78 double
@ 5,5,15,73 box borda
os números indicam:
a. ( ) Cores.
b. ( ) Posições na tela.
c. ( ) Parâmetros de uso.
d. ( ) Senhas.
e. ( ) Linhas de programação.

23. Qual das alternativas a seguir representa melhor o uso do XML para compartilhar dados?
a)   Padrão aberto.
b)   Texto.
c)   Promove a separação entre estrutura, conteúdo e apresentação.
d)   Permite semântica na Web.
e)   Todas as alternativas estão corretas.

24. Onde podemos utilizar XML?
a)   WML — VoiceXML (celular).
b)   PDF e PostScript.
c)   Word.
d)   Java Script.
e)   Todas as alternativas estão corretas.

25. Explique DOM e SAX para o ambiente XML?

_____
_____
_____
_____

26. O que é a linguagem JAVA?

_____
_____
_____
_____

Linguagens de Programação 🗝 **129**

27. **No Linux, o ambiente gráfico de código aberto mais utilizado é denominado: (concurso para Analista de Informações — TCM/RJ)**
   a. ( ) KERNEL.
   b. ( ) SAMBA.
   c. ( ) GNU.
   d. ( ) KDE.
   e. ( ) Windows ME.

28. **Em programação, quando a tradução de um código-fonte referente a um programa ocorre no momento da execução, fica caracterizado um processo conhecido por: (concurso para Analista de Informações — TCM/RJ)**
   a. ( ) Linkedição.
   b. ( ) Conversão.
   c. ( ) Compilação.
   d. ( ) Interpretação.
   e. ( ) NDA.

BIBLIOGRAFIA

FRIEDMAN, Daniel P. *Fundamentos de linguagem de programação.* São Paulo: Futura, 2001.

GIACOMIN, José Carlos. *Introdução à linguagem C.* 2.ed. Lavras: UFLA/FAEPE, 2003.

MITZHAHI, V. Viviane. *Linguagem C++.* Módulo II. São Paulo: Makron, 1992.

OLIVIERO, Carlos, A.J. *Faça um site: javascript orientado por projeto.* 2. ed. São Paulo: Erica, 2001.

Capítulo 7

Cálculo Numérico Computacional

Equações podem ser usadas para descrever comportamentos de coisas que existem. A resolução de equações pode ser realizada por métodos analíticos, gráficos ou métodos numéricos. Estes últimos procuram viabilizar cálculos complexos, simplificando-os por meio de técnicas numéricas. O cálculo numérico trabalha por meio de métodos iterativos e fornecem um certo grau de precisão. O uso do computador e programação permitiu que se viabilizasse o uso dos métodos numéricos na resolução de problemas, e que estes pudessem se constituir em partes de sistemas de informação.

Muitos problemas que existem nas organizações podem ser equacionados matematicamente.

Quando se equaciona, ou seja, cria-se uma ou mais equações para representar um comportamento de um problema ou de um sistema, está se modelando o mesmo. A solução das equações ajustadas para o problema pode ajudar a fornecer referências para a solução do problema real.

Para se resolver equações, existem formas algébricas (que fornecem resultados exatos) e formas numéricas (que por meio de iteração, fornecem valores mais próximos possíveis). As formas algébricas, na maioria das vezes, não podem ser utilizadas diretamente no computador, tornando-se necessário a busca da solução numérica, que é aproximada.

Métodos iterativos são os que ao se obter um resultado, deve-se reutilizar o mesmo, reentrando no modelo para calcular, novamente, um novo resultado mais próximo do valor real da solução; o processo vai se repetindo várias vezes até se atingir um grau de precisão aceitável.

O uso de métodos iterativos permite que se resolvam muitos problemas com uma aproximação aceitável. Pelo uso dos métodos numéricos pode-se criar algoritmos que podem ser utilizados com computadores para se chegar aos resultados desejados.

Fazer cálculos repetitivos dos métodos iterativos de modo manual pode ser demorado e cansativo, porém, utilizando-se dos recursos computacionais pode ser extremamente rápido e compensador.

De modo resumido, o objeto de estudo do Cálculo Numérico pode ser dividido em:
- Aproximações;
- Zeros de funções;
- Resolução de sistemas lineares;
- Ajuste de funções;
- Interpolação e extrapolação; e
- Integração numérica.

1. Aproximações e Erros

O cálculo numérico não é um cálculo exato, admite a existência de erro, por isso, o cálculo do erro ganha importância no sentido de se tentar atingir um erro aceitável nos cálculos realizados.

Existem muitas fontes de erros possíveis de ocorrer nos cálculos numéricos: algumas podem se originar no arredondamento de valores, outras na quantidade de bits necessária para representar variáveis no computador, há erros que surgem na localização de raízes e outros na integração numérica.

É importante entender a origem dos erros e procurar evitá-los, ou minimizá-los, ou mantê-los sob controle, isto é, dentro de faixas aceitáveis, para os casos mais críticos.

O erro absoluto é a diferença entre o valor obtido no cálculo numérico e o valor real exato que deveria ser, isto é, quando se sabe este previamente. Já o erro relativo é a mesma diferença do absoluto, porém dividido pelo valor obtido e pode ser expresso em porcentagem.

2. Zeros de Funções

Shitsuka (2005) afirma que os zeros de funções são as raízes ou então que solucionam as mesmas. Para se encontrar os zeros de funções é necessário trabalhar em duas etapas:
1) Localização; e
2) Refinamento.

Na etapa de localização, monta-se uma tabela na qual se atribui valores, por exemplo de mais 10 até menos 10; de um em um, procura-se localizar os valores de uma função que são próximos do zero.

Na etapa seguinte, faz-se uso de métodos iterativos. Estes são métodos nos quais se utiliza um valor próximo da raiz procurada. Monta-se uma tabela na qual se procura realizar o cálculo utilizando a equação, de modo a se obter um novo valor. Este será utilizado novamente na equação, para se tentar obter um valor mais próximo da raiz, e assim repete-se, sucessivamente, até o critério de parada, ou seja, que estará dentre uma precisão deseja.

Veja os métodos iterativos seguintes, para cálculo de zeros de funções: Método da Bissecção e Método da Falsa Posição (RUGGIERO, 1998, CLAUDIO, 1986).

2.1. Método da Bissecção

O método tem por objetivo diminuir a amplitude do intervalo que contém a raiz. O intervalo é considerado como sendo: (B — A) e a precisão é representada pela letra E.

O processo será repetido até se obter a precisão desejada, que é representada por (B-A < E).

A amplitude do intervalo vai ser reduzida partindo-se o intervalo ao meio.

O critério de parada é (B-A < E).

2.1.1. Algoritmo do Método da Bissecção

1º) Informações iniciais:
uma equação;
um intervalo de precisão: [A; B] o qual possuirá uma raiz da equação apresentada;
uma precisão até a qual se deverá realizar os cálculos de obtenção da raiz.

2º) Comandos de repetição:

Enquanto (B-A) > E;

Calcula o meio do intervalo fornecido: X = (A+B) / 2;
Se f(A)*f(B) > 0, então faça A = X, senão faça B = X;
A aproximação a ser considerada é o valor de X;

Fim do enquanto.

2.1.2. Exemplo de Aplicação do Algoritmo da Bissecção

Problema:

Dada uma função $f(x) = x^2 - 14$, sabe-se que ela possui uma raiz no intervalo entre os números: [3;4]. Utilizando-se o método da Bissecção, encontre o valor da raiz que possua uma precisão E < 0,1.

Resolução:

Monta-se uma tabela, que pode ser em planilha eletrônica ou por meio de programa de computador, em qualquer linguagem. A tabela 7.1 apresenta os cálculos para as diversas variáveis. Utilize três casas decimais depois da vírgula.

TABELA 7.1
Exemplo de Cálculos pelo Método da Bissecção

A	B	X = (A+B)/2	f(A)	F(B)	F(X)	B-A < E
3,000	4,000	3,500	-5,000	2,000	-1,750	1,000
3,500	4,000	3,750	-1,750	2,000	0,063	0,500
3,500	3,750	3,625	-1,750	0,063	-0,859	0,250
3,625	3,750	3,688	-0,859	0,063	-0,402	0,125
3,688	3,750	3,719	-0,402	0,063	-0,171	0,063

O valor da raiz obtida é X = 3,719.

Observe que este valor está contido entre 3 e 4.

Note que o valor de X obtido, é o primeiro que o valor da precisão é de 0,063 e que é o primeiro valor abaixo de E < 0,1. Portanto, apesar dos erros, de não chegarmos a um valor "exato", chegamos a um valor que atende aos requisitos, pelo método do cálculo numérico computacional da Bissecção para Zeros de Funções.

2.2. Cálculo do Número de Iterações Necessárias no Método de Bissecção

O número de iterações, NI, pode ser calculado pela fórmula:

$$NI > \frac{\log(Bo - Ao) - \log \varepsilon}{\log(2)}$$

Exemplo: Calcule o número de iterações necessárias para atingir uma precisão de 10-5, considerando-se um intervalo de tamanho 1.

Resolução:

$$NI > \frac{\log(1) - \log 10^{-5}}{\log(2)} \sim \quad 17 \text{ iterações necessárias para atingir a precisão.}$$

2.3. Método da Falsa Posição

Outro método de Zeros de Funções é o da Falsa Posição. Este método é semelhante ao da Bissecção. A diferença está no cálculo da redução da amplitude do intervalo: ao invés de parti-lo ao meio por bissecção, divide-se o intervalo de forma mais adequada, isto é, utilizando-se a proporcionalidade dos pesos. Veja como é calculado o valor de X neste método:

$$X = \frac{A * f(B) - B * f(A)}{f(B) - f(A)}$$

3. Linearização de Problemas

Quando se tenta resolver um problema de modo racional, acaba-se chegando em equações que podem representar o problema.

Muitas vezes, as equações podem ser simplificadas, ou abstraídas para equações lineares nos trechos em consideração, de forma a facilitar a busca de uma solução. Mesmo que a solução não seja exata, ela pode ser bastante próxima do valor exato e pode ser aceitável.

As indústrias possuem uma variedade de problemas de determinação de mix de produção. Como exemplo, na fabricação de placas de circuitos impressos, normalmente, há centenas e até milhares de furos nos quais vão ser acomodados componentes eletrônicos. Os furos são feitos por furadeiras industriais, de bancada. Para o fabricante das placas, a programação da furadeira deve ser feita para furar num local e a seguir deslocar-se para o próximo local de furo (RAGSDALE,1998).

Quando um programador mais "expert" consegue diminuir a distância de movimentação da furadeira, pode obter uma economia, que multiplicada pelas milhares de placas, pode pagar em muitas vezes o seu salário e ainda gerar lucros para o empresário.

Os problemas de rotas e logística, em geral, acabam caindo em questões com equações lineares.

O planejamento financeiro é feito com base em sistemas lineares.

A linearização de problemas é uma técnica bastante utilizada pela Ciência da Computação e pela Matemática em geral.

4. Sistemas Lineares

Os sistemas lineares foram desenvolvidos para representar comportamentos de sistemas. As soluções desses sistemas podem fornecer indicativos para uso nos sistemas reais.

Num sistema existe um certo número de incógnitas e para que haja solução, é necessário que haja também o mesmo número de equações. Cada equação será do 1º grau com várias variáveis.

A utilização de equações lineares surge devido a limitações existentes no Mundo, nas organizações, nas empresas, nas indústrias, no comércio, nas academias de ginástica, nos hospitais, nas igrejas, nos lares, nas fazendas, na construção civil, na exportação de produtos, na formação de dieta por uma nutricionista, numa confecção que tem que otimizar o uso de tecidos, numa escola que precisa diminuir seus prejuízos ou aumentar seus lucros e em todas as organizações humanas.

Em suma, as equações lineares podem ser utilizadas em praticamente todos os problemas da vida.

Nas linhas seguintes recordamos alguns tipos de limitações que justificam o uso de sistemas lineares, as formas de linearização como simplificação de problemas que originalmente não são representados por equações lineares e exemplos de linearização de problemas.

Observe, o leitor, alguns tipos possíveis de sistemas lineares e suas respectivas soluções:

4.1. Sistemas Lineares de Solução Única

No gráfico possuem solução única, pois apresentam retas concorrentes. Veja o exemplo para duas equações e duas variáveis:

$$2x_1 + x_2 = 3$$
$$x_1 - 3x_2 = -2$$

4.2. Sistemas Lineares de Infinitas Soluções

Graficamente, equivalem a retas coincidentes. Observe o exemplo das equações seguintes:

$$2x_1 + x_2 = 3$$
$$8x_1 + 4x_2 = 12$$

4.3. Sistemas Lineares sem Solução

Este é o caso das duas retas serem paralelas e não se tocarem em ponto algum. Veja o exemplo seguinte:

$$2x_1 + x_2 = 3$$
$$8x_1 + 4x_2 = 5$$

Para resolver os sistemas, pode-se utilizar o método de preferência. Uma das formas mais populares para a resolução de sistemas, e que gera algoritmos que podem ser utilizados em computadores, é o método da triangulação. Neste método de cálculo numérico, trabalha-se as linhas das matrizes formadas, dividindo-se as mesmas e somando-se de modo a se gerar zeros.

138 Sistemas de Informação: Um Enfoque Computacional

Após alguns passes, gera-se um "triângulo de zeros" e a resolução do sistema fica simplificada. O importante é chegar nos valores que resolvem o sistema linear.

5. Interpolação e Extrapolação

O uso dos métodos de interpolação permite que se encontre valores intermediários de funções, ao passo que a extrapolação permite que se realizem previsões.

A interpolação pode ser utilizada no cálculo de valores intermediários entre valores tabelados (ex: funções trigonométricas).

Outras utilizações são:

—1) Aproximação de funções de cálculo difícil.

—2) Quando não se conhece a função, mas apenas um conjunto de valores. A classe de funções mais utilizada para interpolação é o dos polinômios. Estes apresentam a vantagem de serem facilmente deriváveis e integráveis.

Interpolação Linear é a interpolação polinomial que utiliza polinômio de ordem um.

Extrapolação:

É a tentativa de se prever os valores futuros. É muito utilizado em previsão de vendas.

6. Ajuste de Funções

O ajuste de funções é feito para se realizar:

1. análise de tendências e

2. correlação de valores coletados da prática ou de experiências.

Observe que quando se tem uma "massa de dados" e os plotamos num plano cartesiano, gera-se um conjunto de pontos e surgem algumas questões:

Há alguma equação que represente tais pontos?

É possível observar alguma tendência?

Qual seria a equação que possibilitaria realizar previsões para novos pontos?

Mas, o que é o ajuste de funções? É a tentativa de se encontrar uma função que melhor represente o conjunto de pontos: (x1,y1) (x2, y2) (x3, y3)... (xn, yn). Para se chegar a uma função mais próxima da objetivada, é necessário ter o conceito de resíduo.

Resíduo é a diferença observada entre um dos pontos e a função de ajuste: $Ri = yi - f(xi)$

Uma forma de diminuir os resíduos é o **Método dos Mínimos Quadrados**. Neste método, o que se faz é minimizar a somatória dos resíduos (de cada ponto) elevados ao quadrado e com isso gerar um sistema linear.

No caso de uma função linear, tem-se a regressão linear. Ela fornecerá uma função:

$$f(x) = a_0 + a_1 x$$

A somatória dos resíduos: $Ri = yi - f(xi)$ deverá ser minimizada; para que isso ocorra, será necessária a seguinte condição: a derivada de R no ponto a_0 e também no ponto a_1 deverão ser zero. Essas condições vão fazer nascer, por trabalho matemático, as equações do sistema linear.

Chegar-se-á a duas equações que possuirão como incógnitas os valores de a_0 e a_1. Estas equações permitirão que se calcule esses coeficientes e, portanto, vão permitir a determinação de qual é a equação que melhor representa os pontos. São elas:

$$\begin{cases} (y_1 + y_2 + y_3 + ... + y_m) - ma_0 - (x_1 + x_2 + ... + x_m)a_1 = 0 \ (1^a \text{ equação}) \\ (x_1 y_1 + x_2 y_2 + ... x_m y_m) - (x_1 + x_2 + ... x_m)a_0 - (x_1^2 + x_2^2 + ... + x_m^2)a_1 = 0 \ (2^a \text{ eq.}) \end{cases}$$

Observe que as duas equações formam um sistema de duas equações a duas incógnitas que são respectivamente A_0 e A_1.

Na forma matricial:

$$\begin{pmatrix} M & \Sigma x_i \\ \Sigma x_i & \Sigma x_i^2 \end{pmatrix} \begin{pmatrix} a_0 \\ a_1 \end{pmatrix} = \begin{pmatrix} \Sigma y_i \\ \Sigma x_i y_i \end{pmatrix}$$

7. Integração Numérica

É uma técnica empregada no cálculo de áreas sobre curvas, especialmente nos casos de curvas de equações complexas, dentro de certos limites, permitindo o uso do computador neste processo.

140 ❉ *Sistemas de Informação: Um Enfoque Computacional*

Por exemplo, para o problema de calcular a integral de:

$$\int_3^5 x.dx = \left(\frac{x^2}{2}\right)_3^5 = \left(\frac{5^2}{2} - \frac{3^2}{2}\right) = 8$$

7.1. Método dos Retângulos

No método, a área sob a curva, isto é, a integral (I), será obtida pela soma de vários retângulos. A área de cada retângulo é calculada pelo valor do intervalo (h) multiplicado pelo valor da função naquele ponto ($f(x_i)$).

$$I = H \cdot \sum_{i=1}^{n} f(x_i)$$

Onde:

H é o valor do intervalo do retângulo, calculado pela fórmula: H = (B — A) / n;

B é a base de cada retângulo; e

n é o número de intervalos.

Este método, apesar de relativamente simples, apresenta erros maiores que outros métodos e, por isso, é pouco usado.

7.2. Método dos Trapézios

Neste método, a área de cada trapézio é:

$$A = \frac{(B+b) \cdot H}{2}$$

Onde:

A é a área de um trapézio individual;

H é a altura de cada trapézio, e é calculado pela fórmula: H = (B — A) / n;

B é a base maior de cada trapézio; e

b é a base menor de cada trapézio;

o cálculo da integral, I, será realizado pelo soma dos diversos "As" e é representado pela fórmula:

$$I = \frac{H}{2} \left(f(x_1) + 2f(x_2) + \dots + 2f(x_n) + f(x_{n+1}) \right)$$

A figura 33 ilustra o cálculo por meio deste método.

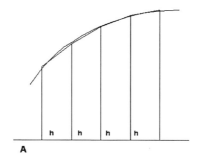

Figura 33 — *Apresentação Gráfica do Processo de Integração Numérica pelo Método dos Trapézios.*

APLICAÇÕES

1. Apresentação de Erro de Cálculo no Excel

A demonstração seguinte é a de erros de arredondamento de números utilizados em cálculos simples. (cell C2).
- Na célula B1 digita-se o rótulo da coluna "entrada";
- Na célula C1 digita-se o rótulo da coluna "calculado";
- Na célula B2 digita-se o seguinte valor: 650.00; e
- Na célula C2 digita-se a fórmula: =SUM(B2>500,(B2)*0.0865);

Obtem-se o resultado:
- Resultado: 57.225;

Observe, agora, algumas diferentes formas de se realizar o arredondamento:
- Arredondando-se o resultado para o inteiro mais próximo, por função:
=ROUND(SUM(B2>500,(B2)*0.0865),0);

O resultado é = 57.00;
- Já, arredondando-se com roundup:
Arredondando o resultado:
=ROUNDUP(SUM(B2>500,(B2)*0.0865),0);

O novo resultado é = 58.00;

- Utilizando-se o arredondamento para baixo, por meio de função: =ROUNDDOWN(SUM(B2>500,(B2)*0.0865),0);
O resultado é = 57.00

2. Caso de Falha de Cálculo Numérico faz Foguete Explodir

A falha ocorreu no foguete francês Ariane V. Para Brian Carnell (2004) e ta.twi (2004) "A causa do desastre que ocorreu em 1996 foi devida a um erro de programação. Um trecho do software do Ariane 5 estava tentando converter um número de 64-bits noutro de 16 bits, porém, o número era muito grande para a memória interna do processador de 16 bits. Devido a este fato, ocorreu um erro de overflow e este causou a queda do sistema e de seu backup que também rodava com o mesmo programa. O foguete saiu do curso e foi destruido".

3. Caso de Falha de Cálculo Numérico no Anti-Míssil Patriot

O Patriot é um míssil de defesa, do tipo antimíssil, isto é, sua finalidade é a de defesa, devendo atingir um míssil disparado por forças inimigas.

A história relata o caso da falha de programação em míssil Patriot que ocorreu no ano de 1991 numa base americana, na Arábia Saudita.

Ocorre que o míssil Patriot de defesa deixou um outro míssil, um Scud Iraquiano, passar e matar 28 pessoas num acampamento americano.

O Website da EWI, mantido por Kees Vuik (2004), apresenta vários casos de desastres causados por cálculo numérico devido a erros de cálculo computacional. Para o caso da falha do míssil Patriot afirma-se que:

"O tempo em décimos de segundos medido no sistema de relógio interno era multiplicado por 1/10 para se converter para segundos, porém, ao se dividir por 10 existe um algoritmo de expansão binária que tem que ser utilizado. Este cálculo era realizado utilizando-se uma memória interna de processador com ponto fixo e 24 bits de tamanho após a vírgula e, após isso era truncada ou arredondada".

Ocorre que um pequeno erro de truncamento ou de arredondamento, quando multiplicado por números grandes, faziam surgir erros consideráveis.

Um cálculo simplificado mostrava que o resultado de cada arredondamento gerava cerca de 0,3 segundos.

O número 1/10 é igual a: 1/24+1/25+1/28+1/29+1/212+1/213+.... desta forma, a expansion binária de 1/10 é igual a: 0.00011001100110011001100110011001100.... Porém, o registrado de 24 bits no Patriot armazenava: 0.00011001100110011001100 e com isso introduzia um erro de: 0.0000000000000000000000011001100... em binários, ou seja, aproximadamente 0.000000095 em decimais.

Multiplicando por um número de dezenas de um segundo em 100 horas tem-se: $0.000000095 \times 100 \times 60 \times 60 \times 10 = 0.34$). De outro lado, um míssil Scud voa cerca de 1.676 metros por segundo. Isso foi suficiente para deixar esse Scud fora da faixa de rastreamento do antimíssil Patriot, causando um desastre e a perda de vidas.

4. Zeros de Funções Implementados Computacionalmente

Nas linhas seguintes apresenta-se uma aplicação do método de Bissecção (RUGGIERO, 1997) o qual foi implementado na linguagem de programação Object Pascal.

```
procedure Tform1.Button1Click(Sender: Tobject);
// declaraçao de variáveis
var x, dx, início, fim: real;
begin
// entrada de dados por digitação na caixa de textos
início:=StrToFloat(Edit1.Text);
C3:=StrToFloat(Edit1.Text);
C2:=StrToFloat(Edit1.Text);
C1:=StrToFloat(Edit1.Text);
C0:=StrToFloat(Edit1.Text);
x:=StrToFloat(Edit1.Text);
dx:=0.1;
// início dos comandos de repetição
while (x<fim) do
begin
```

144 Sistemas de Informação: Um Enfoque Computacional

```
Memo1.Lines.Add(Format('%8.2f %8.2f', [x,f(x)]));
If f(x)*f(x+dx)<0 then
Memo1.Lines.Add(Format('%12.6f,[Raiz(x,x+dx,1E-10]));
x:x+dx;
end;
end;
// fim dos comandos de repetição
// chamada à função
function f(x:real):real;
begin
// início da função
function f(x:real):real;
begin
// função a ser calculada
f:=((C3*X+C2)*X+C0;
end;
// função raíz
function Raiz(A,B,E:real):real;
var x:real;
begin
// seqüência de repetição para ajuste de intervalo por
Bissecção
while(B-A>E) do
begin
while(b-a>epsilon) do
begin
// Bissecção
x:=(a+b)/2;
// comparação para verificar qual é o maior
if f(a)*f(x)> then a:x
else b:x;
end;
// atribuição do valor à raiz
Raiz:=x;
end;
```

5. Aplicação do Método dos Mínimos Quadrados

A Empregados Felizes S/A. é uma fábrica de pregos que possui 50 máquinas para a produção de pregos de tipos diversos. O Diretor Industrial, Sr. Antonio, já havia notado que se uma máquina era nova, ela fornecia uma alta produtividade e a medida em que a máquina envelhecia, a produtividade caia.

Antonio pediu que seus funcionários lhe trouxessem uma planilha típica para saber o comportamento de queda da produtividade com o tempo.

A tabela 7.2 apresenta a produção de pregos por hora de uma máquina típica. Com base na tabela, Antonio contrata os serviços do Sr. Willy que é matemático. Na sua consultoria, ele tentará ver se é possível prever a produção dos próximos dois anos, conforme o pedido do Sr. Antonio.

TABELA 7.2
Produção de Pregos Especiais numa Máquina

X (anos)	0	1	2	3
Y (pregos/hora)	250	230	190	150

Resolução:

Inicialmente, Willy coletou os dados existentes. Pediu que o Sr. Antonio lhe expusesse qual era o grau de precisão solicitada e ambos combinaram os diversos parâmetros para a realização do trabalho. Willy, então, definiu que utilizaria o método dos mínimos quadrados para busca da solução do problema.

Para utilizar este método, Willy iniciou a tarefa, de modo clássico, como todo bom matemático, identificando as variáveis, e chegou à seguinte condição:

$M = 4$
$A = 0$
$B = 3$
$\sum x_i = 6$
$\sum x_i^2 = 14$
$\sum y_i = 820$
$\sum x_i y_i = 1060$

Para resolução pelo método dos mínimos quadrados, o passo seguinte, adotado pelo matemático foi o de montar as matrizes, como se pode observar a seguir:

146 Sistemas de Informação: Um Enfoque Computacional

$$\begin{pmatrix} M & \Sigma x_i \\ \Sigma x_i & \Sigma x_i^2 \end{pmatrix} \begin{pmatrix} a_0 \\ a_1 \end{pmatrix} = \begin{pmatrix} \Sigma y_i \\ \Sigma x_i y_i \end{pmatrix}$$

Substituindo-se os valores ele obteve:

$$\begin{pmatrix} 4 & 6 \\ 6 & 14 \end{pmatrix} \begin{pmatrix} a_0 \\ a_1 \end{pmatrix} = \begin{pmatrix} 820 \\ 1060 \end{pmatrix}$$

Prosseguindo na resolução da matriz, chegou ao seguinte:

$$\begin{cases} 4Ao +6A1 = 820 \\ 6Ao +14A1 = 1060 \end{cases}$$

$$\begin{cases} (x-3) & -12Ao - 18A1 = -3*820 \\ (x\ 2) & 12Ao +28A1 = 2120 \end{cases}$$
$$\overline{\qquad 0 + 10A1 = 2120 - 2460 \qquad}$$

$$10A1 = 2120 - 2460$$
$$\mathbf{A_1 = -34}$$
$$4Ao + 6A1 = 820 \rightarrow 4Ao + 6*(-34) = 820$$
$$\mathbf{Ao = 256}$$

Logo, a equação que representará os pontos será:

$$Y = -34.X + 256$$

Para chegar aos finalmentes, Willy considerou que, a equação obtida anteriormente poderá ser utilizada para se prever os próximos dois anos, conforme foi solicitado.

Ele ponderou que poderia programar o algoritmo (equação) em qualquer das linguagens de programação mais comuns ou então por meio do uso de ferramentas, como é o caso de planilhas eletrônicas, porém, resolveu fazer as tarefas numa planilha eletrônica, obtendo os seguintes resultados finais:

Para X = 4, então Y = -34.4 + 256 = -135 + 256 = **120**

Para X = 5, então Y = -34.4 + 256 = -170 + 256 = **86**

Cálculo Numérico Computacional ✳ **147**

EXERCÍCIOS

1. **Qual método de cálculo numérico, para determinação de raízes ou zeros de funções, divide o intervalo pela metade:**
   a. ( ) Falsa-posição.
   b. ( ) Bissecção.
   c. ( ) Gauss-Seidel.
   d. ( ) Quadrados.
   e. ( ) Trapézios.

2. **O erro que é expresso percentualmente é:**
   a. ( ) Interno.   d. ( ) De cálculo.
   b. ( ) Absoluto.   e. ( ) De truncamento.
   c. ( ) Relativo.

3. **Os métodos nos quais se calculam valores e estes têm que retornar aos cálculos para refinamento em processos repetitivos para se obter valores cada vez mais próximos da raiz real são chamados de:**
   a. ( ) Posicionais.   d. ( ) Iterativos.
   b. ( ) Interativos.   e. ( ) Unificados.
   c. ( ) Laplacianos.

4. **No cálculo de integração numérica, o método dos mínimos quadrados obedece ao critério de:**
   a. ( ) Eliminação de raízes.
   b. ( ) Mínimos resíduos.
   c. ( ) Máximo lucro.
   d. ( ) Eliminação de restos.
   e. ( ) Maximização de acertos.

5. **No cálculo de integração numérica, o método dos trapézios obedece ao critério de:**
   a. ( ) Eliminação de raízes.
   b. ( ) Mínimos resíduos.
   c. ( ) Máximo lucro.
   d. ( ) Eliminação de restos.
   e. ( ) Maximização de acertos.

Sistemas de Informação: Um Enfoque Computacional

6. **O refinamento é a etapa na qual ocorre o uso de métodos:**
   a. ( ) Posicionais.
   b. ( ) Interativos.
   c. ( ) laplacianos.
   d. ( ) Iterativos.
   e. ( ) Unificados.

7. **No cálculo de zeros de funções as duas fases são:**
   a. ( ) Localização de raízes e refinamento.
   b. ( ) Isolamento de raízes e arredondamento.
   c. ( ) localização de raízes e escolha aleatória.
   d. ( ) Isolamento de raízes e desprezo das mesmas.
   e. ( ) Localização de raízes e seleção de programas.

8. **O refinamento é a etapa na qual ocorre:**
   a. ( ) Interação.
   b. ( ) Itemização.
   c. ( ) Iteração.
   d. ( ) Indicação.
   e. ( ) Iniciação.

9. **O objetivo do método da Bissecção para cálculo de zeros de funções é reduzir a amplitude do intervalo que contém a raiz até se atingir:**
   a. ( ) O valor máximo.
   b. ( ) O valor mínimo.
   c. ( ) O valor médio.
   d. ( ) A máxima precisão.
   e. ( ) A precisão requerida.

10. **No método da Bissecção para o cálculo de Zeros de Funções, a precisão a ser atingida é chamada de critério de:**
    a. ( ) Maximização.
    b. ( ) Parada.
    c. ( ) Minimização.
    d. ( ) Arrefecimento.
    e. ( ) Calefação.

11. **Para se calcular integrais no Cálculo Numérico faz-se uso de formas de integração:**
    a. ( ) Gráfica.
    b. ( ) Numérica.
    c. ( ) Analítica.
    d. ( ) Infinita.
    e. ( ) Diferencial.

Cálculo Numérico Computacional ✳ **149**

12. O que é o método da bissecção?

13. As operações com ponto flutuante são complexas. Elas são processadas em qualquer lugar de um processador? Onde eram executadas nos micros com processador Intel 80386?

14. Partindo da raiz única de valor: 1,71, localize:
   a) A função correspondente do segundo grau;
   b) A raiz da função do item (a) calculada pelo método da bissecção no intervalo [1,3] com precisão (B-A) menor que 0,3;
   c) Calcule o erro relativo porcentual, ou simples do item (b);
   d) Calcule o valor da raiz pelo método de Newton Raphson na terceira interação partindo-sede $X_o = 1,0$;

15. O método da "Falsa posição" é mais rápido que o método da bissecção? No que se baseia?

150 Sistemas de Informação: Um Enfoque Computacional

BIBLIOGRAFIA

BOGHI, Cláudio; SHITSUKA, Ricardo. **Aplicações Práticas com Microsoft Office Excel 2003 e Solver**- ferramentas computacionais para a tomada de decisão. São Paulo: Érica, 2005.

CLAUDIO, D.M.; MARTINS J.M. **Cálculo numérico e computacional**: teoria e prática.2.ed. São Paulo: Atlas, 1996.

MORAIS, Augusto Ramalho; SÁFADI, Thelma. **Cálculo numérico**. Lavras: UFLA/FAEPE, 1999.

RUGGIERO, M.AG.; LOPES, VLR. **Cálculo númerico**: aspectos teóricos e computacionais.2.ed. São Paulo: Makron, 1997.

PICCHIA, W. **Métodos numéricos para a resolução de problemas lógicos**. São Paulo: Edgard Blucher, 1993.

RAGSDALE, Cliff. T. **Spreadsheet modeling and decision analysis** — a practical introduction to management science. 2. ed. USA: South-Western Publishing Co, 1998.

VETTERLING, W.T. et al. **Numerical recipes**. Example Book (C). 2.ed. USA: Cambridge University Press, 1997.

WEBGRAFIA

Kees Vuik no Website da EWI de Neederlands "Ta.twi". Disponível em: http://ta.twi.tudelft.nl/nw/users/vuik/wi211/disasters.html. Acesso em: 17/11/2004.

Capítulo 8

Pesquisa Operacional

A Pesquisa Operacional é a base matemática e científica para a tomada de decisões na Administração e Gerenciamento em Geral. Ela é utilizada no planejamento e busca de soluções em termos quantitativos. Também é aplicável em quase todos os segmentos de atividade humana: nos problemas de se otimizar recursos, maximizar lucros, minimizar prejuízos, realizar simulações. Sua utilização nos sistemas permite que os mesmos apresentem soluções mais eficientes para seus usuários.

1. Surgimento da Pesquisa Operacional

O surgimento da Pesquisa Operacional (PO) ocorreu durante a Segunda Grande Guerra Mundial, num esforço realizado pelos Aliados para tomar decisões num ambiente com escassez de recursos e existência de muitas necessidades em termos de suprimentos, soldados, armamentos, equipes médicas, comunicações etc.

A utilização do método durante a guerra proporcionou economia de recursos devido a um melhor aproveitamento dos mesmos e, após o término do grande conflito, a iniciativa privada passou a utilizá-lo nas organizações e em problemas de grande complexidade em planejamento, projetos, logística, problemas de produção e alocação de recursos em geral.

2. Fundamentos da PO

A idéia de resolução de problema da PO está na criação de modelos matemáticos formulados a partir de dados e informações reais sobre o comportamento (equações), limites (restrições), necessidades e formas de trabalho. Por meio do uso do modelo de equações, seria possível simular e avaliar alternativas de estratégias ou decisões a serem adotadas.

Os valores obtidos como resultados das simulações são então trazidos para o mundo real e utilizados. Caso contrário, as decisões não teriam base matemática e seriam realizadas por meio de outros critérios como uso de adivinhações, cartas de tarô, ou outros métodos criativos.

3. Uso de Recursos Computacionais

Com a evolução e utilização crescente dos recursos computacionais, a PO tem se tornado cada vez mais acessível, em nível mundial, às pessoas e empresas.

Uma das formas de trabalho mais freqüentes da PO é pelo uso da linearização do problema. Esta etapa é a da modelagem matemática do problema. A linearização, apesar de ser uma simplificação ou abstração, permite que se obtenha solução de muitos problemas de modo rápido, prático e com critérios aceitáveis.

A linearização de um problema também é conhecida como Planejamento Linear ou Programação Linear.

Na realidade, esta programação é o planejamento do trabalho. Antes de se adotar estratégias para se realizar um trabalho, é necessário saber que opções estão disponíveis e qual delas é mais econômica, ou seja, qual oferecerá o menor custo ou, então, que fornecerá o maior lucro.

4. Solvers

Solvers são solucionadores ou resolvedores de problemas. Há uma categoria de programas de computador, "os solvers", que são utilizados para resolução de equações criadas, por exemplo, pelas técnicas da PO.

Um software solver que vem ganhando popularidade é o que vem embutido no Excel da Microsoft. Originalmente, este software foi desenvolvido pela empresa FrontLine Systems, dos EUA, e, posteriormente, foi incorporado à planilha Excel da Microsoft.

Existem softwares equivalentes para ambiente Linux, como é o caso do Lp_solve[1].

No caso do uso do Solver, é necessário seguir alguns passos. Tudo começa pela modelagem do problema (Figura 34).

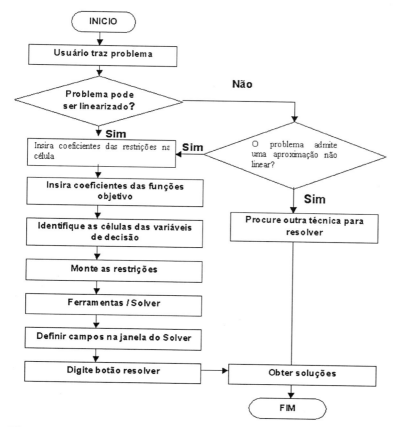

Figura 34 — *Fluxograma para uso do Solver (Boghi; Shitsuka, 2005).*

---

[1] Lp_solve, conforme: ftp://ftp.es.ele.tue.nl/pub/lp_solve/lp_solve.tar.gz, visitado em 10112004.

Aplicações

Uma *software house* tem que fabricar dois computadores servidores (SW1 e SW2). Para fabricar o servidor SW1, a empresa gasta 9 técnicos-hora e 3 horas-instalação. Na fabricação do servidor SW2 a empresa gasta 1 técnico-hora e uma hora-instalação.

Considerando-se que x_1 e x_2 são as quantidades fabricadas dos SW1 e SW2 e sabendo-se que a software house pode contar com 18 horas-técnicos e 12 horas-instalação e ainda que os lucros unitários dos servidores SW1 e SW2 são R$ 4.000,00 e R$ 1.000,00, respectivamente, quanto deve a empresa fabricar de cada produto para obter o maior lucro possível? (adaptado de Boghi; Shitsuka, 2005)

Matematicamente, pode-se traduzir o que foi escrito nas seguintes equações:

$$\text{Max } L = 4x_1 + 1x_2$$

Os valores de x_A e x_B estão sujeitos às restrições seguintes, também formuladas em termos de inequações:

$$9x_1 + 1x_2 \leq 18$$
$$3x_1 + 1x_2 \leq 12$$
$$x_1 \text{ e } x_2 \geq 0$$

Agora, é necessário inserir os dados anteriores no Excel e, a seguir, utilizar o Solver para que este forneça as soluções otimizadas.

Na célula B1 insere-se a fórmula do Lucro:

=SOMARPRODUTO(D4:D5;E4:E5)

Nas células A10 e A11 insere-se, respectivamente, a fórmula das restrições de hora-homem e hora-máquina.

A10: =SOMARPRODUTO(B4:B5;E4:E5)
A11: =SOMARPRODUTO(C4:C5;E4:E5)

Nas células E4 e E5 apresenta-se valores que o Solver irá calcular para atingir o Lucro Máximo.

Inicialmente, ter-se-á algo parecido com a figura 35, no Excel.

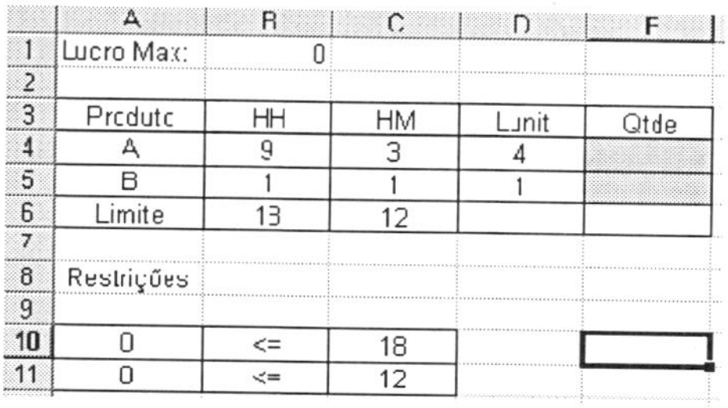

	A	B	C	D	E
1	Lucro Max:	0			
2					
3	Produto	HH	HM	Lunit	Qtde
4	A	9	3	4	
5	B	1	1	1	
6	Limite	13	12		
7					
8	Restrições				
9					
10	0		<=	18	
11	0		<=	12	

Figura 35 — *Planilha com uso do Solver.*

Entra-se no Solver para se digitar os parâmetros exigidos (Figura 36).

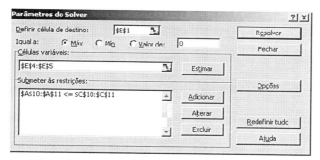

Figura 36 — *Configuração dos Parâmetros na Janela do Solver.*

Não se pode esquecer que x_A e $x_B \geq 0$. Por isso, entra-se no botão Opções e escolhe-se: Presumir modelo linear e Presumir não negativo. Com isso, não se terá nenhuma quantidade negativa (Figura 37).

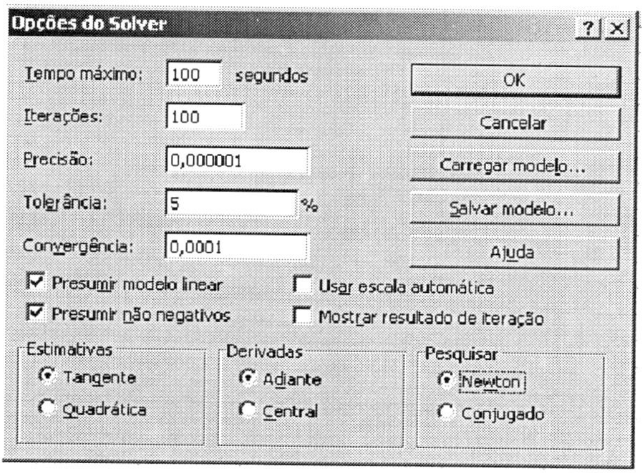

Figura 37 — *Janela de Opções do Solver.*

156 ❊ *Sistemas de Informação: Um Enfoque Computacional*

Aperta-se o botão OK e manda-se o Solver resolver o exercício.

A seguir, pode-se observar, quanto do produto A e B (células E4 e E5) deve-se produzir para se chegar ao Lucro Máximo (célula B1) (Figura 38).

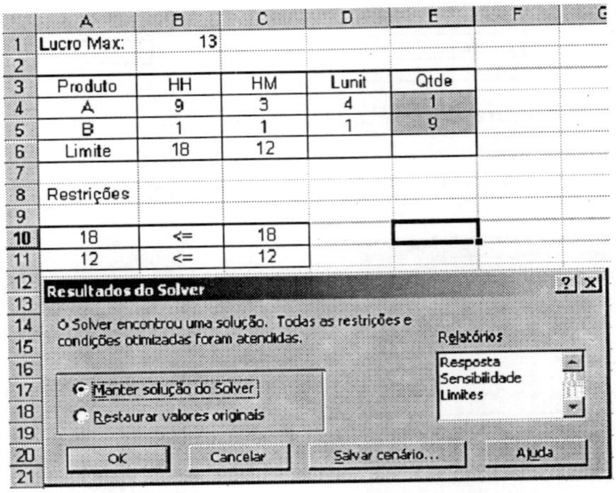

Figura 38 — *Área de Trabalho do Excel e os Resultados do Solver.*

É necessário produzir uma (1) unidade do produto A e nove (9) do produto B para chegar ao maior Lucro (13).

Apertando-se o botão OK, finaliza-se o exercício. Neste momento, pode-se marcar os três relatórios que o Solver oferece. Pode-se observar o seu funcionamento (Figura 39).

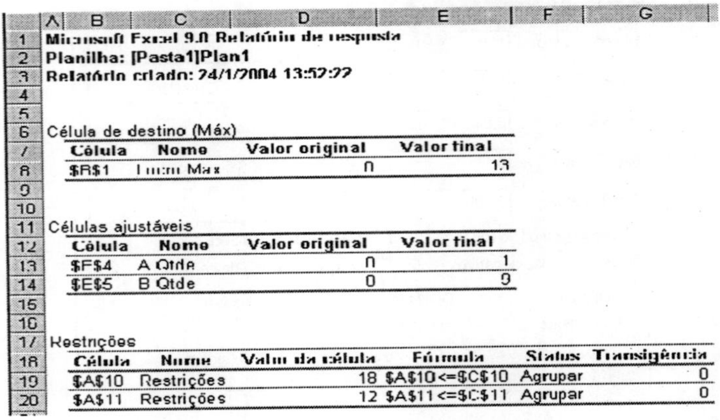

Figura 39 — *Relatório de Respostas.*

O valor do lucro está na Célula de Destino, que é B1 = 13. Os valores ótimos a serem produzidos na seção Células Ajustáveis são, respectivamente, E4 = 1 e E5 = 9 e na seção Restrições, mostra que a célula A10 (18) <= C10 (18) e que A11 (12) <= C11 (12) (Figura 40).

	A	B	C	D	E	F	G	H
1	Microsoft Excel 9.0 Relatório de sensibilidade							
2	Planilha: [Pasta1]Plan1							
3	Relatório criado: 24/1/2004 13:52:22							
4								
5								
6	Células ajustáveis							
7			Final	Reduzido	Objetivo	Permissível	Permissível	
8		Célula	Nome	Valor	Custo	Coeficiente	Acréscimo	Decréscimo
9		E4	A Qtde	1	0	4	5	1
10		E5	B Qtde	9	0	1	0,33333333	0,55555556
11								
12	Restrições							
13				Final	Sombra	Restrição	Permissível	Permissível
14		Célula	Nome	Valor	Preço	Lateral R.H.	Acréscimo	Decréscimo
15		A10	Restrições	18	0,16666667	18	18	6
16		A11	Restrições	12	0,83333333	12	6	6

Figura 40 — *Relatório de Sensibilidade.*

No item "Células Ajustáveis" apresenta-se os valores dos produtos A e B que são, respectivamente, 1 e 9.

O item "Objetivo do Coeficiente" calculou, respectivamente, 4 e 1. Na realidade, estes são valores de lucros unitários fornecidos no exercício. Percebe-se que ao se aplicar um acréscimo até 5, no produto A, e 0,3333 no produto B, não haverá aumento no seu Lucro Total, pois a sensibilidade é muito baixa.

Caso analise-se o decréscimo de 1 no produto A e 0,5555 no produto B também se observa que não haverá efeitos sobre o Lucro Total (Figura 41).

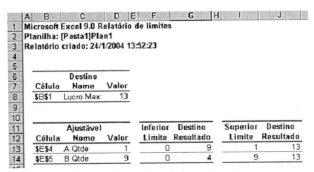

Figura 41 — *Relatório de Limites.*

158 ❊ *Sistemas de Informação: Um Enfoque Computacional*

Neste relatório apresenta-se o objetivo encontrado no Solver. No caso de exercícios mais complexos, este relatório tornar-se-á muito importante.

EXERCÍCIOS

1. **A Pesquisa Operacional surgiu:**
    a. ( ) Na época da primeira Guerra Mundial.
    b. ( ) Na época da primeira viagem do homem à Lua.
    c. ( ) Na época das eleições americanas.
    d. ( ) Na época da Guerra do Golfo.
    e. ( ) Na época da segunda Guerra Mundial.

2. **A Pesquisa Operacional faz uso da técnica:**
    a. ( ) Qualidade total.
    b. ( ) Programação linear.
    c. ( ) Programação total.
    d. ( ) Qualidade linear.
    e. ( ) Ajustes lineares.

3. **A técnica de programação linear na realidade realiza um(a):**
    a. ( ) Planejamento linear.
    b. ( ) Linearização de soluções.
    c. ( ) Solucionamento de programações.
    d. ( ) Programação de computadores.
    e. ( ) Linguagem de programação.

4. **Qual das formas de integração fornece resultados exatos?**
    a. ( ) Numérica.
    b. ( ) Analítica.
    c. ( ) Gráfica.
    d. ( ) Quadrática.
    e. ( ) Derivacional.

5. **O ajuste de funções lineares, realizado no Cálculo Numérico, também é conhecido como:**
    a. ( ) Retrocesso linear.
    b. ( ) Projeção linear.
    c. ( ) Regressão linear.
    d. ( ) Progressão linear.
    e. ( ) Ajuntamento linear.

160 ❈ *Sistemas de Informação: Um Enfoque Computacional*

6. **O software Solver foi criado pela empresa:**
   a. ( ) Sun MicroSystems.
   b. ( ) FrontLine Systems.
   c. ( ) IBM.
   d. ( ) Computer Associates.
   e. ( ) Borland.

7. **O software Solver é uma ferramenta que foi incorporada a qual outro software:**
   a. ( ) Lotus123.
   b. ( ) Excel.
   c. ( ) OpenOffice.
   d. ( ) StarOffice.
   e. ( ) QuatroPro.

8. **A Lp_solve é um software do tipo solver que roda em cima do sistema operacional:**
   a. ( ) Windows.
   b. ( ) Linux.
   c. ( ) OS/2.
   d. ( ) VMS.
   e. ( ) DOS.

9. **Para se resolver um problema com o uso do software Solver é necessário primeiro:**
   a. ( ) Tomar a decisão empresarial.
   b. ( ) Modelar o problema com suas variáveis e limitações.
   c. ( ) Criar um algoritmo de solução do problema.
   d. ( ) Modelar o software para gerar planilha eletrônica.
   e. ( ) NDA.

10. **A Programação Linear:**
    a. ( ) É uma técnica que não auxilia na modelagem.
    b. ( ) É uma técnica de linguagem de programação de computadores.
    c. ( ) Não é uma técnica.
    d. ( ) É uma técnica que auxilia a modelagem.
    e. ( ) NDA.

Pesquisa Operacional 161

11. Os problemas que existem nas organizações:
a. ( ) Sempre podem ser resolvidos por programação linear.
b. ( ) Nem sempre são problemas que enquadram em equações lineares.
c. ( ) Nunca recaem em problemas que podem ser representados por equações lineares.
d. ( ) Dependem só das equações lineares.
e. ( ) NDA.

12. Os objetivos da técnica de programação linear são:
a. ( ) De diminuição dos custos e maximização dos lucros.
b. ( ) De equalização dos custos e equalização dos lucros.
c. ( ) De maximização dos custos e maximização dos lucros.
d. ( ) De diminuição dos custos e minimização dos lucros.
e. ( ) NDA.

13. A Programação Linear é uma técnica que:
a. ( ) Foi criada antes da Pesquisa Operacional.
b. ( ) Foi criada simultaneamente à Pesquisa Operacional.
c. ( ) Foi criada posteriormente à Pesquisa Operacional.
d. ( ) Foi criada no século XVIII.
e. ( ) NDA.

14. A Pesquisa Operacional
a. ( ) Pode utilizar a técnica da Programação Linear.
b. ( ) Foi criada na década de cinqüenta.
c. ( ) É uma ciência baseada na Sociologia e Ciências Sociais.
d. ( ) É uma ciência humana.
e. ( ) NDA.

15. Na solução gráfica de problemas de Programação linear:
a. ( ) É necessário plotar os gráficos correspondentes às restrições.
b. ( ) Não é necessário plotar os gráficos correspondentes às restrições.
c. ( ) Necessário plotar os gráficos correspondentes às médias estatísticas.
d. ( ) Não é necessário plotar os gráficos correspondentes às médias estatísticas.
e. ( ) NDA.

Bibliografia

BOGHI, Cláudio; SHITSUKA, Ricardo. *Aplicações Práticas com Microsoft Office Excel 2003 e Solver – ferramentas computacionais para a tomada de decisão*. São Paulo: Érica, 2005.

JESUS, José Carlos S. *Pesquisa operacional aplicada à agropecuária*. Lavras: UFLA/FAEPE, 1998.

RAGASDALE, Cliff T. *Spreadsheet modeling and decision analysis: a practical introduction to management science*. 2.ed. Cincinnati (Ohio, USA): South-Western College Publishing,1997.

Webgrafia

Lp_solve. Website disponível no ftp: ftp://ftp.es.ele.tue.nl/pub/lp_solve/lp_solve.tar.gz, visitado em 10112004.

FrontLine Systems. Website disponível em: http://www.solver.com/ visitado em 10/11/2004.

Capítulo 9

Engenharia de Software

> A Engenharia de Software preocupa-se com o produto software e o processo para poder produzi-lo. Esta preocupação ocorre no nível de gerenciamento, qualidade, custos, prazo, recursos humanos, ambiente, integração e comunicações do projeto.

Pressman (2002), ilustre autor na área de Engenharia de Software, afirmou que software de computador é o produto que os engenheiros de software projetam e constroem.

Software abrange programas que executam em computadores de qualquer tamanho e arquitetura, documentos que incluem formas impressas e virtuais e dados que combinam números e textos, mas também incluem representações de informações em figuras, em vídeo e em áudio.

Existem softwares para as mais diferentes finalidades e aplicações. Como exemplo, Rezende (2002) definiu que software educativo é aquele que tem como objetivo auxiliar no aprendizado de um ou mais temas e contribuir com a educação geral. Este também classifica o caso específico de software educativo em:

1) Informativo, que relata temas específicos, com recursos multimídia e pouca interação com o usuário;

Sistemas de Informação: Um Enfoque Computacional

2) De Treinamento, que apresenta temas e possuem limitada interação com o usuário; e

3) Grupo de software educacional do Ministério de Educação e Cultura (MEC), que atende às especificações do conteúdo programático básico, de forma paralela ao ensino convencional.

Rouiller et al. (2003) afirmaram que a engenharia de software engloba não apenas o desenvolvimento de programas, mas também outros aspectos necessários à produção de software. Os autores ainda complementam, lembrando que nas organizações que desenvolvem software, existe uma abordagem forte na engenharia de produto, porém, é necessário melhorar os processos da organização bem como as medições, controle e gerenciamento dos projetos de software.

1. Métricas do Desenvolvimento de Software

Para o caso de desenvolvimento de software, além de se adotar um modelo de ciclo de vida, Pressman (2002) destacou a questão das métricas de processo e projeto de software.

Métricas são medições. Para o caso de software, existem métricas de fabricação do software, produtividade e qualidade.

Entre as métricas para a produtividade de software, existem aquelas orientadas por tamanho, como é o caso da medição de:

- linhas de código;
- existem métricas orientadas por função; e
- também existe o método *Cost Constructive Model* (COCOMO), além deste método,
- existem outras ainda como é o caso da BTO,

As métricas auxiliam na estimativa de prazos, custos, necessidade de pessoal e recursos para a criação de software.

No modelo COCOMO existem questões que devem ser respondidas e, conforme as respostas das mesmas, ocorrerão cálculos que fornecerão o número de analistas e programadores sugeridos, o tempo total de projeto estimado e outros valores que servirão de referência para que o mesmo possa ser iniciado.

O cronograma ou diagrama de Gantt é um instrumento importante na definição do tempo (acompanhamento e controle), e dos responsáveis pelas atividades de um projeto.

Posteriormente, serão necessárias revisões do projeto e correções dos prazos e demais recursos e condições de acordo com a sua evolução. A tarefa de realizar estes acompanhamentos e decidir sobre as mudanças é do responsável pelo projeto.

Para os projetos de Sistemas de Informação e de Software, a visão de Pressman é bastante abrangente, abordando também outros diversos aspectos de engenharia de software, entre os quais a questão da qualidade, a análise de sistemas e modelagem, a orientação a objetos, a Engenharia da *Web*, a Reengenharia e o projeto de software apoiado por computador.

Pfleeger (2004) também apresentou uma visão semelhante e mais resumida, indicando os caminhos dessa importante área de conhecimento.

2. Capability Maturity Model CMM

O CMM serve como guia para a melhoria da capacidade e qualidade nos processos, recomendado para as empresas que desenvolvem software.

As organizações que desenvolvem software possuem níveis de maturidade em seus processos de desenvolvimento: para entender o significado do termo maturidade.

Para exemplificar, pode-se pensar na maturidade de um profissional: à medida que sua carreira evolui (no aprendizado teórico, aliado às vivências práticas em diversos projetos, e diversas situações), cria-se uma experiência e conhecimento para que esse profissional se torne maduro.

No modelo de maturidade, é aplicado de modo semelhante, porém para uma organização. Outra forma de se entender os níveis de maturidade é pela semelhança do mesmo com outras formas das estruturas em camadas, como é o caso das "cascas de cebola".

No CMM existem 5 camadas ou níveis.

O nível 1 é o mais simples e o nível 5 é o mais elaborado, de excelência. O modelo considera a existência de áreas-chave do processo e práticas-chave. Ele também define papéis para os envolvidos, este é o caso do papel de Gerente Sênior.

Em particular, para o caso do Brasil, há muito trabalho a ser realizado na área de Engenharia de Software.

Há escassez de empresas com nível de maturidade CMM elevado e há muitas empresas com nível 1, que é o mais baixo. Tem-se feito um grande esforço no sentido de se atingir o nível 2 para as empresas nacionais.

Rouiller et al. (2003) lembra que no CMM existem os níveis de maturidade, como exibidos de modo adaptado, na figura 42.

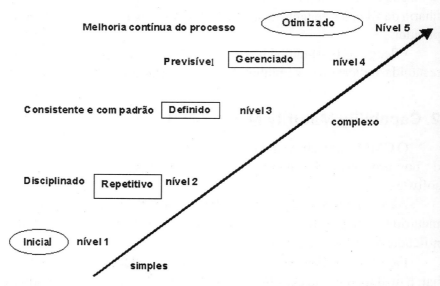

Figura 42 — *Níveis do* Capability Maturity Model *(adaptado de ROUILLER et al. 2003).*

3. Gerenciamento de Projetos com uso do PMBOK

Outro aspecto da Engenharia de Software refere-se à tentativa de garantia de gerenciamento no processo. Uma das formas de se obter essa garantia, quando se pensa em desenvolver projetos, ou contratar desenvolvedor, é por meio da certificação *Project Management Institut* (PMI), que é conhecida como *Project Management Body of Knowledge* (PMBOK).

Rouiller et al. (2003) recordaram que o bom planejamento é essencial para o sucesso de um projeto e que a Gerência de Projeto do PMBOK considera as gerências de: Integração, Custo, Comunicação, Escopo, Qualidade, Risco, Tempo, Recursos Humanos e Aquisição.

Um exemplo de modelo de processo para gerência de projetos é o ProGer, que ajuda as empresas fabricantes de software na organização de seu negócio por meio do uso de artefatos de nível elevado e de pouca complexidade em conjunto com um modelo de ciclo de vida para projetos e da definição de fluxos de trabalho.

Já considerando o caso de aquisição de software, ao invés de se desenvolver o mesmo, deve-se considerar a existência de critérios de avaliação.

Para Souki e Zambalde (2003) um software podia ser avaliado por uma série de parâmetros, entre os quais: serem rápidos e estáveis; convenientes; objetivos, simples e claros; precisos; acessíveis e amigáveis; consistentes; flexíveis; compatíveis; garantia e suporte; atualização.

Pfleeger (2004) considerou que num desenvolvimento de software produz-se uma grande quantidade de artefatos: requisitos, projetos, componentes de código, casos de teste, scripts de teste, guias de usuário e referências cruzadas; em cada caso pode-se examinar um produto para determinar se ele possui atributos desejáveis. Ela recomenda o uso dos questionamentos seguintes para se avaliar um software:
- O software possui documentação?
- Possui completeza?
- Consistência?
- Confiabilidade?
- Manutenibilidade?

Além dos pontos mencionados, ainda propôs um modelo para as questões atribuindo valores para características, como as definidas pela norma da *International Standard Organization* (ISO 9126), o qual considera:
- Funcionalidade;
- Confiabilidade;
- Usabilidade;
- Eficiência;
- Manutenibilidade; e
- Portabilidade.

APLICAÇÕES

Caso de Sistema de Apoio ao Ensino

No projeto de Sistema de Apoio ao Ensino para a Faculdade FDM, não se utilizou o PMBOK, diretamente, mas apenas algumas idéias do mesmo a respeito da qualidade, custos, recursos humanos, materiais, integração etc, que estavam na cabeça dos professores.

Inicialmente, considerou-se importante o fato de que esta Tecnologia estivesse alinhada aos objetivos da Instituição, e, principalmente, aos objetivos dos alunos e professores, pois em última análise estes serão os grandes usuários e administradores do sistema de modo que neles repousa o sucesso ou fracasso no uso diário.

O passo seguinte foi entender a necessidade dos diversos usuários potenciais do sistema proposto. A engenharia de software contribuiu com a sua preocupação com o produto de software, os processos de software e o gerenciamento dos mesmos.

No caso, optou-se em se fazer a aquisição de software que atendesse a análise de requisitos.

Utilizou-se um modelo de ciclo de vida de reuso. Foi feita a busca de componentes de software existente e, posteriormente, foi realizada a adaptação, tanto do software como dos requisitos dos usuários às condições reais de modo a se chegar num novo projeto que atendesse às partes envolvidas.

Entre as características tidas como requisitos, o software deveria ser de fácil utilização, ter baixo custo ou custo zero, deveria ser utilizado em ambiente *Web*, pela *Internet*, ser fácil de ensinar, com boa navegabilidade, fácil de se manter e que não gerasse grandes custos para a Instituição.

Tendo em vista as dificuldades relacionadas com a parte financeira, os professores passaram a buscar no mercado a alternativa dos softwares *Open Source* de código livre, disponibilizados na *Web*.

Para a seleção do software, pesquisou-se diversos softwares na WEB. Chegou-se a três potenciais candidatos:

1) TelEduc;

2) PhProjekt; e

3) phpBB.

Entre outros critérios utilizados, havia também:

- Facilidade de uso (intuitividade);
- Facilidade de manutenção do sistema;
- Custo baixo;
- Apoio da diretoria acadêmica;
- Disponibilidade de manuais em português ou inglês;
- Facilidade de assimilação;
- Facilidade de treinamento aos professores do Departamento de Análise de Sistemas;
- Interface gráfica agradável e funcional; e
- Facilidade de instalação e configuração.

Além dos pontos apresentados, houve consenso entre o Coordenador do Curso e os professores envolvidos, que também atuam na área da Tecnologia da Informação, com relação ao software, o que foi o fator determinante para a seleção do mesmo.

O primeiro software (o TelEduc) foi considerado muito bom, porém possuía algumas dificuldades de configuração e os professores o consideraram melhor para o ensino totalmente à distância.

Paralelamente, o segundo software (PhProjekt) estava disponível no idioma alemão, o que dificultava a tradução e aumentaria o número de horas trabalhadas no projeto, apesar do mesmo possuir uma interface simples e amigável.

Como havia a necessidade de se implantar o sistema num tempo curto, e havia pouco tempo para estudo de viabilidade, seleção e configuração, os autores consideraram, nesta oportunidade, o phpBB como sendo o melhor dos três softwares pesquisados. Este software caracterizava-se por ser extremamente simples, rápido para ser traduzido (do inglês para o português), sendo, assim, a ferramenta mais adequada.

O phpBB também oferece recursos como estatísticas de uso, rastreamento de quem está on-line, registra o IP (Internet Protocol) da pessoa "logada" (pessoa que está conectada) e pode ser utilizado como *Learning Management System* (LMS).

Segundo Pressman (2002), na aquisição de software, é necessário que se verifique em relação ao mesmo uma série de itens, entre os quais: a usabilidade do mesmo, ou seja, a facilidade de uso pelo cliente, a

170 ❋ *Sistemas de Informação: Um Enfoque Computacional*

manutenibilidade, ou seja, a facilidade de manutenção, a existência de garantia contratual do produto de software, a existência de certificação por parte do fabricante no sentido de que ele esteja trabalhando dentro de requisitos de qualidade em seus processos de produção de software.

A pesquisa na *Web* menciona o fato de software para ambiente windows possuir um *Total Cost of Ownership* (TCO)[1] mais baixo que os produtos para Linux e *Open Source*. Este fato deve-se ao custo maior, ao longo do tempo, com programadores e analistas para realizar as correções que se fizerem necessárias, ao passo que, normalmente, no ambiente Windows o custo dos programadores é mais baixo, bem como os custos de suporte técnico. A ferramenta *Open Source* pode sair gratuita num primeiro momento, porém, ao longo do tempo seu custo pode aumentar.

No caso, selecionou-se ferramentas *Open Source* devido ao fato da equipe contar com pessoas capacitadas a trabalhar em ambiente Linux e com programação.

O *Total Cost of Ownership* (TCO) maior no caso do Linux e *Open Source* deve-se em grande parte ao fato de haver relativamente poucas pessoas que trabalham neste ambiente.

Por outro lado, como mais de noventa por cento do mercado doméstico de computadores utiliza o Windows ou Ferramentas Microsoft, como nos revela a 15a. Pesquisa Anual da Fundação Getúlio Vargas (FGV-SP), que apontou o custo de suporte para estes produtos, o qual passa a ser mais baixo e popularizado. Ao longo do tempo, com a expansão do Linux e do *Open Source* é possível que os custos de *Total Cost of Ownership* (TCO) tendam a cair para estes produtos e apostam neste sentido.

Nesta oportunidade, a FDM optou pelo uso de produtos Microsoft, embora haja um núcleo de professores interessados em implantar o uso do Linux.

Existe uma consciência entre usuários e administradores do sistema de Apoio ao Ensino de que, atualmente, este está na fase de manutenção de seu ciclo de vida. Ao longo do uso e do tempo, as necessida-

---

[1] Disponível em: http://www.microsoft.com/brasil/pr/office2k_bba.htm, acesso em: 08/06/2004) e disponível em: http://h30091.www3.hp.com/pyme/gr/tco.html, acesso em: 08/06/2004.

des diversas, não detectadas, vão surgindo requisitos e modificações, e vai haver uma época na qual a quantidade de manutenções ou o tipo das mesmas sejam de tal ordem que se torne necessário a busca de um novo sistema de informações para este trabalho.

Foi realizado pelos professores de informática da FDM, um trabalho de customização do software phpBB, de modo que o mesmo pudesse se adaptar às características das disciplinas aos quais seriam atendidos. Posteriormente, devido ao sucesso atingido, outras disciplinas, além das de Informática I e II, foram incorporadas ao sistema, entre elas, as disciplinas de Administração de Sistemas de Informação do curso de Bacharelado em Administração de Empresas da FDM.

172 ✳ *Sistemas de Informação: Um Enfoque Computacional*

EXERCÍCIOS

1. **O conjunto de conhecimentos cuja finalidade é o gerenciamento de projetos é:**
   a. ( ) CMM.
   b. ( ) PMBOK.
   c. ( ) ISO-9000.
   d. ( ) ANSI.
   e. ( ) ASCII.

2. **No Capability Maturity Model (CMM) existem ___ níveis:**
   a. ( ) 2.
   b. ( ) 3.
   c. ( ) 4.
   d. ( ) 5.
   e. ( ) 6.

3. **O Project Management Body of Knowledge (PMBOK) foi criado:**
   a. ( ) Na ABNT.
   b. ( ) Na ABED.
   c. ( ) Na ISO.
   d. ( ) Na ASTM.
   e. ( ) No PMI.

4. **No CMM o nível máximo de maturidade para uma empresa que produz software é:**
   a. ( ) 2.
   b. ( ) 3.
   c. ( ) 4.
   d. ( ) 5.
   e. ( ) 6.

5. **No CMM o nível gerenciado é:**
   a. ( ) 2.
   b. ( ) 3.
   c. ( ) 4.
   d. ( ) 5.
   e. ( ) 6.

Engenharia de Software ✳ **173**

6. **No CMM o nível otimizado no qual ocorre uma melhoria contínua dos processos é:**
a. ( ) 2.   c. ( ) 4.   e. ( ) 6.
b. ( ) 3.   d. ( ) 5.

7. **O COCOMO é um modelo de:**
a. ( ) Previsão de custo e tempo na construção de software.
b. ( ) Construção de software.
c. ( ) Programação de software.
d. ( ) Linguagem.
e. ( ) Análise visual de projetos.

8. **Qual das alternativas a seguir não é de um modelo de ciclo de vida de desenvolvimento de sistemas:**
a. ( ) Cascata.
b. ( ) Desenvolvimento evolucionário.
c. ( ) Transformação formal.
d. ( ) Reuso.
e. ( ) Cálculo numérico.

9. **Os responsáveis pela realização da análise de requisitos:**
a. ( ) Programadores.
b. ( ) Usuários.
c. ( ) Analistas de sistemas.
d. ( ) Gerentes de projetos.
e. ( ) Operadores.

10. **No ano de 2003 a maioria das empresas brasileiras produtoras de software estava classificada no nível ____ do CMM.**
a. ( ) 5.   c. ( ) 3.   e. ( ) 1.
b. ( ) 4.   d. ( ) 2.

11. **É nível de CMM que corresponde ao processo disciplinado e repetitivo:**
a. ( ) 2.
b. ( ) 3.
c. ( ) 1.
d. ( ) 5.
e. ( ) 4.

174 ✸ *Sistemas de Informação: Um Enfoque Computacional*

12. A Engenharia de software preocupa-se com:
   a. ( ) Produto e processo de software.
   b. ( ) Programação e venda de software.
   c. ( ) Criação de algoritmos e programação.
   d. ( ) Desenvolvimento de redes de computadores.
   e. ( ) A arquitetura dos computadores.

13. Com relação ao TCO (*Total Cost of Ownership*):
   a. ( ) O TCO do Linux é maior que o do Windows.
   b. ( ) O Windows possui um TCO idêntico ao do Linux.
   c. ( ) Tanto o Linux quanto o Windows não possuem TCO.
   d. ( ) O TCO do Linux é menor que o do Windows.
   e. ( ) NDA.

14. O software *Open Source* trabalha sob a licença:
   a. ( ) CPU.   c. ( ) GPL.   e. ( ) DNS.
   b. ( ) NSF.   d. ( ) GLP.

15. O phpBB é software com código:
   a. ( ) Open Source.
   b. ( ) Close Source.
   c. ( ) Open door.
   d. ( ) Open window.
   e. ( ) Outdoor.

16. Um LMS é um software de:
   a. ( ) Administração financeira.
   b. ( ) Administração de materiais.
   c. ( ) Administração de ensino à distância.
   d. ( ) Administração da qualidade.
   e. ( ) Administração de preços.

17. Podem ser considerados como sendo critério de seleção de software:
   a. ( ) Facilidade de uso (intuitividade).
   b. ( ) Facilidade de manutenção do sistema.
   c. ( ) Facilidade de assimilação.
   d. ( ) Interface gráfica agradável e funcional.
   e. ( ) Todas as anteriores.

Engenharia de Software ✳ **175**

18. **Qual dos itens a seguir não é métrica de desenvolvimento de software:**
    a. ( ) Linhas de código.
    b. ( ) Orientadas por pontos por função.
    c. ( ) *Cost Constructive Model* (COCOMO).
    d. ( ) BTO.
    e. ( ) Método da bissecção.

19. **(PCIconcursos) Na Engenharia de Software, a qualidade de um projeto em evolução pode ser avaliada mediante uma série de revisões técnicas formais. O processo de projeto de Engenharia de Software estimula o bom projeto por meio da aplicação de princípios fundamentais, metodologias e uma revisão detalhada. Com relação às diretrizes que devem ser seguidas para se ter uma boa avaliação quanto à qualidade do projeto de um software é correto afirmar que:**
    a. ( ) Um projeto deve ser modular, isto é, o software deve ser logicamente dividido em componentes que executem funções e subfunções específicas.
    b. ( ) Um projeto deve ser derivado usando-se um método capaz de impedir repetições e não pode sofrer influência das informações obtidas durante a análise de requisitos de software.
    c. ( ) Um projeto deve ser direcionado a módulos, com procedimentos e funções que apresentem características funcionais com a maior dependência possível.
    d. ( ) O projeto deve ter uma representação única de dados e procedimentos.
    e. ( ) NDA.

20. **(Banco Central — 2001) Em Análise Orientada a Objetos:**
    a. ( ) A camada de serviços fornece uma visão dinâmica do sistema a ser modelado.
    b. ( ) A camada de serviços fornece uma visão estática do sistema a ser modelado.
    c. ( ) A camada de atributos fornece uma visão dinâmica do sistema a ser modelado.
    d. ( ) O diagrama IERO não é uma ferramenta útil para visualizar o comportamento dinâmico de um sistema.
    e. ( ) Comunicações entre instâncias fazem parte da camada de serviços.

176 · Sistemas de Informação: Um Enfoque Computacional

21. (Banco Central — 2001) Em Análise e Projeto orientado a Objetos com UML,

a. ( ) O diagrama de janelas constitui uma adaptação direta do diagrama de navegação de tela.

b. ( ) O diagrama de navegação de janelas constitui uma adaptação direta do diagrama de transição de tela.

c. ( ) O diagrama de transição de janelas constitui um desdobramento do diagrama de transição de tela.

d. ( ) O diagrama de navegação de objetos substitui o diagrama de transição de janelas.

e. ( ) A navegação entre diagramas de janelas fundamenta-se na transição de tela de diagramas.

22. (Banco Central — 2001) No Modelo CMM, o planejamento do projeto de software é

a. ( ) Uma área-chave de processo do nível 1 (otimizado).

b. ( ) Uma área-chave de processo do nível 3 (definido).

c. ( ) Uma área-chave de processo do nível 3 (gestão de requisitos).

d. ( ) Um processo de área-chave 4 (gestão integrada de software).

e. ( ) Uma área-chave de processo do nível 2 (repetitivo).

23. (Banco Central — 2001) No Modelo CMM, são áreas-chave de processo de um mesmo nível:

a. ( ) Garantia de qualidade de software e definição do processo organizacional empresarial.

b. ( ) Planejamento de projeto de software e coordenação entre os grupos.

c. ( ) Gestão quantitativa de processos e gestão de mudanças tecnológicas.

d. ( ) Gestão de requisitos e gestão de contratos de software subcontratados.

e. ( ) Prevenção de defeitos e programa de treinamento.

24. (Banco Central — 2001) O modelo CMM

a. ( ) Descreve as fases ou estágios através dos quais as empresas contratantes de software evoluem quando definem, implementam, medem, controlam e melhoram seus processos de pessoal técnico.

b. ( ) É composto por várias áreas-chave de processos, à exceção dos níveis 2 e 3.

c. ( ) Descreve as fases ou estágios através dos quais as empresas desenvolvedoras de software evoluem quando definem, implementam, medem, controlam e melhoram seus processos de software.

d. ( ) É uma metodologia de desenvolvimento baseada em linguagem C++.

e. ( ) Descreve os recursos através dos quais as empresas desenvolvedoras de software atualizam sua infra-estrutura computacional.

25. (Banco Central — 2001) Na gestão de qualidade de software do Modelo CMM

a. ( ) A capacidade do processo de desenvolvimento de software padrão da empresa é conhecida em termos quantitativos.

b. ( ) São definidas metas e objetivos mensuráveis da qualidade do produto de software e suas prioridades.

c. ( ) O progresso real em direção à realização dos objetivos de mudança tecnológica para os produtos de software é planejado.

d. ( ) O processo padrão de desenvolvimento de software da empresa é realizado e mantido.

e. ( ) Os grupos de engenharia identificam, acompanham e resolvem todas as questões entre grupos de trabalho.

26. (Banco Central — 2001) No Modelo CMM, uma área-chave do processo do nível 2 (repetitivo) é:

a. ( ) Visão geral, supervisão e acompanhamento do projeto.

b. ( ) Coordenação entre os grupos.

c. ( ) Engenharia de produto de software.

d. ( ) Gestão de qualidade de software.

e. ( ) Gestão integrada de software.

27. (Banco Central — 2001) Na gestão de mudanças tecnológicas do Modelo CMM,

a. ( ) As atividades de treinamento são planejadas.

b. ( ) O melhoramento contínuo do processo é planejado.

c. ( ) Os produtos de trabalho de software são mantidos consistentes entre si.

d. ( ) Novas tecnologias adequadas são incorporadas na prática normal e transferidas para toda a empresa.

178 Sistemas de Informação: Um Enfoque Computacional

e. ( ) O padrão de processo de software da empresa e os processos de software de cada projeto definido são melhorados continuamente.

28. (Banco Central — 2001) No Controle de Projetos de Software, uma das medidas da provável utilidade de um modelo de custo é o(a):

a. ( ) Grau de convergência dos dados de amostra em torno da linha de previsão.

b. ( ) Grau de consistência dos dados de amostra em torno da linha de evolução.

c. ( ) Dimensão da amostra em torno da linha de convergência.

d. ( ) Maior variância dos dados de amostra em torno da linha de previsão.

e. ( ) Grau de convergência dos dados do fluxo em torno do tempo de previsão.

29. (Banco Central — 2001) No Controle de Projetos de Software, o modelo COCOMO:

a. ( ) Permite aferir custos de até 63 projetos, simultaneamente, desde que possuam características similares em relação a seus membros.

b. ( ) É baseado em uma amostra de 63 fatores, que foram divididos em três domínios relacionados, definidos por tipo de produção.

c. ( ) É baseado em uma análise de 63 processos, que foram divididos em três diagramas sem acoplamento, definidos por tipo de função e por determinadas características dos gestores.

d. ( ) É baseado em uma análise de 63 objetos, caracterizados por pontos de controle indicativos dos requisitos de desenvolvimento previamente estabelecidos.

e. ( ) É baseado em uma amostra de 63 projetos, que foram divididos em três domínios separados, definidos por tipo de produto e por determinadas características do projeto e dos membros do grupo.

Engenharia de Software 🦟 **179**

30. **Na UML os Diagramas de Classe e de Caso de Uso são empregados, respectivamente, nos seguintes modelos: (concurso para Analista de Informações —TCM/RJ)**
a. ( ) Comportamental e Estático.
b. ( ) Funcional e Dinâmico.
c. ( ) Estático e Funcional.
d. ( ) Dinâmico e Comportamental.
e. ( ) NDA.

31. **Nos Projetos de Sistemas de Informação, quando as atividades utilizam os mesmos dados, mas executam procedimentos completamente diferentes sobre os dados, fica caracterizada uma coesão do tipo: (concurso para Analista de Informações —TCM/RJ)**
a. ( ) De lógica.   d. ( ) De comunicação.
b. ( ) Seqüencial.   e. ( ) NDA.
c. ( ) Coincidente.

32. **Para modelar a dinâmica de um sistema a Unified Modeling Language (UML) utiliza 5 diagramas: de casos de uso (use case), de seqüência (sequence diagram), de colaboração (collaboration diagram), de estados (statechart diagram) e de atividade (activity diagram). (BNDES — 2002)**
Considere as afirmações:
I.   O diagrama de casos de uso mostra uma série de casos de uso e de atores, e suas relações.
II.   O diagrama de seqüência é um diagrama de interação que enfatiza a ordenação de mensagens no tempo.
III. O diagrama de colaboração é um diagrama de interação que enfatiza a organização estrutural dos objetos que enviam e recebem mensagens.
IV.   O diagrama de atividade mostra o fluxo de atividade dentro do sistema.
Sobre as afirmações, pode-se dizer que:
a. ( ) Apenas I e II estão corretas.
b. ( ) Apenas I e III estão corretas
c. ( ) Apenas I e IV estão corretas.
d. ( ) Apenas II e III estão corretas.
e. ( ) I, II, III e IV estão corretas.

180 ✳ *Sistemas de Informação: Um Enfoque Computacional*

33. **Entre os paradigmas de ciclo de vida de engenharia de software, aquele que se caracteriza mais fortemente por uma abordagem sistemática e seqüencial das atividades é o denominado: (PM — Campinas/SP)**
   a. ( ) Espiral.
   b. ( ) Híbrido.
   c. ( ) Prototipação.
   d. ( ) Clássico ou cascata.
   e. ( ) Técnicas de quarta geração.

BIBLIOGRAFIA

PFLEEGER, Share Lawrence. *Engenharia de software: teoria e prática*. 2.ed. São Paulo: Prentice Hall, 2004.

PRESSMAN, Roger S. *Engenharia de software*. 5.ed. Rio de Janeiro: McGraw-Hill, 2002.

REZENDE, Denis Alcides. *Engenharia de software e sistemas de informação*. 2.ed. Rio de Janeiro: Brasport, 2002.

ROUILLER, Ana Cristina; VASCONCELOS, Alexandre M. Lins de; MACIEL, Teresa M.M. *Engenharia de software*. Lavras: UFLA/FAEPE, 2003.

SOUKI, Gustavo Quiroga; ZAMBALDE, André Luiz. *Fundamentos de administração e informática*. Lavras: UFLA/FAEPE, 2003.

Capítulo 10

Banco de Dados

> Bancos de dados são conjuntos de dados organizados. Eles são considerados como o "coração" dos sistemas de informação e responsáveis pela interatividade de informações. Em muitos sistemas, aplicações e empresas, os dados podem ser considerados como "ativos da empresa", que podem valer até mesmo, mais que as instalações, máquinas e equipamentos, eles podem ser patrimônios de muito valor. A maioria dos sistemas de informação requer um bom projeto para seus repositórios de dados.

Cardoso (2003) afirmou que "Banco de Dados são conjuntos de dados armazenados, cujo conteúdo informativo, representa, a qualquer instante, o estado de uma determinada aplicação. A autora ainda recorda que Sistemas Gerenciadores de Banco de Dados (SGBD), ou *Database Management System* (DBMS) são sistemas que gerenciam Banco de Dados, ou são linguagens utilizadas para manter banco de dados".

Para Silberschatz et al. (1999) um SGBD era uma coleção de arquivos e programas inter-relacionados que permitem ao usuário o acesso para consultas e alterações desses dados.

184 ❧ *Sistemas de Informação: Um Enfoque Computacional*

Para os autores, o maior benefício de um banco de dados era proporcionar ao usuário uma visão abstrata dos dados. Este fato também foi recordado por Cardoso (2003), isto é, o sistema acaba por ocultar determinados detalhes sobre a forma de armazenamento e manutenção dos dados.

Geralmente, os Bancos de Dados são o "coração" ou a parte central dos Sistemas de Informação. Além disso, para os sistemas na WEB, o uso de Bancos de Dados possibilita a ocorrência da interação entre usuários e o sistema (BOGHI; SHITSUKA, 2002).

No ambiente de um sistema de Banco de Dados, tem-se o programa de aplicação ou consulta, o SGBD que é composto por programas para processar consultas e programas para acessar dados armazenados e os arquivos de definição de dados (conhecidos como metadados) e por final, os dados armazenados propriamente ditos. Cardoso (2003) ainda mencionou que entre as vantagens em se utilizar um SGBD no desenvolvimento de sistemas estão:

1. O controle de redundância de dados;
2. O compartilhamento de dados entre múltiplos usuários;
3. A restrição ao acesso aos dados para usuários não autorizados;
4. Os diferentes tipos de interface para os diferentes usuários;
5. A representação dos dados com um nível grande de complexidade;
6. A garantia de restrição e integridade, que mantêm os dados íntegros (condizentes com a realidade);
7. Os mecanismos de segurança dos dados, tais como, cópia (*backup*) e recuperação (*recovery*) de dados;
8. A flexibilidade na mudança de estruturas de dados;
9. A garantia de que dados sempre atuais estão disponíveis; e
10. A economia de escala relacionada com a redução do tempo de desenvolvimento da aplicação, já que um dado usado uma vez continuará disponível para outras aplicações.

Quanto aos usuários dos sistemas de Banco de Dados, Cardoso (2003) recorda que existem:

1. Administradores de Banco de Dados (DBAs), que são pessoas responsáveis pelas tarefas mais importantes em relação ao BD,

entre as quais as de autorizar o acesso das demais pessoas, coordenar e monitorar sua utilização e controlar toda parte de segurança;
2. Projetistas, que são pessoas responsáveis pelo projeto, construção e utilização de BDs;
3. Analistas e programadores são os engenheiros de software que desenvolvem aplicações; e
4. Usuários finais, que são pessoas que utilizam os BDs desenvolvidos.

Outra ilustração, como mostra a figura 43, desta vez voltada para objetos, é trazida por Cardoso (2003), esta afirmou que "Objetos correspondem a abstrações de conceitos do mundo real que possuem uma interface visível, composta por nomes que descrevem a sua estrutura e suas operações e uma implementação que permanece transparente". Ela ainda lembra que não se sabe como é a implementação interna do objeto, isto é, transparente para o programador. Esta figura apresenta um exemplo de objeto Livro.

Pode-se observar, na figura 43, o tipo de objeto, as características do mesmo e os procedimentos ou programas internos do mesmo.

Os bancos de dados são os repositórios de dados das organizações.

Atualmente, além dos dados numéricos, alfanuméricos e lógicos, há também dados dos tipos: sons, imagens, e-mails, participações em fóruns de discussões e muitos itens de informações. Para se trabalhar com todo esse tipo de dados, uma das linguagens mais utilizadas é a

Figura 43 — *Objeto Livro (Fonte: CARDOSO, 2003).*

186 ❧ *Sistemas de Informação: Um Enfoque Computacional*

Structured Query Language (SQL). Esta linguagem serve como Linguagem de Definição de Dados (LDD) e Linguagem de Manipulação de Dados (LMD). No primeiro caso ocorre a criação dos metadados que vão ficar num arquivo de definições. Já na linguagem de manipulação de dados existem comandos que permitem localizar informações, estabelecer prioridades de uso etc.

APLICAÇÕES

Caso 1

No Sistema de Biblioteca "Xbiblio" que funciona na Faculdade FDM, existem as seguintes classes de usuários: o Administrador de Banco de Dados (Bibliotecário responsável. apoiado pelos Analistas Internos para questões de instalação e configuração do sistema, mas não para desenvolvimentos, que são realizados na Horizonte Tecnologia). Outra classe é a dos usuários finais. Estes são professores, alunos e funcionários.

Os dados da biblioteca que são considerados para fins de modelagem e do desenvolvimento de banco de dados são, principalmente, os das obras (livros, revistas, cds, dvds, fitas de vídeo, fitas cassete, disquetes, mapas, teses, eventos, apostilas etc.), dos usuários (alunos, professores, funcionários e outros) e bibliotecários. Entre estas duas entidades podem ocorrer relações de empréstimos (datas, obras, usuários), devoluções (datas, obras, usuários), cadastramento e baixas.

As principais operações realizadas são as de cadastramento de usuários e obras, empréstimos de obras para usuários, devolução de obras por usuários, baixa de obras e de usuários pela bibliotecária.

Outras operações normais ocorrem com a emissão de relatórios gerenciais da biblioteca: relatório de obras do acervo, relatório de consultas diárias, relatório de obras em poder de usuários, relatório de obras mais consultadas, relatório de obras desaparecidas, relatório de usuários em débito ou atraso, relatórios de obras em manutenção (reconstrução de capa, restauração, re-encadernação).

O XBiblio implantado na Biblioteca da Instituição utiliza-se de um banco de dados criado em linguagem FoxPro, versão 4.0, que é o Sistema Gerenciador de Banco de Dados.

Este sistema está previsto para utilização até uma quantidade de 15.000 títulos. A próxima expansão prevista para o sistema é a troca para a sua versão *Structured Query Language* (SQL) devido ao grande volume de dados a serem armazenados e com tendência ao crescimento constante.

Atualmente, existem mais de 12.000 exemplares e 4.500 títulos de obras. Além desses dados, há mais de 1500 alunos (com tendência ao crescimento a cada semestre, pois os cursos novos, a cada semestre, têm criado novas turmas) e somando-se a eles os professores, funcionários e comunidade pode-se chegar a um número superior a 2000 usuários.

Caso 2: Repositório de Dados para um Sistema de Apoio ao Ensino em Código *Open Source*

No ambiente de um sistema de Banco de Dados, tem-se o programa de aplicação ou consulta, o SGBD, que é composto por programas para processar consultas e programas para acessar dados armazenados e os arquivos de definição de dados (conhecidos como metadados) e por final, os dados armazenados propriamente ditos. Cardoso (2003) ainda recorda que entre as vantagens em se utilizar um SGBD no desenvolvimento de sistemas estão:

1. O controle de redundância de dados;
2. O compartilhamento de dados entre múltiplos usuários;
3. A restrição ao acesso aos dados para usuários não autorizados;
4. Os diferentes tipos de interface para os diferentes usuários;
5. A representação dos dados com um nível grande de complexidade;
6. A garantia de restrição e integridade, que mantêm os dados íntegros (condizentes com a realidade);
7. Os mecanismos de segurança dos dados, tais como, cópia (*backup*) e recuperação (*recovery*) de dados;
8. A flexibilidade na mudança de estruturas de dados;
9. A garantia de que dados sempre atuais estão disponíveis; e
10. A economia de escala relacionada com a redução do tempo de desenvolvimento da aplicação, já que um dado usado uma vez continuará disponível para outras aplicações.

188 Sistemas de Informação: Um Enfoque Computacional

Quanto aos usuários dos sistemas de Banco de Dados, Cardoso (2003) recorda que existem:

1. Administradores de Banco de Dados (DBAs) que são pessoas responsáveis pelas tarefas mais importantes em relação ao BD, entre as quais as de autorizar o acesso das demais pessoas, coordenar e monitorar sua utilização e controlar toda parte de segurança;
2. Projetistas que são pessoas responsáveis pelo projeto, construção e utilização de BDs;
3. Analistas e programadores são os engenheiros de software que desenvolvem aplicações;
4. Usuários finais que são pessoas que utilizam os BDs desenvolvidos.

No caso do Banco de Dados do Sistema de Apoio ao Ensino, os usuários são alunos, professores e funcionários da Faculdade.

Para a administração do Banco de Dados, foram nomeados dois professores para atuar como administradores do sistema, os quais cuidam de aceitar ou não os pedidos de ingresso de novos usuários, a eliminação de usuários por qualquer que seja o motivo e os ajustes que se fizerem necessários para o uso do Banco de Dados no dia-a-dia. Devido ao fato dos usuários serem todos da mesma Instituição de Ensino, não se permite a entrada de pessoal externo, e não foi necessário o cadastramento de dados completos dos mesmos tais como: endereço, telefone, RG, data de nascimento, CPF etc.

Banco de Dados MySQL

Segundo Soares (2001), o MySQL é um banco de dados *Open Source* que pode ser encontrado na versão Windows e Linux. Na realidade, utilizamos o mesmo como linguagem de definição de dados e linguagem de manipulação de dados.

Qualquer pessoa pode fazer *download* do MySQL pela Internet e usá-lo sem pagar nada.

Quem quiser pode estudar o código fonte e alterá-lo para adequá-lo às suas necessidades. O MySQL usa a GPL (*General Public License*

Banco de Dados ✳ **189**

— Licença Pública Geral GNU[1]), para definir o que se pode e não pode fazer com o software em diferentes situações. Se precisar de mais recursos do MySQL em aplicações comerciais no *Website*[2], pode-se adquirir a versão comercial licenciada.

A figura 44 apresenta a tela de cadastramento de alunos do sistema.

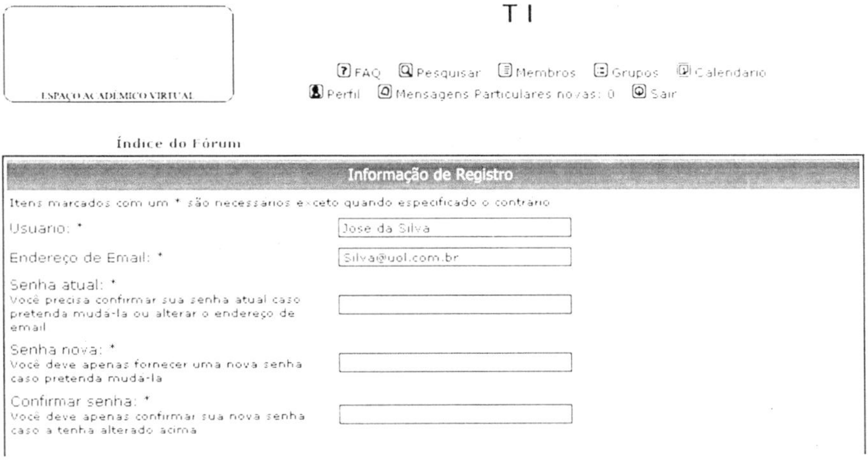

Figura 44 — *Tela de Cadastramento de Alunos do Sistema.*

Por que usar o Banco de Dados MySQL?

O servidor de banco de dados MySQL é extremamente rápido, confiável, e fácil de usar. O servidor MySQL também tem um conjunto de recursos muito práticos, desenvolvidos com a cooperação da comunidade MySQL, que vão digitando e inserindo idéias, sugestões, há a participação esclarecendo eventuais dúvidas, etc.

Em função dessa praticidade do banco de dados MySQL com a linguagem PHP, com a qual foi desenvolvido nosso *Website*, mostrou-se extremamente seguro, de fácil manutenção e em qualquer lugar que estivermos conectados poderemos fazer o *backup* do dia para assegurar confiabilidade para os usuários do *Website*.

---

[1] Disponível em: http://www.fsf.org/licenses. Acesso em: 21/06/2004.
[2] Disponível em: http://www.mysql.com. Acesso em:21/06/2004.

Exercícios

1. **A linguagem Structured Query Language (SQL):**
   a. ( ) LDD e LMS.
   d. ( ) LMS e LKD.
   b. ( ) LDD e LMD.
   e. ( ) LDD e LKD.
   c. ( ) LMS e LMD.

2. **Não é vantagem no uso de SGBD:**
   a. ( ) O controle de redundância de dados.
   b. ( ) A implementação e processamento distribuído.
   c. ( ) O compartilhamento de dados entre múltiplos usuários.
   d. ( ) A flexibilidade na mudança de estruturas de dados.
   e. ( ) NDA.

3. **São vantagens do uso de SGBD:**
   a. ( ) Os diferentes tipos de interface para os diferentes usuários.
   b. ( ) A representação dos dados com um nível grande de complexidade.
   c. ( ) A garantia de restrição e integridade, que mantém os dados íntegros (condizentes com a realidade).
   d. ( ) Todas as anteriores.
   e. ( ) NDA.

4. **São vantagens do uso de SGBD:**
   a. ( ) Os mecanismos de segurança dos dados, tais como, cópia (*backup*) e recuperação (*recovery*) de dados.
   b. ( ) A garantia de que dados sempre atuais estão disponíveis.
   c. ( ) A economia de escala relacionada com a redução do tempo de desenvolvimento da aplicação, já que um dado usado uma vez continuará disponível para outras aplicações.
   d. ( ) A restrição ao acesso aos dados para usuários não autorizados.
   e. ( ) Todas as anteriores.

5. **m computação a GPL é:**
   a. ( ) Gás liquefeito de petróleo.
   b. ( ) General public license.
   c. ( ) Ganhos da programação linear.
   d. ( ) General planning.
   e. ( ) Grupo de projetos lógicos.

Banco de Dados 191

6. **ual dos grupos a seguir não é de usuário de SGBD?**
   a. ( ) Administradores de Banco de Dados (DBAs) que são pessoas responsáveis pelas tarefas mais importantes em relação ao BD, entre as quais as de autorizar o acesso das demais pessoas, coordenar e monitorar sua utilização e controlar toda parte de segurança.
   b. ( ) Projetistas que são pessoas responsáveis pelo projeto, construção e utilização de BDs.
   c. ( ) Analistas e programadores são os engenheiros de software que desenvolvem aplicações.
   d. ( ) Usuários finais que são pessoas que utilizam os BDs desenvolvidos.
   e. ( ) Todas as anteriores.

7. **As pessoas que trabalham com banco de dados e são responsáveis pelas tarefas mais importantes em relação ao BD, entre as quais as de autorizar o acesso dos demais usuários, coordenar e monitorar a utilização e controlar toda parte de segurança. Estas são as funções de:**
   a. ( ) Administrador de rede.
   b. ( ) DBA.
   c. ( ) Engenheiro de requisitos.
   d. ( ) Programadores de aplicação.
   e. ( ) Usuários.

8. **O banco de dados MySQL é:**
   a. ( ) Open source.
   b. ( ) Open door.
   c. ( ) Open window.
   d. ( ) Outsource.
   e. ( ) Outback.

9. **Num banco de dados, o arquivo de metadados, isto é, que contém as definições dos dados é criado utilizando-se:**
   a. ( ) LMD.
   b. ( ) GPS.
   c. ( ) CPM.
   d. ( ) LDD.
   e. ( ) CPD.

Sistemas de Informação: Um Enfoque Computacional

10. Para se localizar um registro numa base de dados deve-se utilizar:
a. ( ) LMD.
b. ( ) GPS.
c. ( ) CPM.
d. ( ) LDD.
e. ( ) CPD.

11. Para projetar um banco de dados, inicialmente utiliza-se um diagrama para estudos, este é:
a. ( ) DFD 0.
b. ( ) DFD 1.
c. ( ) DFD 2.
d. ( ) DER.
e. ( ) DDI.

12. (CVM — 2001) As quatro instruções de manipulação de dados admitidas na linguagem SQL são:
a. ( ) CREATE, SELECT, DELETE e INSERT.
b. ( ) CREATE, SELECT, UPDATE e INSERT.
c. ( ) CREATE, ALTER, DELETE e UPDATE.
d. ( ) SELECT, UPDATE, DELETE e INSERT.
e. ( ) SELECT, ALTER, DROP e REMOVE.

13. (Banco Central — 2001) Em um banco de dados relacional, o mecanismo que fornece uma maneira de se localizar um registro rapidamente é:
a. ( ) O índice.
b. ( ) Uma regra.
c. ( ) Uma associação padrão à coluna específica.
d. ( ) Um bloqueio pessimista.
e. ( ) Um bloqueio otimista.

14. (CVM — 2001) A ferramenta que manipula todos os acessos ao banco de dados é denominada;
a. ( ) Linguagem de manipulação de dados.
b. ( ) Linguagem de consulta de banco de dados.
c. ( ) Linguagem de definição de dados.
d. ( ) Sistema de gerenciamento do banco de dados.
e. ( ) Servidor de banco de dados.

Banco de Dados ✳ **193**

15. **(Banco Central — 2001) No modelo de banco de dados relacional, os dados são representados por meio de:**
    a. ( ) Matrizes tridimensionais.
    b. ( ) Listas.
    c. ( ) Tabelas.
    d. ( ) Vetores.
    e. ( ) Ponteiros.

16. **(Provão Mec 2003) Um grande banco brasileiro ampliou em 44% sua capacidade de armazenamento de dados em 2001. Grande parte dessa capacidade está sendo empregada para guardar informações sobre as preferências dos correntistas e como estes utilizam os serviços do banco. Para analisar as informações armazenadas e revelar padrões e tendências que lhe permitam ajustar seus serviços às necessidades especificas de seus clientes, a empresa deverá utilizar:**
    a. ( ) Sistemas especialistas de apoio à decisão.
    b. ( ) Sistemas de gerenciamento de relacionamento com clientes (CRM).
    c. ( ) Sistemas de colaboração para grupos (groupware).
    d. ( ) Sistemas de mineração de dados (datamining).
    e. ( ) Sistemas de planejamento da produção (MRP II).

RESPONDA COM VERDADEIRO (V) OU FALSO (F):

17. **Um SGBD possui um controle de redundância de dados ( ).**

18. **Um SGBD deve prever o compartilhamento de dados entre múltiplos usuários ( ).**

19. **Não é função de um SGBD cuidar da restrição ao acesso aos dados para usuários não autorizados ( ).**

20. **Um SGBD deve prever os diferentes tipos de interface para os diferentes usuários ( ).**

21. **Um SGBD não deve se preocupar com a representação dos dados com um nível grande de complexidade ( ).**

194 · *Sistemas de Informação: Um Enfoque Computacional*

22. **Num SGBD deve haver a garantia de restrição e integridade, que mantêm os dados íntegros (condizentes com a realidade) ( ).**

23. **Os mecanismos de segurança dos dados, tais como, cópia (*backup*) e recuperação (*recovery*) de dados ( ).**

24. **Um SGBD deve possuir a flexibilidade na mudança de estruturas de dados ( ).**

25. **Num SGBD não é necessário possuir a garantia de que dados sempre atuais estão disponíveis ( ).**

26. **Um SGBD preocupa-se com a economia de escala relacionada com a redução do tempo de desenvolvimento da aplicação, já que um dado usado uma vez continuará disponível para outras aplicações ( ).**

27. **No contexto da Orientação a Objetos, o conjunto de objetos que tem a mesma estrutura e o mesmo comportamento é denominado: (concurso para Analista de Informações — TCM/RJ)**
    a. ( ) Classe.
    b. ( ) Herança.
    c. ( ) Polimorfismo.
    d. ( ) Encapsulamento.
    e. ( ) NDA.

28. **Uma das regras de normalização diz que quaisquer campos que não dependam totalmente da chave primária devem ser movidos para outra tabela. Uma outra regra diz que não deve existir dependência entre campos que não são chaves. Essas regras são conhecidas, respectivamente, por: (concurso para Analista de Informações — TCM/RJ)**
    a. ( ) 1ª FN e 2ª FN.
    b. ( ) 1ª FN e 3ª FN.
    c. ( ) 2ª FN e 3ª FN.
    d. ( ) 3ª FN e 2ª FN.
    e. ( ) NDA.

BIBLIOGRAFIA

BOGHI, Cláudio; SHITSUKA, Ricardo. *Sistemas de informação: um enfoque dinâmico*. São Paulo: Érica, 2002.

CARDOSO, Olinda N. Paes. *Banco de dados*. Lavras: UFLA/FAEPE, 2003.

SILBERSCHATZ, Abraham; KORTH, Henry F; SUDARSHAN, S. *Sistema de banco de dados*. São Paulo: Makron, 1999.

SOARES, Walace. *Crie um site b2c com php4 e mysql*. São Paulo: Érica, 2001.

Capítulo 11

Redes e Sistemas Distribuídos

As redes de computadores permitem o compartilhamento de recursos de sistema, de workflow, de informações, de dispositivos e de idéias. A Tecnologia de Informação de redes está em constante evolução, havendo tendência ao crescimento em uso das redes sem fio. O estudo das redes faz parte da integração dos analistas de sistemas aos ambientes atuais de TI.

Tanembaum (1997) afirmou que "rede de computadores é um conjunto de computadores autônomos interconectados". Esta definição é mais ampla do que a definição popular "conjunto de dois ou mais computadores interconectados para compartilhar recursos", pois Tanembaum (1997) considerou os computadores autônomos se não existir relação mestre/escravo entre eles.

Numa rede com sistemas distribuídos existem vários computadores autônomos interligados, no caso de sistema distribuído, o usuário não indica qual deles deve utilizar. É o software de rede instalado que, automaticamente, aloca o processamento das tarefas para os processadores, dos arquivos para o disco, e a transferência de arquivos para outros locais.

1. Classificações das Redes de Computadores

Correia et al. (2004) classificaram as redes conforme:
1) a aplicação em: cliente-servidor e ponto a ponto;
2) conforme o uso em: corporativas e de pessoas;
3) conforme a tecnologia de transmissão em: redes de difusão e ponto a ponto;
4) conforme o tamanho em:
    4.1) LAN (Local Área Network — ex.: rede de um laboratório de uma Faculdade),
    4.2) MAN (Metropolitan Área Network — ex.: rede CATV), e
    4.3) WAN (Wide-Area Network — ex.: internet);
5) conforme o modo de transmissão em: assíncrona e síncrona; e
6) conforme o modo de operação em:
    6.1) *simplex* comunicação num só sentido — ex.: coletor de dados, e TV);
    6.2) *half-duplex* (comunicação não simultânea nos dois sentidos — ex.: radio amador e telex), *e*
    6.3) *full-duplex* (comunicação simultânea — ex.: telefone).

2. Protocolos

Nas redes é necessária a presença de protocolos para a comunicação entre máquinas diferentes; o protocolo é um conjunto de regras sobre o modo como se dará a comunicação entre as partes envolvidas; especificam o formato, a sincronização, a seqüência e a verificação de erros em comunicação de dados.

3. Modelos de Referência

Tanembaum (1997) classificou os modelos de referência para redes em: (Open Systems Interconection) / (International Standards Organization) OSI/ISO (com as camadas: física, enlace, rede, transporte, sessão, apresentação e aplicação) e TCP/IP (com as camadas: host/rede, inter-rede, transporte e aplicação).

Cada camada apresenta funções, e as camadas superiores tendem a implementar controles sobre as camadas inferiores. Por exemplo, no modelo OSI/ISO, a camada física é aquela na qual passam os bits, porém, o controle da quantidade dos mesmos ocorre na camada de enlace. A camada de enlace controla a quantidade de bits por meio da formação de quadros de bits. A camada superior à de enlace, que é a de rede, controla os quadros direcionando-se para seus destinos.

No caso do modelo de referência TCP/IP (Transmission Control Protocol / Internet Protocol), a camada host/rede é equivalente às camadas física, enlace e parte inferior da camada de redes do modelo OSI/ISO (Open Systems Interconnection / International Standard Organization). Já a camada de aplicação equivale à camada de sessão, apresentação e aplicação do OSI/ISO.

4. Semelhanças dos Modelos OSI/ISO e TCP/IP

1) Ambos os modelos são para redes de computadores;
2) Ambos são modelos baseados em camadas, com pilhas de protocolos independentes; e
3) Em ambos os modelos, a camada de transporte implementa serviços de datagrama e é orientada à conexão

5. Diferenças entre os Modelos OSI/ISO e TCP/IP

a) Número de camadas: OSI = 7 camadas
   TCP/IP = 4 camadas
b) O modelo OSI/ISO não foi baseado em nenhum protocolo existente.
   O modelo TCP/IP foi baseado em um padrão de protocolos de fato.
c) No OSI/ISO, as funções das camadas: Física, Enlace e Rede são de definir a transmissão de dados em uma única rede.
   No TCP/IP estes serviços são agrupados na camada Host/Rede, a qual define uma interface com a camada inter-rede.
   A Internet caracteriza-se por um aglomerado de redes de computadores interligados no mundo inteiro, que tem em comum um conjunto de protocolos·e serviços, de forma que seus usuários possam usufruir serviços de informação e comunicação a nível mundial. É, pois, uma

200 ❊ *Sistemas de Informação: Um Enfoque Computacional*

descrição formal de formatos de mensagem e das regras que dois ou mais computadores devem obedecer ao trocar mensagens.

Uma outra característica importante do TCP/IP é a flexibilidade de adaptação às tecnologias de redes existentes e futuras. E isso torna-se possível, porque o TCP/IP foi concebido de uma forma independente das tecnologias de redes.

Alguns dos principais serviços da Internet, no nível de camada de aplicação do modelo OSI/ISO, como recordou Correia et al. (2004), são o *File Transfer Protocol*, o *Directory Service*, o *Message Handling System* e o *Terminal Network*.

6. Meios de Transmissão Física

Estes podem ser guiados (fios e cabos) ou não guiados (ondas de rádio). Correia et al. (2004) detalharam o uso de par trançado (UTP — Unshielded Twisted Pair e STP — Shielded Twisted Pair), cabo coaxial (10Base2, 10Base5) e fibra óptica. Boghi e Shitsuka (2002) complementaram que o cabo par trançado era o tipo mais utilizado na época em que lançaram sua obra.

Atualmente, há uma tendência de crescimento no uso das redes sem fio, que, aos poucos, estão ganhando espaço de mercado.

Um cabo de par trançado consiste de dois fios isolados que são trançados, um sobre o outro, e cobertos por um plástico; como já foi mencionado, são disponíveis com proteção (STP), ou sem proteção (UTP). Estes cabos possuem como vantagens: a fácil instalação, baixo custo e instalação flexível, porém, têm a desvantagem de sofrer interferência eletromagnética.

Derfler Jr. (1999) recordou os tipos de dispositivos utilizados na conexão das redes, entre eles os *hub, switch*, ponte e roteador. Boghi e Shitsuka (2002) lembram que na utilização de um *switch*, uma rede será tanto fisicamente quanto logicamente em estrela, pois tem a capacidade de enviar dados diretamente ao destino, sem replicá-los desnecessariamente para todas as suas portas. Os autores ainda lembram que o switch torna a rede mais segura e rápida, permitindo também a comunicação full-duplex, ou seja, cada estação pode transmitir dados para a rede local independentemente das outras estações.

. Padrão de Comunicação para Redes sem Fio (IEEE 802.11)

O ambiente de rede de computadores tem crescido em uso nas mpresas e na sociedade. Atualmente, a tecnologia das redes sem fio nde a se expandir.

O IEEE 802.11 é o padrão do Institute of Electronic and Electric ngineers que se aplica a redes sem fio. Ele especifica os parâmetros de nplementação das camadas Física (PHY) e MAC. A camada Física é sponsável pela transmissão dos dados.

A tecnologia WLAN (rede sem fio) nasceu, naturalmente, da ne-ssidade de se criar redes locais com conectividade sem fio e mobili-ade entre seus computadores participantes, com alguma equivalência n facilidade, recursos e performance às redes locais tradicionais, base-las em cabeamento estruturado. Ela evoluiu para o mundo outdoor, iicialmente com adaptações de Acess Points e NICs ligados a antenas xternas, e atualmente com os principais fabricantes oferecendo famíli-i inteiras de produtos exclusivos para ambientes Outdoor, com alcan-s de até 40Km.

As velocidades disponíveis, conforme os padrões, são: 11 Mbps 02.11b) e 54 Mbps (802.11a e 802.11g). Trabalhando em half-duplex sociada aos overheads de protocolos, apresentam taxas reais na or-m de 50% destes valores mencionados.

Duas técnicas são possíveis:

— Transmissão por RF (Radio Freqüência)

Utiliza a faixa de freqüência em torno de 2.4 GHz.

O sinal pode ser interceptado por receptores colocados fora do pré-o. A transmissão por RF utiliza uma faixa que é reservada no mundo teiro:

Faixa reservada para aplicações industriais, médicas e de pesquisa.

Dois modos de modulação são especificados:

1.1 — DSSS: (Direct Sequence Spread Spectrum) e

1.2 — FHSS: (Frequency Hoped Spread Spectrum)

2 — Transmissão por Pulsos de Infra-Vermelho

Utiliza faixas de 300 — 428,000 GHz. Mais seguro, mas é afetad
pela luz do sol e por obstáculos.

APLICAÇÕES

Caso 1

Na internet são empregados nomes associados a endereços
(Internet Protocol) para a localização de sites. Como esse processo
tradução de nomes em endereços é realizado? Como o serviço de DN
(Domain Name System) é controlado na internet?

Como recordou Correia et al.(2004), quando se está conectado
Web, cada computador possui um endereço. As pessoas têm dificuldad
em guardar "de cabeça" os endereços numéricos, por este motivo fora
criados nomes (não numéricos), que são associados a cada endereço.

Sempre que um usuário da Web digita no browser um endereço
requisita que este seja conectado a este endereço, por ex: www.usp.t
ele está fazendo um pedido para que o computador verifique, em u
banco de dados, o endereço associado a www.usp.br e, em seguida,
conecte a este endereço. Tal processo de localização é conhecido con
resolução de nomes.

Nos primórdios da Internet, quando esta possuia algumas centen
de computadores, a associação entre nomes e endereços era guardac
em arquivos hosts.br de cada máquina ligada na Grande Rede.

Nessa época, qualquer nova entrada, isto é, de alguma nova máqu
na na rede, deveria ser incluída neste arquivo. Foi criada uma entidac
controladora desses arquivos. Havia a necessidade dos administrador
de rede se contactarem com a entidade enviando um e-mail na qual info
mavam quais computadores foram excluídos ou inseridos nessa red
Porém, houve o crescimento da Internet e esse processo ficou inviável

A solução do problema ocorreu quando se criou o serviço Doma
Name System (DNS), o qual faz uso de servidores específicos para es
trabalho.

Utilizando o serviço DNS, não existe uma tabela a ser atualizada
cada computador novo que entra para a rede. Neste serviço foram cri

Redes e Sistemas Distribuídos ✳ **203**

s zonas de controle. Cada uma delas possui seu servidor DNS que
ntrola a criação ou remoção de nomes. Essas zonas podem ser subdi-
didas arbitrariamente em sub- zonas. Utiliza-se um ponto para delimi-
r uma zona. Quanto mais à direita, maior o nível de hierarquia da
na, e quanto mais à esquerda menor é o nível.

aso 2

Na Rede das redes, cada máquina (computador ou roteador) é
entificada como um RG, de forma única ou como o número de tombo
uma obra de um acervo. Então, como são divididos os endereços? O
mero de endereços utilizados no IPv4 é suficiente para suprir a de-
anda?

Na Grande Rede, cada máquina (host ou cada roteador) possui seu
dereço IP (Internet Protocol). Esse número é, na realidade, uma com-
nação exclusiva, como já se mencionou: duas máquinas nunca pos-
irão o mesmo endereço IP.

Todos os endereços IPs têm 32 bits, divididos em 4 octetos de bits,
parados por pontos (ex. 201.051.012.027). Cada octeto pode indicar
n número variando de zero a 255, ou seja, um total de 256 números. E
o usados campos source address e destination address dos pacotes IP.
te padrão é conhecido como IPV4.

Atualmente, o número de endereços (IPV4) já é utilizado em mais
50%. Existe a tendência de se precisar de muito mais endereços, pois
cada ano novos usuários têm se conectado à internet; há também a
ndência de se colocar endereço de IP em dispositivos eletrodomésti-
s e carros, a serem conectados à internet. A falta de endereços já é
ntida em muitos países, o que levou a adotar o IP dinâmico no caso de
Ps como a uol. Se esta possibilidade se concretiza, além dos computa-
res, cada carro poderá ter seu IP (nos computadores de bordo), cada
ião, cada geladeira (com chips de controle) etc.

A tendência é utilizar um novo tipo de endereçamento, mais
rangente e maior que é o IPV6. Este endereçamento trabalha com 128
ts, o que amplia a quantidade de IP para um número praticamente
finito em relação ao atual. O IPV6 utiliza 16 bytes (128 bits) para
merar os endereços.

Características do IPV6:
- Cabeçalho simplificado, de apenas 7 campos, o que permi
menor tempo de processamento nos roteadores;
- Melhor qualidade de opções oferecidas;
- Maior segurança por meio de certificados de autenticação; e
- Preocupação com a qualidade de serviços (no IPV4 a quantid
de de bits era insuficiente para aplicações multimídia).

Caso 3

Numa Faculdade, a FDM, existe três laboratórios. Cada um del
possui uma rede isolada cuja finalidade é simular empresas com progr
mas de computador destinados ao ensino de Administração de Empres:

O diretor da Faculdade quer juntar as redes isoladas numa gran
rede, e pede que você, consultor de redes, verifique a possibilidade o
se transformar todas em uma única administração de redes centralizad
Você imagina utilizar técnicas de sub-redes. Por meio do uso da técni
mencionada, os computadores da rede formada devem ter acesso
internet e vão ser conectados por um único roteador. A faculdade poss
o endereço de rede classe C, cujo número é: 200.131.200.0. Este núm
ro deve ser usado nos laboratórios da Faculdade. A seguir, descreve-
cada uma das redes individuais:

O primeiro laboratório é o maior. Ele é chamado de laboratór
administrativo, e possui 120 máquinas. O segundo é chamado de lab
ratório de compras e possui 40 computadores. O último é o laboratór
3 (chamado de laboratório de vendas) e possui 30 computadores.

No caso foi pedido para que você, consultor, monte três sub-red
para acomodar cada um dos departamentos, de maneira a definir:

1) um conjunto de endereços de cada sub-rede e

2) máscaras de sub-redes para cada laboratório.

Resolução:

Considerações: Nos endereços de classe C os três primeiros octet
indicam o endereço de rede (200.131.200) e o último octeto o endere
de hosts (0). Portanto, redes com endereço de classe C podem ter
máximo 254 hosts (2 elevado a 8 menos 2 — este menos 2 porque u
endereço é o da rede e o outro de broadcast).

Levando em conta que a questão define que o endereço a ser utilizado é 200.131.200.0, as variações possíveis de sub-redes para acomodar as quantidades de hosts dos departamentos podem ser as seguintes.

Conjunto de Endereços de Cada Sub-Rede

Laboratório 1:
Desconsiderando a recomendação de pelo menos 02 bits para
definição de
sub-redes:
sub-rede 1 — 200.131.200.0: 200.131.200.1 a 200.131.200.126 -
broadcast: 200.131.200.127
sub-rede 2 — 200.131.200.128: 200.131.200.129 a
200.131.200.254 -
broadcast: 200.131.200.255
Considerando a recomendação de utilizar pelo menos 02 bits para
definição
de sub-redes:
sub-rede 1 — 200.131.200.0: 200.131.200.1 a 200.131.200.254 -
broadcast: 200.131.200.255
Departamento de Compras:
sub-rede 1 — 200.131.200.0: 200.131.200.1 a 200.131.200.62 —
broadcast:
200.131.200.63
sub-rede 2 — 200.131.200.64: 200.131.200.65 a 200.131.200.126 -
broadcast: 200.131.200.127
sub-rede 3 — 200.131.200.128: 200.131.200.129 a
200.131.200.190 -
broadcast: 200.131.200.191
sub-rede 4 — 200.131.200.192: 200.131.200.193 a
200.131.200.254 -
broadcast: 200.131.200.255
Departamento de Vendas:
sub-rede 1 — 200.131.200.0: 200.131.200.1 a 200.131.200.30 —
broadcast:
200.131.200.31
sub-rede 2 — 200.131.200.32: 200.131.200.33 a 200.131.200.62 —
broadcast:
200.131.200.63
sub-rede 3 — 200.131.200.64: 200.131.200.65 a 200.131.200.94 —
broadcast:
200.131.200.95
sub-rede 4 — 200.131.200.96: 200.131.200.97 a 200.131.200.126 -
broadcast: 200.131.200.127
sub-rede 5 — 200.131.200.128: 200.131.200.129 a
200.131.200.158 -

```
Broadcast: 200.131.200.159
Sub-rede 6 — 200.131.200.160: 200.131.200.161 a
200.131.200.190 -
Broadcast: 200.131.200.191
Sub-rede 7 — 200.131.200.192: 200.131.200.193 a
200.131.200.222 -
Broadcast: 200.131.200.223
Sub-rede 8 — 200.131.200.224: 200.131.200.225 a
200.131.200.254 -
Broadcast: 200.131.200.255
200.131.200.193 a 200.131.200.222
```

As Máscaras de Sub-Redes para cada Laboratório:

Laboratório Administrativo: 255.255.255.128 (desconsiderando recomendação de pelo menos 02 bits para definição de sub-redes)

Laboratório Administrativo: 255.255.255.0 (considerando a recomendação de utilizar pelo menos 02 bits para a definição de sub-redes

Laboratório de Compras: 255.255.255.192

Laboratório de Vendas: 255.255.255.224

O esquema apresentado na figura 45, foi realizado por simulado considerando equipamentos disponíveis para CISCO (não há para este equipamentos 03 interfaces ethernet em um mesmo roteador).

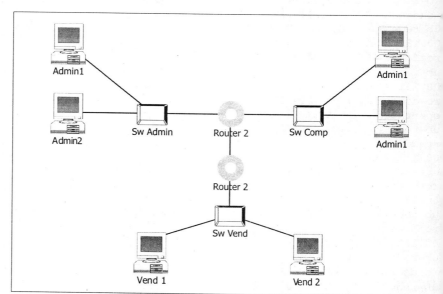

Figura 45 — *Esquema da Rede para os Laboratórios.*

Caso 4

Utilize o aplicativo *tracert* que roda no prompt do DOS para traçar rotas de seu computador até o endereço de destino: www.mit.edu e explique os resultados encontrados pelo *tracert*.

É importante escolher um provedor que tenha estrutura própria e conhecimento das tecnologias que são oferecidas. Muitas empresas oferecem hospedagem em links lentos, principalmente servidores nos EUA. Se você quer avaliar a velocidade de resposta de cada provedor, chegou a hora de testar. Para isso, vamos utilizar os comandos ping e tracert, que podem ser executados no MS-DOS.

O modo de fazer testes com o ping e o tracert é similar. No Windows 98, clique em iniciar na barra de tarefas > programas > msdos. No Windows 2000, clique em iniciar > programas > acessórios > msdos e finalmente no comando prompt.

Envie o comando:

ping wwww.hostnet.com.br

O comando ping, enviará 32 bytes para o endereço e aguardará o tempo de resposta medindo e exibindo os resultados. Quanto maior o tempo pior será o desempenho, assim você pode testar diversos provedores. Sistemas de firewall podem influenciar nesta informação.

tracert www.hostnet.com.br

O tracert tenta construir a rota da máquina de origem até o destino. A rota é o caminho inteiro; as máquinas pelo meio costumam ser chamados de hops. Ou seja, com um número maior de intermediários, pior será o desempenho. Assim como o ping, tracert pode ter seu resultado distorcido pela utilização de firewall.

Toda estrutura de servidores da HostNet é própria e hospedada no Brasil, no datacenter OptiGlobe que nos garante disponibilidade em contrato de 99,7%, referente a conexões de link e energia elétrica.

tracert www.mit.edu

De 30 saltos previstos, ocorreram somente dois. O endereço destino era: 18.7.22.83 que é do servidor do MIT.

No primeiro salto foi identificado o site: 192.168.200.254. O tempo gasto foi em torno de 1 ms.

O segundo site foi o da Telefônica de São Paulo, cujo endereço 200.171.254.223. O tempo gato foi de 19 ms.

Para os demais saltos não houve mais valores.

Explicação dos Resultados Encontrados:

Devido ao crescente hackerismo, muitos ISPs estão utilizando dispositivos de proteção que impedem que se mostre os caminhos intermediários. Podemos observar que chega até o endereço final, como é caso do Ping, porém, a rota intermediária fica oculta, devido ao procedimento de segurança empregado.

Redes e Sistemas Distribuídos ✳ **209**

EXERCÍCIOS

1. **Uma rede de computadores que abrange uma cidade e não possui elementos de comutação é classificada como:**
   a. ( ) WAN.
   b. ( ) LAN.
   c. ( ) MAN.
   d. ( ) CAN.
   e. ( ) BAN.

2. **Uma rede de computadores que foi projetada segundo o modelo OSI/ISO possui um número de camadas igual a:**
   a. ( ) 3.
   b. ( ) 4.
   c. ( ) 5.
   d. ( ) 6.
   e. ( ) 7.

3. **Não são semelhanças dos modelos de camada de rede OSI/ISO e TCP/IP:**
   a. ( ) Ambos os modelos são para redes de computadores.
   b. ( ) Ambos são modelos baseados em camadas, com pilhas de protocolos independentes.
   c. ( ) Em ambos os modelos, a camada de transporte implementa serviços de datagrama e orientado à conexão.
   d. ( ) Ambos os modelos estão sendo utilizados atualmente.
   e. ( ) Ambos não podem ser aplicados para rede sem fio.

4. **Qual dos padrões do IEEE, a seguir, se aplica nas redes sem fio?**
   a. ( ) 802.2.
   b. ( ) 802.3.
   c. ( ) 802.4.
   d. ( ) 802.5.
   e. ( ) 802.11.

5. **É considerado um meio não guiado:**
   a. ( ) Cabo coaxial.
   b. ( ) Cabo de par trançado UTP.
   c. ( ) Fibra óptica.
   d. ( ) Ondas de rádio.
   e. ( ) Cabo de par trançado STP.

Sistemas de Informação: Um Enfoque Computacional

6. O Ipv6 trabalha com:
a. ( ) 8 bits.　　　　　d. ( ) 64 bits.
b. ( ) 16 bits.　　　　　e. ( ) 128 bits.
c. ( ) 32 bits.

7. O Ipv4 trabalha com:
a. ( ) 8 bits.　　　　　d. ( ) 64 bits.
b. ( ) 16 bits.　　　　　e. ( ) 128 bits.
c. ( ) 32 bits.

8. Um conjunto de regras sobre o modo como se dará à comunicação entre as partes envolvidas, denomina-se:
a. ( ) Protocolo;
b. ( ) Base;
c. ( ) Componente;
d. ( ) Camada;
e. ( ) Roteador.

9. Um elemento de rede que é utilizado como meio guiado de transmissão:
a. ( ) Switch.
b. ( ) Roteador.
c. ( ) Concentrador.
d. ( ) Placa de rede.
e. ( ) Cabo UTP.

10. Quando dois computadores se comunicam na Internet, eles usam um protocolo que é o:
a. ( ) CGI.　　　　　d. ( ) TCP/IP.
b. ( ) Bps.　　　　　e. ( ) X.23.
c. ( ) OCX.

11. Qual é o protocolo para o envio de correspondência na Internet?
a. ( ) SMTP.
b. ( ) GOPHER.
c. ( ) IRQ.
d. ( ) CHAT.
e. ( ) UTP.

Redes e Sistemas Distribuídos 🌟 **211**

12. **Cada página WWW possui um endereço único o qual é chamado de:**
    a. ( ) URL.
    b. ( ) ANS.
    c. ( ) Address.
    d. ( ) HTTI.
    e. ( ) IPX.

13. **A transferência de um arquivo de um servidor na Internet para o computador de um usuário é denominada:**
    a. ( ) Link.
    b. ( ) Download.
    c. ( ) TFP.
    d. ( ) TDS.
    e. ( ) TDM.

14. **O protocolo para transferência de um arquivo de um servidor na Internet para o computador de um usuário é denominado:**
    a. ( ) Link.
    b. ( ) Download.
    c. ( ) FTP.
    d. ( ) TDS.
    e. ( ) TDM.

15. **O protocolo para serviços não orientados a conexão é:**
    a. ( ) UDP.
    b. ( ) TCP.
    c. ( ) FTP.
    d. ( ) HTTP.
    e. ( ) NDA.

16. **O cabo de par trançado que sem cobertura, proteção ou blindagem é:**
    a. ( ) 10 Base 5.
    b. ( ) 10 Base 2.
    c. ( ) HTTP.
    d. ( ) STP.
    e. ( ) UTP.

212 Sistemas de Informação: Um Enfoque Computacional

17. (PClconcursos) O que é uma linha comutada (dial-up)?
a. ( ) Linha telefônica ligada a um provedor.
b. ( ) Uma linha telefônica comum ligada a um modem.
c. ( ) Linha telefônica ligada permanentemente a uma central comutadora.
d. ( ) Linha telefônica ligada entre um servidor e um provedor.
e. ( ) NDA.

18. (PClconcursos) Um sistema operacional de rede fornece um ambiente no qual os usuários, que estão cientes da multiplicidade de máquinas, podem acessar recursos remotos efetuando o login na máquina remota apropriada ou transferindo dados da máquina remota para sua própria máquina. Com relação aos recursos dos sistemas operacionais de rede é correto afirmar que:
a. ( ) O FTP fornece um meio de permitir que um usuário que não tenha uma conta em um servidor copie arquivos remotamente.
b. ( ) O comando 'telnet prova.escola.edu.br' cria uma conexão com ambiente gráfico entre a máquina local e a máquina prova.escola.edu.br, permitindo ao usuário utilizar o mouse remotamente na máquina prova.escola.edu.br.
c. ( ) O User Datagram Protocol (UDP) responsabiliza-se por identificar e corrigir perdas de segmentos, segmentos fora de ordem e segmentos com informações incorretas.
d. ( ) Para garantir a entrega dos dados, o protocolo UDP espera que os segmentos recebidos sejam confirmados pela máquina no destino. Se a recepção não for confirmada dentro de um intervalo de tempo, a máquina na origem transmite novamente o segmento.
e. ( ) NDA.

19. (PCI concursos) O Sistema Operacional pode ser definido como a interface entre o micro e o usuário e que, através de um conjunto de programas e arquivos, administra as operações e comandos executados. Entre as suas funções NÃO se inclui:
a. ( ) Gerenciar os recursos de hardware.
b. ( ) Gerenciar a comunicação via rede.
c. ( ) Gerenciar o tempo de CPU gasto pelos usuários.
d. ( ) Permitir a gravação de arquivos.
e. ( ) NDA.

Redes e Sistemas Distribuídos ✳ **213**

20. (PCI concursos) O protocolo responsável pelo roteamento de pacotes entre dois sistemas que utilizam a família de protocolos TCP/IP é:

a. ( ) Internet Protocol (IP).
b. ( ) Hyper Text Transfer Protocol (HTTP).
c. ( ) Internet Relay Chat (IRC).
d. ( ) Hyper Text Markup Language (HTML).
e. ( ) NDA.

21. (CVM — 2001) Em relação à estrutura básica da Internet, é correto afirmar que:

a. ( ) Cada servidor da Internet possui um endereço numérico exclusivo, chamado IS (InternetServer).
b. ( ) Os servidores podem ser endereçados por nomes de domínio, definidos de acordo com o protocolo TCP.
c. ( ) As comunicações são tratadas basicamente como pacotes de dados, cada um dos quais possuindo seu endereço.
d. ( ) Os nomes de domínio são divididos em dois ou mais campos, sendo o primeiro deles o de mais alto nível.
e. ( ) Os backbones estabelecem as ligações da Internet entre satélites e redes locais.

22. (CVM — 2001) A topologia de redes de computadores. que dispensa hierarquia de acesso, muito utilizada em redes locais, é denominada:

a. ( ) Anel.
b. ( ) Árvore.
c. ( ) Coaxial.
d. ( ) Hub.
e. ( ) Barramento.

23. (Técnico da Receita Federal — TRF — 2002) A World Wide Web (WWW) é um repositório online de informações em larga escala que os usuários podem procurar usando um navegador (browser). Tecnicamente, a WWW é um sistema hipermídia distribuído que suporta acesso interativo.
Um sistema hipermídia fornece uma extensão direta de um sistema hipertexto.
A diferença entre hipertexto e hipermídia está no conteúdo do documento: enquanto o hipertexto contém apenas informações textuais, documentos de hipermídia podem conter informações adicionais, incluindo imagens e gráficos.

214   *Sistemas de Informação: Um Enfoque Computacional*

Com relação às características da WWW e às informações nela contida é correto afirmar que:

a. ( ) Os computadores usados para armazenar documentos da WWW devem ter administração interdependente.

b. ( ) O conjunto de informações contidas na WWW é considerado não-distribuído por ser de domínio público e pelo fato de a Internet não possuir um proprietário.

c. ( ) Quando um navegador solicita uma página a um servidor WWW, este atende e fica aguardando uma confirmação do navegador, que deverá informar se a solicitação foi atendida com sucesso. Só após esta confirmação o servidor poderá atender à solicitação de outro navegador.

d. ( ) Todas as páginas da WWW que contém um documento hipermídia devem usar uma representação padrão definida pelo ASP. Somente para o caso do documento ser hipertexto a representação padrão será definida pelo HTML.

e. ( ) Os navegadores apresentam uma estrutura diferente da dos servidores WWW. Um servidor espera que um navegador abra uma conexão e solicite uma página específica.

24. **(Técnico da Receita Federal — TRF — 2002) O serviço de correio eletrônico possibilita a rápida troca de informações entre usuários. Por meio desse serviço são trocadas mensagens e até documentos entre seus usuários. Com relação ao uso, configuração, protocolos e servidores de correio eletrônico é correto afirmar que:**

a. ( ) O Internet Mail Access Protocol (IMAP) é um protocolo mais complexo que o POP, por meio do qual as máquinas dos usuários podem acessar mensagens nos servidores de correio eletrônico.

b. ( ) O POP define comandos, permitindo que as mensagens possam ser enviadas, mas não acessadas.

c. ( ) Entre os recursos do SMTP pode-se destacar a possibilidade do compartilhamento de caixas postais entre usuários membros de um grupo de trabalho.

d. ( ) Quando um usuário se conecta a um servidor SMTP utilizando um cliente SMTP, ele pode solicitar informações sobre as mensagens, partes das mensagens ou as próprias mensa-

Redes e Sistemas Distribuídos ✳ **215**

gens, podendo verificar o tamanho de uma mensagem antes de solicitar sua transferência.

e. ( ) Um servidor de correio eletrônico deve ser configurado como um servidor POP e estar aguardando uma conexão na porta UDP número 21.

25. (Banco Central — 2001) As redes corporativas implementadas através de redes públicas como a Internet, por exemplo, são denominadas:

a. ( ) WANs.   c. ( ) NATs.   e. ( ) LANs.

b. ( ) VLANs.   d. ( ) VPNs.

26. (Provão Mec 2003) Dos 125 milhões de cartões de crédito com chip de determinada empresa, 1,5 milhão estão no Brasil. No entanto, a empresa espera conseguir um aumento de 100% desse número nos próximos anos. Um dos principais aspectos da tecnologia de cartões inteligentes (que contêm chip) é que a verificação de dados e da veracidade da informação é feita no terminal do ponto-de-venda, em vez de ser centralizada na empresa. (Revista Network, mar. 2003)

Para a implementação do sistema de cartões inteligentes, é indispensável à tecnologia de

a. ( ) Sistemas de gerenciamento de relacionamento com clientes (CRM).

b. ( ) Sistemas automatizados de controle de estoques nos pontos-de-venda.

c. ( ) Arquitetura cliente/servidor baseada em redes de computadores.

d. ( ) Redes neurais e outros sistemas de inteligência artificial.

e. ( ) Aplicativos de automação de escritórios, tais como: planilhas eletrônicas e editores de texto.

27. A Web ou simplesmente www consiste de um emaranhado de documentos ou páginas formando um hipertexto. A) Explique o que é um hipertexto; B) Como são compostas as páginas disponibilizadas na internet? e C) O que é uma URL e quais são os seus componentes?

216 ❋ *Sistemas de Informação: Um Enfoque Computacional*

28. No serviço de correio eletrônico são empregados basicamente os dois protocolos POP e IMAP. Descreva as funcionalidades e características de cada um deles.

_____

_____

_____

_____

29. A camada de transporte existe tanto nos modelos OSI/ISO e TCP. Na camada de transporte (Correia et al, 2004):
    a) Quais as suas principais funções?
    b) Quais os dois protocolos empregados nessa camada pela arquitetura de rede usada na internet?
    c) Descreva as características e as diferenças entre esses dois protocolos.

30. Em ambientes com elevado nível de interferência eletromagnética, o meio de transmissão mais indicado para implementação de uma rede local Ethernet é: (concurso para Analista de Informações — TCM/RJ)
    a. ( ) Cabo UTP.
    b. ( ) Fibra óptica.
    c. ( ) Cabo coaxial de 75 ohm.
    d. ( ) Link rádio na faixa de VHF.
    e. ( ) NDA.

31. Uma nova tecnologia utiliza a rede de distribuição de energia elétrica como meio de transmissão de dados em alta velocidade, abrindo um novo mercado para acesso a Internet em banda larga, conexões de voz, aplicações de vídeo e muitos outros serviços. Esta tecnologia é denominada: (concurso para Analista de Informações — TCM/RJ)
    a. ( ) "High Power Band".
    b. ( ) "Electric Line Access".
    c. ( ) "Internet Electric Link".
    d. ( ) "Power Line Communications".
    e. ( ) NDA.

Redes e Sistemas Distribuídos ✳ **217**

32. Um funcionário do Tribunal de Contas do Município do Rio de Janeiro acessa a Internet por meio de um browser. Em dado momento, ele insere a URL www.tcm.rj.gov.br e acessa o site. Este procedimento foi possível porque a Internet utiliza um mecanismo que converte os endereços nominais em IP e vice-versa. Esse mecanismo é conhecido por: (concurso para Analista de Informações — TCM/RJ)

a. ( ) TELNET. c. ( ) WINS. e. ( ) NDA.
b. ( ) PROXY. d. ( ) DNS.

33. São endereços IP de classes B e C, respectivamente: (concurso para Analista de Informações — TCM/RJ)

a. ( ) 191.255.76.0 e 234.77.13.0.
b. ( ) 164.256.62.0 e 223.25.39.0.
c. ( ) 146.164.85.0 e 192.45.16.0.
d. ( ) 126.188.99.0 e 191.67.22.0.
e. ( ) NDA.

34. Na configuração de uma rede de microcomputadores, para dividir toda a faixa de endereços disponíveis de um endereço IP classe C em 8 faixas com 32 endereços, deve ser utilizada a seguinte máscara de rede: (concurso para Analista de Informações — TCM/RJ)

a. ( ) 255.255.255.0.
b. ( ) 255.255.255.192.
c. ( ) 255.255.255.224.
d. ( ) 255.255.255.240.
e. ( ) NDA.

BIBLIOGRAFIA

BOGHI, Cláudio; SHITSUKA, Ricardo. *Sistemas de informação: um enfoque dinâmico.* São Paulo: Érica, 2002.

CORREIA, Luiz Henrique Andrade; SANTOS, Anderson Bernardo; MACEDO, Daniel Fernandes. *Redes de computadores e sistemas distribuídos.* Lavras: UFLA/FAEPE, 2004.

DERFLER JR, Frank J. *Como funcionam as redes.* São Paulo: QI Editora, 1999. v.3.

TANEMBAUM, Andrew S. *Redes de computadores.* 5.ed. Rio de Janeiro: Campus, 1997.

Capítulo 12

Interface Homem-Máquina e Ergonomia

> A facilidade de uso, simplicidade, intuitividade, navegabilidade, fornecimento de informações necessárias no momento correto, e ser agradável aos olhos do usuário são fatores que podem fazer com que um programa de computador seja mais utilizado em relação a outros que não possuam estas facilidades. Tanto a Engenharia de Software como a Análise e Projeto de Sistemas tende a considerar mais as questões de IHM que estão diferenciando os softwares que vão continuar em uso.

A Interface Homem-Máquina (IHM) é uma área de estudo multidisciplinar que envolve entre muitas, a Ciência da Computação, o Design, a Engenharia, a Semiótica, a Lingüística, a Análise de Sistemas e a Psicologia.

Segundo Dix et al. (1993) uma interface homem-máquina (IHM) compreende os comportamentos dos usuários e as características e facilidades do sistema, do equipamento e do ambiente.

Tonsig (2003) afirmou que nem sempre um usuário prefere um sistema com maiores recursos e eficiência computacional, mas de modo geral, aquele que apresenta uma facilidade de uso e aprendizagem. O

Sistemas de Informação: Um Enfoque Computacional

autor ainda recorda que o desenvolvimento de sistemas interativos é uma atividade multidisciplinar podendo envolver conhecimentos da Ciência da Computação, Psicologia, Ergonomia, Lingüística, Sociologia, Topografia e Desenho Gráfico e outros.

Pressman (2002) considerou que um projeto de interface cria um meio efetivo de comunicação entre o ser humano e o computador.

Zambalde e Alves (2003) consideraram que são cinco os fatores imprescindíveis no estudo de uma interface homem-máquina:
- facilidade de aprendizado;
- velocidade de resposta;
- taxa de erros dos usuários;
- retenção com o tempo; e
- satisfação subjetiva.

Eles ainda citam os estilos de interação: Wysiwyg (What you see is what you get), linguagem de comandos, linguagem natural e manipulação direta. Este é o caso da emissão de mensagens durante a ocorrência de um processo para que o usuário fique sabendo do que está acontecendo e de modo simples e agradável.

No caso de uma impressora que está imprimindo, e preparando a impressão, é necessária a mensagem avisando ao usuário do estado.

De modo semelhante, outras mensagens são as de operação em andamento, ocorrência de falha e o tipo (sem penalizar o usuário ou ser agressivo com o mesmo) e também as mensagens de erro do sistema, que podem ser criadas de modo semelhante.

Para avaliação de interfaces, Zambalde e Alves (2003) recomendam as técnicas de avaliações de usabilidade:
- facilidade de aprendizado;
- eficiência de uso-desempenho;
- retenção com o tempo;
- minimização de erros, e
- satisfação do usuário.

Na prática, a avaliação pode ser realizada pela observação dos usuários utilizando a interface e suas dificuldades ou facilidades, pela coleta de opiniões dos envolvidos e pela realização de testes.

Zambalde e Alves (2003) classificaram os estilos de interação em:

- Wysiwyg;
- Linguagem natural;
- Linguagem de comandos;
- Manipulação direta (uso de mouse, acesso a diretório, uso de ícones...);
- Winp (windows icons);
- Menus; e
- Preenchimento de formulários (form fill-in).

Também recomendam como sendo princípios ou regras de ouro para projetos de interfaces os seguintes itens:

- Implementar a consistência de informações ex: dígito verificador, limites superior e inferior etc;
- Fornecer retroalimentação, ou feedback de informações aos usuários. Ex: informações de que está sendo feito download, ou de que o computador está processando e não está travado;
- Minimizar as possibilidades de erros pelos usuários. Ex: criar telas mais simples, menos carregadas de informações, mais intuitivas;
- Fornecer meios ou tratamentos de recuperação de erros. Caso ocorra uma digitação incorreta é necessário ter formas de confirmar ou de alterar este fato;
- Tratar, de modo adequado, os usuários com habilidades diferentes. Existem usuários em níveis diferentes de conhecimentos; isto é particularmente interessante para o caso dos jogos nos quais se pode implementar níveis de dificuldade diferentes;
- Minimizar necessidades de memorização pelos usuários. O sistema deve fornecer as informações e deixar os usuários livres para se preocuparem com outras estratégias de negócios; e
- Usar metáforas que reduzam barreiras na comunicação com usuários. Ex: cor vermelha indicando erro ou indisponível e azul indicando que está correndo bem.

Esta área de estudos está em evolução e a realidade virtual, os novos equipamentos e linguagens de programação, sistemas operacionais e aplicativos prometem trazer muitas novidades para os próximos anos.

ERGONOMIA

Grandjean (1998) afirmou que Ergonomia é a ciência que estuda a adequação das condições de trabalho às características psicofisiológicas dos trabalhadores de modo a proporcionar um máximo de conforto, segurança e desempenho eficiente.

A Ergonomia estuda a economia de movimentos e de esforços para a realização de tarefas de modo a minimizar o stress e diminuir a possibilidade de ocorrência de lesões e doenças

A IHM considera os fatores de Ergonomia do trabalho lembrando não só do computador, mas também do ambiente ao redor do mesmo.

Os autores Zambalde e Alves (2003) afirmaram que com o aumento da quantidade de computadores nas empresas e atividades de escritório em geral, surgiram problemas no uso de computadores, tais como: problemas de visão, dores de cabeça, mal estar, dores lombares, problemas digestivos e problemas musculares. Donde surge uma necessidade de estudos e da preocupação com a ergonomia e o projeto das interfaces homem-máquina.

Tem-se observado que simplicidade e facilidade de uso em jogos possibilita que haja uma boa aceitação dos mesmos pelos usuários em geral.

Numa reportagem do Jornal O Estado de São Paulo, comentava-se sobre o fato da simplicidade das interfaces de jogos atrair usuários.

De modo semelhante, na questão de facilidade de uso e simplicidade, dois grandes líderes mundiais da informática, Steve Jobs (da Apple Computer) e Bill Gates (da Microsoft), em entrevista para a revista Veja, de maio de 2004, indicavam que, na opinião dos mesmos, algumas tecnologias poderiam ser amplamente utilizadas nos próximos meses do corrente ano de 2004 e anos seguintes.

Entre as tecnologias mencionadas o *Really Simple Syndication* (RSS), que funciona com a linguagem de programação XML e permite uma navegação mais fácil, o *Spotlight* que é outra tecnologia (no caso que a Apple incorporará em seus produtos) que facilita a localização de informações de forma mais simples, rápida e completa que o Google[1], Alta Vista[2] ou Cadê[3], bem como o *Blog* a ser utilizado em aplicações empresariais.

---

[1] www.google.com.br

[2] www.altavista.com

[3] www.cade.com.br

As tecnologias citadas estão relacionadas com a interface e a facilidade de uso pelos usuários.

APLICAÇÕES

Caso de Aplicação de Apoio ao Ensino

Optou-se pelo uso de estrutura de hardware de provedor pago. Na implantação de sistemas semelhantes deve-se considerar cada caso de modo particular.

Há casos em que a Instituição fornecerá o servidor e há outros nos quais o servidor pode ser locado. Com relação ao software é necessário que o mesmo seja compatível para funcionar na *Web*. Para a configuração do software de apoio ao Ensino as interfaces e gráficos, considerou-se os seguintes pontos: requisitos de software e hardware para o software selecionado e a facilidade de uso pelos usuários.

A figura 46 ilustra a tela inicial do sistema na qual se pode observar a disposição dos elementos gráficos.

Na figura 47 pode-se observar detalhes dos botões de seleção de opções de trabalho.

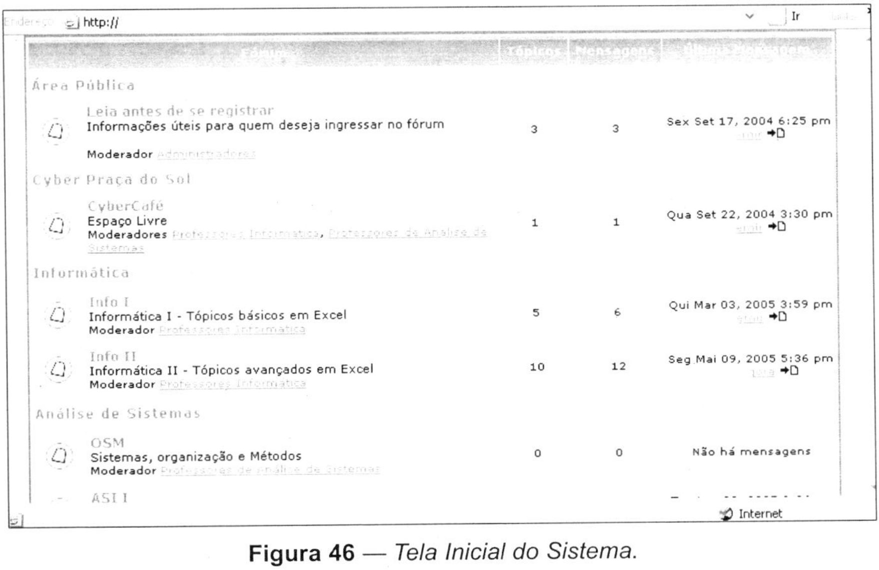

Figura 46 — *Tela Inicial do Sistema.*

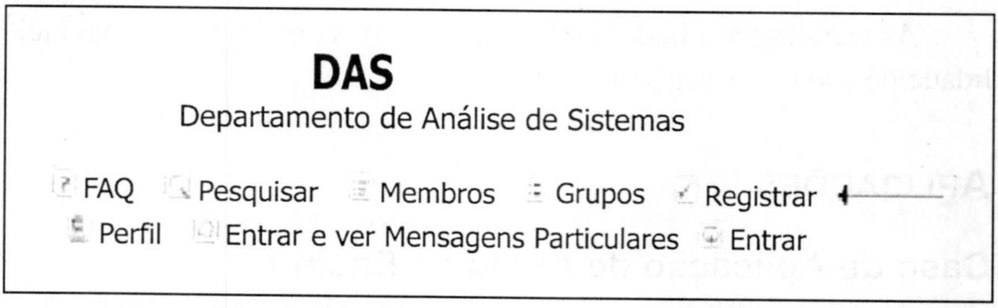

DAS
Departamento de Análise de Sistemas

FAQ   Pesquisar   Membros   Grupos   Registrar ←
Perfil   Entrar e ver Mensagens Particulares   Entrar

Figura 47 — *Detalhe do Cadastramento do Aluno no Sistema.*

Observe na figura a seta apontando o botão registrar. Quando se clica neste botão, surge a tela da figura 48.

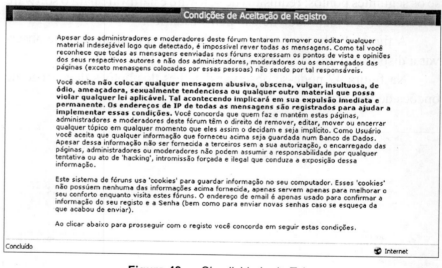

Figura 48 — *Simplicidade da Tela.*

A figura 49 apresenta uma tela de mensagem que surge quando o usuário realiza o registro e concorda com os termos do mesmo. Este aspecto de interação é importante para que os alunos confirmem que o registro foi realizado com sucesso.

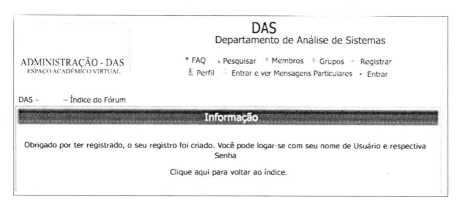

Figura 49 — *Mensagem que surge Agradecendo o Registro.*

Agora ele já pode entrar no *website* clicando no link Entrar (figura 50).

Figura 50 — *Botão com o Link "Entrar".*

Na parte superior do *Website*, conforme figura 51, pode-se observar o botão sair.

Figura 51 — *Botão "Sair".*

A figura 52 ilustra a tela que apresenta os usuários que estão ligados no sistema no momento em que for consultada.

Considerou-se este recurso importante para aumentar a interatividade entre os usuários. A informação possibilita, por exemplo: que um professor, ao saber que um aluno entrou no *Website*, tente se comunicar com o mesmo.

A mesma situação pode ocorrer entre os alunos presentes neste *Website*. Já a figura 53 apresenta a tela para a seleção de serviços que surge a seguir.

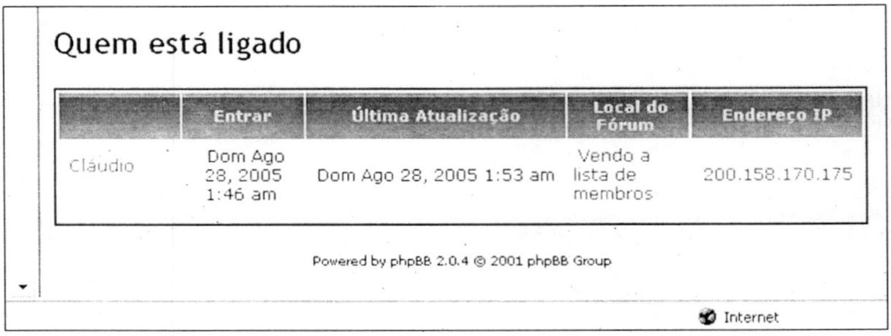

Figura 52 — *Tela de Mensagem mostrando ao Usuário quem está ligado no Sistema naquele momento.*

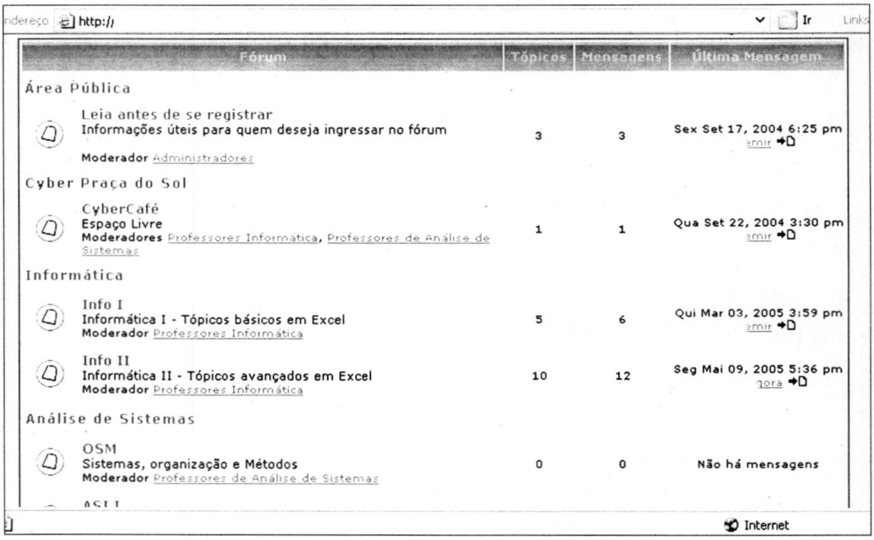

Figura 53 — *Tela de Seleção de Serviços.*

A tela na figura 54 apresenta a continuação da tela de serviços. Nota-se a simplicidade dos botões e da seleção de serviços pelo usuário para facilitar a navegabilidade.

Nota-se também que se evitou o uso de figuras e de animações que pudessem sobrecarregar o *Website* tornando-o lento, mas sem acrescentar a interatividade e fidelização necessária.

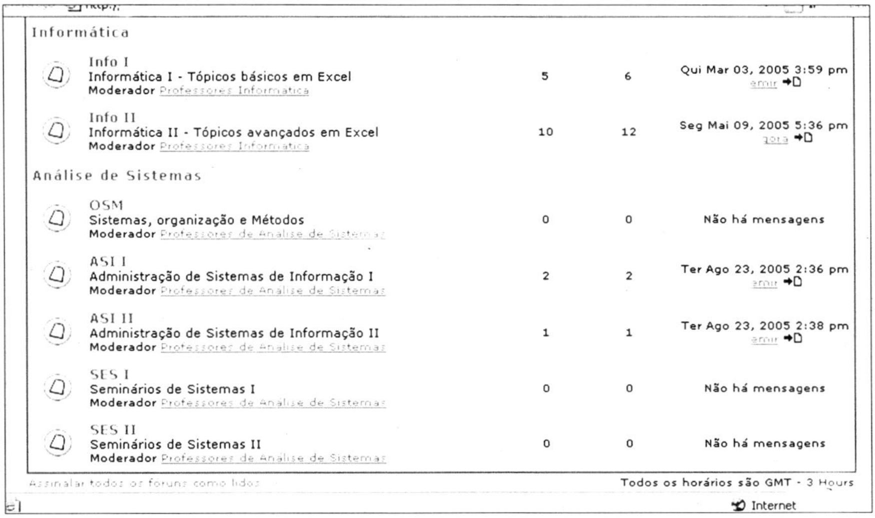

Interface Homem-Máquina e Ergonomia ✳ **227**

Figura 54 — *Tela de Seleção de Serviços (continuação).*

EXERCÍCIOS

1. **São fatores imprescindíveis no estudo de uma interface homem-máquina:**
   a. ( ) Facilidade de aprendizado.
   b. ( ) Velocidade de resposta.
   c. ( ) Taxa de erros dos usuários.
   d. ( ) Todas as anteriores estão corretas.
   e. ( ) Nenhuma das anteriores está correta.

2. **São fatores imprescindíveis no estudo de uma interface homem-máquina:**
   a. ( ) Retenção com o tempo.
   b. ( ) Satisfação subjetiva.
   c. ( ) Taxa de erros dos usuários.
   d. ( ) Todas as anteriores estão corretas.
   e. ( ) Nenhuma das anteriores está correta.

3. **São fatores imprescindíveis no estudo de uma interface homem máquina:**
   a. ( ) A atenção do usuário.
   b. ( ) Satisfação subjetiva.
   c. ( ) A capacidade comunicação do usuário.
   d. ( ) Todas as anteriores estão corretas.
   e. ( ) Nenhuma das anteriores está correta.

4. **São fatores imprescindíveis no estudo de uma interface homem máquina:**
   a. ( ) Retenção com o tempo.
   b. ( ) Insatisfação subjetiva.
   c. ( ) Sobretaxa de erros dos usuários.
   d. ( ) Todas as anteriores estão corretas.
   e. ( ) Nenhuma das anteriores está correta.

5. ***Really Simply Sindication* funciona com a linguagem de programação:**
   a. ( ) COBOL.
   b. ( ) XML.
   c. ( ) ALGOL.
   d. ( ) FORTRAN.
   e. ( ) PASCAL.

Interface Homem-Máquina e Ergonomia ✳ **229**

6. *Spotlight* **é uma tecnologia que facilita a:**
   a. ( ) Computação gráfica.
   b. ( ) Modelagem de dados.
   c. ( ) Localização de informações.
   d. ( ) Construção de DER.
   e. ( ) Modelagem de objetos.

7. **Que tipo de problemas não surgem com o uso crescente dos computadores nas organizações:**
   a. ( ) Problemas de visão.   d. ( ) Problemas musculares.
   b. ( ) Dores de cabeça.   e. ( ) Ausência no emprego.
   c. ( ) Mal estar, dores lombares.

8. **A interface homem máquina é uma disciplina preocupada com:**
   a. ( ) Design.
   b. ( ) Avaliação e implementação dos sistemas computacionais interativos.
   c. ( ) Principais fenômenos que ocorrem ao redor dos sistemas computacionais.
   d. ( ) Todas as anteriores estão corretas.
   e. ( ) Nenhuma das anteriores está correta.

9. **O software de interface é a parte do sistema que implementa os processos computacionais necessários para:**
   a. ( ) Controle dos dispositivos de hardware.
   b. ( ) Construção dos dispositivos virtuais.
   c. ( ) Geração dos diversos símbolos e mensagens que representam as informações do sistema.
   d. ( ) Implementação dos comandos dos usuários.
   e. ( ) Todas as anteriores estão corretas.

10. **Ergonomia é a ciência que estuda a adequação das condições de trabalho às características psicofisiológica dos trabalhadores de modo a proporcionar um máximo de:**
    a. ( ) Conforto.
    b. ( ) Segurança.
    c. ( ) Desempenho eficiente.
    d. ( ) Todas as anteriores estão corretas.
    e. ( ) Nenhuma das anteriores está correta.

230 Sistemas de Informação: Um Enfoque Computacional

11. **Qual das alternativas a seguir não corresponde a um estilo interação:**
    a. ( ) Wysiwyg.
    b. ( ) Linguagem de comandos.
    c. ( ) Linguagem natural.
    d. ( ) Manipulação direta.
    e. ( ) Fluxograma.

12. **(CVM — 2001) Na Arquitetura Cliente-Servidor, é correto afirmar que:**
    a. ( ) A arquitetura CORBA é um modelo de computação baseado em tecnologia de orientação a objeto para o sistema cliente.
    b. ( ) O sistema cliente utiliza uma interface de conectividade para requisitar serviços ao servidor e para receber as respostas correspondentes.
    c. ( ) Uma GUI (Graphical User Interface) possui a estrutura lógica de entrada, processamento e saída das interfaces tradicionais.
    d. ( ) De um ponto de vista funcional, um cliente é um processo que provê o serviço solicitado pelo servidor.
    e. ( ) Todo cliente deve ser capaz de realizar multi-processamento funcional ou simétrico.

RESPONDA ÀS QUESTÕES SEGUINTES COM V SE CONSIDERAR VERDADEIRO OU COM F SE CONSIDERAR FALSO

13. **Uma interface homem máquina possui elementos de software e de hardware. ( )**

14. **A interface homem-máquina é a parte de um sistema responsável por traduzir ações do usuário em ativações das funcionalidades da aplicação, permitir que os resultados possam ser observados e coordenar esta interação. ( )**

15. **A Interface homem-máquina é responsável pelo mapeamento das ações do usuário sobre dispositivos de entrada em pedido de processamento a aplicação e pela apresentação em forma adequada dos resultados produzidos. ( )**

16. O estilo de interação Wysiwyg permite ao usuário observar na tela o resultado do processamento, ex: visualizar a gravação, ou o download de um arquivo ou a impressão de um documento. ( )

17. Ícone é um símbolo gráfico que representa uma relação de semelhança ou analogia com um objeto propriedade ou ação. ( )

18. Hipertexto é um aplicativo que permite criar, manter e manipular trechos de informação (textos e gráficos) interligados de forma seqüencial ou não linear. ( )

19. Hipermídia é a junção dos tipos de dados da multimídia com os mecanismos e semânticas dos hipertextos. ( )

20. Hiperdocumento é uma rede de nós e ligações. ( )

21. Nó é uma unidade mínima de informação de um hiperdocumento. ( )

22. Ancora é a origem de uma ligação. ( )

23. Links são os elementos que representam o relacionamento entre nós em um hiperdocumento. ( )

24. o *Spotlight* que é outra tecnologia que facilita a localização de informações de forma mais simples e rápida. ( )

25. A Interface Homem-Máquina (IHM) não é uma área de estudos multidisciplinares. ( )

26. Estudo de IHM envolve entre muitas áreas a da Ciência da Computação, o Design, a Engenharia, a Semiótica, a Linguística, a Análise de Sistemas e a Psicologia. ( )

27. A IHM considera os fatores de ergonomia do trabalho só no computador e não considera o ambiente ao redor do mesmo. ( )

QUESTÕES DE RELACIONAMENTO DE COLUNAS:

28. **Relacione as colunas da esquerda e da direita (Zambalde e Alves, 2003):**

1	Funcionalidade apropriada	Características comuns entre múltiplas aplicações.	
2	Confiabilidade	Proteção contra destruição inadvertida.	
3	Segurança e integridade	Trabalhar, mover-se bem com regularidade.	
4	Padronização	Formatos compatíveis de armazenamento entre versões.	
5	Consistência	Comandos devem funcionar como o especificado.	

29. **Relacione as colunas da esquerda e da direita (Zambalde e Alves, 2003):**

1	Projeto de uma interface	Apresentação de interface.	
2	Psicologia	Formalismo Lex do UNIX.	
3	Ergonomia	Define o comportamento e apresentação da interface.	
4	Lingüística	Aspectos físicos/adaptação de máquinas ao ser humano.	
5	Sociologia	Comportamento humano, percepção e cognição.	
6	Desenho e Tipografia	Impactos dos sistemas na estrutura da sociedade.	

BIBLIOGRAFIA

DIX, A; FINLAY, J.; ABOUD, G; BEALE, R. *Human-computer interaction*. Reino Unido: Prentice-Hall, 1993.

GRANDJEAN, E. *Manual de ergonomia adaptando o trabalho ao homem*. 4.ed. Porto Alegre: Artes Médicas, 1998.

PRESSMAN, Roger S. *Engenharia de software*. 5.ed. Rio de Janeiro: McGraw-Hill, 2002.

TONSIG, Sergio L. *Engenharia de software: análise e projeto de sistemas*. São Paulo: Futura, 2003.

ZAMBALDE, André.Luiz; ALVES, Rêmulo Maia. *Interface homem-máquina e ergonomia*. Lavras: UFLA/FAEPE, 2003

WEBGRAFIA

Website do phpBB: www.phpbb.com, visitado em 10/04/05.

Capítulo 13

Gestão do Conhecimento e Inovação

> A Gestão do Conhecimento visa a orientar uma organização inteira na produção do conhecimento e encontra meios e estratégias para gerar, difundir, combinar ou lucrar com o conhecimento. Os conceitos e aplicações relacionados à GC estão fazendo parte do projeto e uso dos Sistemas de Informação.

A Gestão do Conhecimento (GC) segundo Santos (2000) "É o segmento da administração que trata das questões críticas de adaptação, sobrevivência e competência organizacional face ao processo turbulento de mudanças. Ela tem como objetivo: reunir processos organizacionais que produzam combinações sinérgicas entre dados, capacidade de processamento de informações e capacidade criativa e inovadora de recursos humanos".

Para Hibbard (1997) Gestão do Conhecimento "é o processo de busca e organização da experiência e do saber individual e coletivo da organização, em qualquer lugar em que se encontre, e sua distribuição para onde houve maior retorno".

Zambalde e Alves (2004) reportaram a existência de diversas outras definições para a gestão do conhecimento, e lembraram que o ponto essencial é a sua implantação e funcionamento nas empresas.

Trabalhar de modo organizado e sistemático com e-mails, grupos de discussão, portais da Internet, repositórios de dados, treinamentos, conversão de conhecimentos tácitos em explícitos, evitar a perda de pessoas experientes de um grupo, estabelecer uma política de disseminação de conhecimentos, gerir pessoas e o relacionamento das mesmas dentro da comunidade ou grupo de trabalho faz parte da gestão de conhecimentos.

A idéia de gestão do conhecimento é muito ampla, para alguns é a capacidade de criar laços com os clientes e para outros é a capacidade de se reutilizar conhecimentos.

Gestão do Conhecimento vai além da Gestão da Inovação de produto e processo, incluindo a Gestão do conhecimento sobre mercados, tendências nos processos de desenvolvimento tecnológico, legislação relacionada à empresa e outros fatores que determinam a vantagem competitiva da empresa, aprimorando-se de técnicas e métodos de Inteligência Competitiva".

A figura 55 ilustra as bases da GC, nela pode-se observar que esta lida com pessoas, organização, estratégia, negócios, tecnologia e conteúdo

Figura 55 — *As Bases da GC.*

Capital Intelectual e um Modelo de Gestão

Nas organizações existem valores tangíveis como é o caso dos imóveis, máquinas e ativos. Por outro lado, existem os intangíveis como é o caso da marca, do valor embutido num software ou o valor do conhecimento que está no capital intelectual de pessoas.

Empresários e gestores lidam costumeiramente com os valores tangíveis, porém, para gerenciar os intangíveis é necessário possuir uma boa visão da Gestão de Conhecimento. Neste ponto, os modelos auxiliam o trabalho também nesta área.

Nonaka e Takeuchi (1997) criaram o modelo de Socialização, Externalização, Combinação e Internalização (SECI) que é um modelo de conversão de conhecimentos, segundo os mesmos, existe o conhecimento tácito que é aquele que é transmitido oralmente ou por exemplos, mas que não está registrado em meios físicos.

Existe também o conhecimento explícito que é registrado por meio de relatórios, apostilas, livros, manuais, e-mails, grupos de discussão na *Web* etc.

A figura 56 mostra o modelo de Nonaka e Takeuchi e nela podemos observar a evolução da conversão do conhecimento nas pessoas, seguindo a espiral que se expande no sentido horário.

Figura 56 — *Modelo SECI (NONAKA; TAKEUCHI, 1997).*

O modelo de Nonaka e Takeuchi (1997) ajuda a entender a conversão do conhecimento nas pessoas. A figura 57 seguinte apresenta a Teoria da Criação do Conhecimento Organizacional.

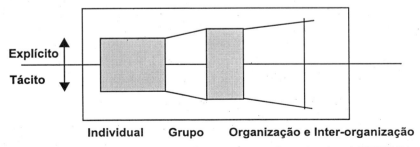

Figura 57 — *Teoria da Criação do Conhecimento Organizacional.(NONAKA e TAKEUCHI, 1997).*

238 ❋ *Sistemas de Informação: Um Enfoque Computacional*

Com relação à inovação, esta relaciona-se com a criação de coisa novas que agreguem valor ao que já existe.

A criatividade é uma mola mestra para a inovação.

Ela representa a possibilidade de avanço na sociedade, de melho competitividade e de sobrevivência no mercado.

É necessário que as organizações tenham uma política definida com relação à inovação, o incentivo à mesma, o reconhecimento e o aproveitamento de tecnologias úteis.

APLICAÇÕES

Na década de 60, Marshall McLuhan, um "mago da comunica ção", afirmava que o mundo iria se transformar numa aldeia global McLuhan, talvez pensasse na televisão ao fazer suas afirmações, porém a Tecnologia de Informação é mais ampla e tende a se fundir com a tecnologia de televisão graças aos avanços da Internet e Web.

Barker (1996) considerava a Internet como sendo uma mídia hí brida, que compartilha o seu poder, da comunicação em massa, para atrair cada vez mais grande parte da população e é dotada de capacidade de comunicação interpessoal para prover informações individuais.

Porter (2001) afirmava que a Internet consagrou-se como uma tecnologia que proporciona oportunidades para as organizações que dela se utilizam, para fixarem suas posições estratégicas de forma competiti va e diferenciada em relação aos seus concorrentes.

Outra visão que veio a complementar os estudos sobre a Gestão do Conhecimento foi apresentada por Terra (2000) para os portais do co nhecimento. O mesmo considerava os portais corporativos como sendo plataformas de software de colaboração que podem ser utilizados para desenvolver e implementar iniciativas de Gestão do Conhecimento "os portais estão alterando, fundamentalmente, a forma como informações e responsabilidades de colaboração são compartilhadas em organiza ções: de um foco estreito, funcional e não coordenado, para uma abor dagem ampla e de colaboração".

Um portal de conteúdo empresarial ou Enterprise Content Manager (ECM), em geral, possui uma arquitetura em camadas. A figura 58 apre senta as camadas principais em consideração.

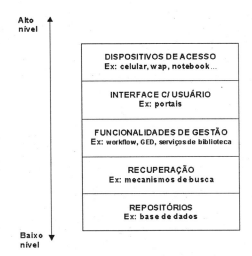

Figura 58 — *Componentes da Gestão de Conteúdo Empresarial.*

Muitas empresas que atuam em Tecnologia de Informação (TI) estão apostando no armazenamento de dados, no sentido de buscar soluções para quantidades crescentes de informação.

O crescimento em volume de informações, que poderá vir a circular na Internet nos próximos anos, deve se constituir numa das maiores fontes de preocupação dos gestores e pessoal ligado à TI e GC.

Jacob, da IBM, já alertava para esse problema em artigo. (Uma prévia para o futuro, 2004). Surgirão novas empresas para solucionar o problema do armazenamento e compartilhamento de dados. Haverá uma maior procura por parte das organizações em terceirizar essa tecnologia com empresas que trabalharem o armazenamento de dados.

240 ❋ *Sistemas de Informação: Um Enfoque Computacional*

EXERCÍCIOS

1. **O conhecimento tácito é aquele que:**
   a. ( ) Não está escrito.
   b. ( ) Não é transmitido.
   c. ( ) É exclusivo dos cursos e treinamentos.
   d. ( ) Ocorre na internalização de conhecimentos.
   e. ( ) NDA.

2. **O conhecimento explícito é aquele que:**
   a. ( ) É passado de pai para filho de modo informal.
   b. ( ) É transmitido em rodas de amigos.
   c. ( ) É próprio da externalização.
   d. ( ) Ocorre quando se escreve relatórios.
   e. ( ) Oocorre quando se conta casos para amigos.

3. **O que ocorre na combinação do modelo de NONAKA e TAKEUCHI (1997):**
   a. ( ) O mesmo que externalização.
   b. ( ) A conversão de conhecimento tácito para tácito.
   c. ( ) É a transmissão de conhecimentos que ocorre na internalização.
   d. ( ) É a conversão de conhecimento explicito para explicito.
   e. ( ) NDA.

4. **O modelo criado por NONAKA e TAKEUCHI (19997) é denominado:**
   a. ( ) DER.   c. ( ) SECI.   e. ( ) TCP/IP.
   b. ( ) DFD.   d. ( ) UML.

5. **O processo de busca e organização da experiência e do saber individual e coletivo da organização, em qualquer lugar em que se encontre, e sua distribuição para onde houve maior retorno:**
   a. ( ) Administração por objetivos.
   b. ( ) Qualidade total.
   c. ( ) Gestão industrial.
   d. ( ) Knowledge power
   e. ( ) Gestão do conhecimento.

Gestão do Conhecimento e Inovação ✳ **241**

6. **Os criadores da Teoria de Criação do Conhecimento Organizacional foram:**
   a. ( ) Terra e Gordon.
   b. ( ) Nonaka e Takeuchi.
   c. ( ) Ashton e Tate.
   d. ( ) Chen e Nakamura.
   e. ( ) NDA.

7. **Trabalhou com os portais do conhecimento:**
   a. ( ) Terra.
   b. ( ) Nonaka.
   c. ( ) Takeuchi
   d. ( ) Peter Chen.
   e. ( ) Bertalanffy.

8. **Os e-mails guardados em repositórios do conhecimento vão formar:**
   a. ( ) Sistemas de ERP.
   b. ( ) Sistemas de SCM.
   c. ( ) Sistemas de informação gerencial.
   d. ( ) Sistemas de apoio à decisão.
   e. ( ) Bases do conhecimento.

9. **No modelo de Nonaka e Takeuchi (1997) a socialização corresponde à conversão de conhecimento:**
   a. ( ) Tácito-tácito.
   b. ( ) Tácito-explicito.
   c. ( ) Explicito-tácito.
   d. ( ) Explicito-explícito.
   e. ( ) NDA.

10. **No modelo de Nonaka e Takeuchi (1997) a externalização corresponde a conversão de conhecimento:**
    a. ( ) Tácito-tácito.
    b. ( ) Tácito-explícito.
    c. ( ) Explícito-tácito.
    d. ( ) Explícito-explícito.
    e. ( ) NDA.

Sistemas de Informação: Um Enfoque Computacional

11. No modelo de Nonaka e Takeuchi (1997) a combinação corresponde à conversão de conhecimento:
a. ( ) Tácito-tácito.
b. ( ) Tácito-explicito.
c. ( ) Explicito-tácito.
d. ( ) Explícito-explícito.
e. ( ) NDA.

12. No modelo de Nonaka e Takeuchi (1997) a internalização corresponde a conversão de conhecimento:
a. ( ) Tácito-tácito.
b. ( ) Tácito-explicito.
c. ( ) Explicito-tácito.
d. ( ) Explícito-explícito.
e. ( ) NDA.

13. Um portal de conteúdo também é conhecido pela sigla:
a. ( ) ECT.
b. ( ) ERP.
c. ( ) ECM.
d. ( ) EDI.
e. ( ) EIS.

14. Qual das alternativas a seguir representa um componente de um sistema de Gestão de ECM:
a. ( ) Repositórios. Ex: base de dados.
b. ( ) Dispositivos de acesso. Ex: celular, wap, notebook...
c. ( ) Interface com o usuário. Ex: portais.
d. ( ) Recuperação. Ex: mecanismos de busca.
e. ( ) Todas as anteriores.

15. (PCIconcursos) A World Wide Web é um repositório on-line de informações em larga escala que os usuários podem procurar, usando um programa aplicativo interativo chamado navegador (browser). Com relação à navegação na Web, é correto afirmar que:
a. ( ) Uma URL que começa com http:// especifica que um navegador deve usar o HyperText Transport Protocol (HTTP) para acessar o item.

Gestão do Conhecimento e Inovação ✳ **243**

b. ( ) Os servidores Web apresentam uma arquitetura mais complexa que os navegadores. Um navegador executa uma tarefa simples repetidamente: o navegador aguarda que o servidor abra uma conexão e pergunte qual o item que o navegador deseja.

c. ( ) Um documento da Web estático feito em HTML não existe em uma forma predefinida. O documento estático é criado por um servidor Web sempre que um navegador solicita o documento. Quando chega uma requisição, o servidor da Web executa um aplicativo que cria o documento e envia ao navegador.

d. ( ) Um documento Web é considerado dinâmico quando é feito em HTML; o servidor apenas copia o arquivo e envia ao navegador, mas este é interpretado de forma diferente por cada navegador.

e. ( ) NDA.

MARQUE V PARA VERDADEIRO E F PARA FALSO (ZAMBALDE E ALVES, 2003):

16. ( ) Ações estratégicas são as que objetivam a exploração de oportunidades geradoras de resultados.

17. ( ) Capacitação tecnológica é a aquisição da capacidade inovar, via domínio de tecnologias em uso.

18. ( ) Difusão tecnológica é a propagação de uma inovação entre usuários e/ou seu melhoramento e adaptação.

19. ( ) Gestão tecnológica é a administração de tecnologia, inovação, difusão, patentes e pacotes tecnológicos.

20. ( ) Prospecção tecnológica é observar, a longo prazo, o futuro da ciência, tecnologia, economia e sociedade.

21. ( ) Inteligência empresarial (Business Intelligence — BI) é um modelo da Gestão do Conhecimento (GC).

22. ( ) Colaboração — tecnologia groupware — não inclui transmissão assíncrona.

23. ( ) Transmissão síncrona, corresponde a uma ação online, exemplos: Chat e ICQ.

24. ( ) O Messenger é uma ferramenta de transmissão síncrona que economiza telefone.

25. ( ) Data Warehouse e Data Mining pode-se afirmar, são componentes de um BI.

26. ( ) Ensino a distância, uma ferramenta de GC exige obrigatoriamente o uso de Internet.

27. Complete a segunda coluna de acordo com a primeira (Zambalde e Alves, 2003):

1	Inovação tecnológica	Técnicas, métodos, procedimentos, ferramentas, equipamentos e instalações que concorrem para a realização e obtenção de produtos e processos.	
2	Competitividade	Atividade realizada com o objetivo de produzir novos conhecimentos, tem-se a básica, a aplicada e a experimental.	
3	Tecnologia	Introdução no mercado de produtos, processos, métodos ou sistemas não existentes anteriormente ou com algumas características novas.	
4	Ciência	Capacidade de organizações, produtos e processos de concorrer e vencer nos mercados interno e externo.	
5	Pesquisa	Conjunto organizado de conhecimentos relativos ao universo envolvendo fenômenos naturais, ambientais e comportamentais.	

BIBLIOGRAFIA

BARKER, Janet. *Creating an effective website*. University Park: IL. USA, 1996.

HIBBARD, J. Knowing what we know. *Information Week*, out. 1997.

NONAKA, I; TAKEUCHI, H. *Criação de conhecimento na empresa: como as empresas japonesas geram a dinâmica da inovação*. Rio de Janeiro: Campus, 1997.

PORTER, Michael Srategy and internet. In: *Harvard Business Review*, 2001, march.

UMA prévia para o futuro. Revista *Veja*. São Paulo: Ed. Abril. Ano 37, n.27, 07 de julho de 2004.

SANTOS, Raimundo Nonato Macedo dos. *Métodos e ferramentas para gestão de inteligência e do conhecimento. Perspect. Cienc. Inf.*, Belo Horizonte, v. 5, n. 2, p. 205-215, jul./dez. 2000.

TERRA, José Cláudio Cirineu. *Gestão do conhecimento: o grande desafio empresarial*. São Paulo: Negócio Editora, 2000.

ZAMBALDE, André.Luiz; ALVES, Rêmulo Maia. *Gestão do conhecimento e inovação*. Lavras: UFLA/FAEPE, 2004.

Capítulo 14

Segurança em Sistemas de Informação

A segurança em sistemas ou segurança da informação tem como objetivo preservar os dados, informações e sistemas contra ações indesejáveis de pessoas mal intencionadas, e também contra os riscos de vírus, perdas por qualquer que seja o motivo. Esta área de conhecimento está em grande expansão.

A segurança dos sistemas de informação pode ser estudada sob diversas ópticas, entre elas: direito na internet, direitos autorais, auditoria de sistemas, segurança física, segurança lógica, análise de riscos, segurança em redes, segurança na Internet, segurança contra ataques por hacker, pirataria e certificações digitais.

Alves et al. (2004) afirma que a segurança da informação envolve as dimensões: conceitual, física, lógica e humana.

As exigências de segurança decorrem da necessidade da administração reduzir, a um nível aceitável, o risco de uma quebra significativa do sigilo, integridade ou disponibilidade dos sistemas de informação, ou dos dados por eles manipulados.

248 ✸ *Sistemas de Informação: Um Enfoque Computacional*

A política de segurança da informação deve seguir quatro objetivos básicos:

- Integridade;
- Confidencialidade;
- Disponibilidade; e
- Legalidade.

Existe a necessidade da definição desta política como um item importante da garantia de segurança da informação para cada organização.

Exemplos atuais não faltam e quase todos os dias surgem novos exemplos nos jornais.

Atualmente, são muito comuns notícias como a que foi publicada no Jornal O Estado de São Paulo, onde o título "Phishers inovam para pegar usuário ingênuo" (PHISHERS..., 2004). Esta constitui-se apenas em mais uma de tantas reportagens de crimes que têm afetado o cotidiano dos usuários de internet. No artigo alerta-se para o cuidado que se deve ter com os phishers que estão criando páginas semelhantes a dos bancos para furtar a senha dos desavisados. Além disso, há o caso de e-mails que são enviados para pessoas com anexos contendo vírus ou programas que buscam furtar segredos de usuários. Também comenta-se sobre o fato dos usuários domésticos possuírem poucas formas de combater os crimes, em relação às empresas que podem utilizar recursos mais caros como é o caso da certificação digital e de políticas de segurança.

Alves et al. (2004) já alertava para o fato de que a segurança nas organizações deve ocorrer em 3 níveis: estratégico (políticas), tático (normas) e operacional (procedimentos). Tudo começa no nível estratégico. Nele são definidos os planos, são dotadas as verbas e são determinadas as políticas de segurança para a organização.

Os controles e medidas de segurança ocorrem nos níveis táticos e operacionais. Como medidas práticas, nesses níveis, para se obter um certo grau de segurança lógica em redes de computadores, atualmente, é necessário utilizar recursos como: *Firewall* e Criptografia (com uso de chaves públicas ou privadas).

A primeira utiliza algoritmos para criar barreiras à entrada de sites e e-mails indesejáveis, ao passo que a segunda faz uso de algoritmos que podem codificar ou decodificar mensagens e arquivos para que estes não

Segurança em Sistemas de Informação ※ **249**

sejam facilmente visíveis por terceiros para os quais não seria interessante aos emissores e destinatários originais das mensagens e arquivos.

Outros recursos de segurança nos níveis mencionados são: a utilização de assinaturas digitais, os artifícios de segurança nas redes *Wireless* (entre estes a mudança de faixas de transmissão periodicamente, para impedir que as mensagens sejam captadas por hacker), o uso de *intranets e extranets*, nas denominadas *Virtual Private Networks* (VPNs) e de ferramentas IDS (Internet Data Security) para a Internet.

Os mesmos autores ainda afirmam que as principais funções das ferramentas IDS são: registrar um arquivo de log de informações sobre o ataque do invasor, efetuar um contra-ataque, enviar alertas para o administrador da rede, terminar a conexão do invasor e reconfigurar o *firewall*.

Já com relação à auditoria de sistemas, Gil (2001) lembra que esta é uma área que normalmente recebe missões especiais e não rotineiras; reporta-se diretamente à alta administração da empresa e um exemplo de missão é a de detecção de fraudes informatizadas.

O auditor que recebe uma missão não deve se subordinar à gerência ou chefia da área que está sendo auditada.

O serviço de auditoria também não é uma inspeção regular. Caso um auditor não obtenha a cooperação da área, ele deve relatar este fato para a alta administração que encomendou seus serviços.

Existe a auditoria interna, das próprias empresas e as externas que não tendo relação com a empresa pode atuar de modo mais imparcial.

O trabalho misto, com auditores externos e internos, geralmente, fornece bons resultados.

Nesta era de internet, *Web* e comércio eletrônico, como já se mencionou, uma das formas das empresas procurarem transmitir a imagem de segurança aos clientes é por meio de certificações de segurança existentes no mercado.

As certificações de segurança e qualidade, quando são realizadas por entidades externas às empresas, e que possuam credibilidade no mercado, são bem vistas, em relação às próprias empresas afirmarem que seus serviços são bons, seguros, de qualidade e confiáveis. Esta segunda hipótese está relacionada ao fato que estas informações podem ser mais facilmente manipuladas do que ocorreria com o uso de certificações externas.

Existem certificações internacionais, como a certificação americana da Information Systems Audit and Control Association (ISACA) para auditores, e as certificações nacionais, como as conhecidas certificações de empresas como é o caso das certificações da Microsoft Co. para área de software, da Furukawa para área de cabeamento de redes e redes de computadores

Há inúmeras outras certificações em geral, no mercado, como é o caso International Standard Organization (ISO) para qualidade e Project Management Institut (PMI) para projetos e Instituto Nacional de Metrologia, Normalização e Qualidade Industrial (INMETRO) para qualidade e segurança física de produtos.

Pode-se observar que temas relacionados à segurança em sistemas de informação são muito extensos e complexos. Eles podem conduzir a inúmeros desdobramentos, de modo a ampliar sobremaneira a quantidade dos estudos, mas, para esta oportunidade, apresentamos apenas de modo abstrato e resumido devido às limitações de tempo e dos objetivos do trabalho.

APLICAÇÕES

Caso 1

Recentemente houve a prisão em vários estados brasileiros de vários grupos de hacker que furtavam dinheiro de contas bancárias.

Infelizmente a quantidade de crimes virtuais tem crescido devido à facilidade encontrada pelos meliantes.

Além de hacker outro ponto importante é a contaminação por vírus que muitas vezes pode fazer com que um usuário de computador perca todos os seus dados gravados em Hards Disks (HDs). Como fazer para eliminar ou minimizar os efeitos do problema?

O uso de antivírus é normalmente uma boa prática. No entanto, nada substitui a existência de um bom procedimento de backup e a utilização regular do mesmo.

A existência de backups evita que seu possuidor perca a totalidade dos dados. Quando ocorrer uma perda do HD principal, por qualquer motivo que seja, a salvação é o backup.

Mesmo que os backups não possuam a situação mais atualizada ainda é melhor perder parte dos dados do que perder tudo que já foi realizado anteriormente ao longo de um período.

Os próprios autores realizam backups freqüentes utilizando a gravação em CDs os quais são classificados, e guardados e dessa forma também se libera espaço de disco do HD.

Caso 2

Rodapele, um jovem analista de sistemas, foi contratado por uma empresa nacional de porte médio para realizar a auditoria de sistemas da mesma. Ele recebeu a missão, por parte da Presidência da empresa, de examinar o sumiço de mercadorias que ocorria regularmente no departamento de materiais.

Ao se apresentar ao gerente de materiais, e informar que precisava realizar um trabalho nesta área, o mesmo o recebeu de modo frio e não lhe deu muita atenção.

Rodapele começou a andar pela área e os funcionários, de certa forma, estavam meio hostis e evitavam passar informação para o mesmo. Chegou ao ponto de um chefe de seção perguntar se ele não tinha trabalho para fazer.

Notando a dificuldade de trabalho na área, Rodapele, ao invés de ficar brigando com o pessoal, apenas agiu de modo profissional e elaborou um relatório detalhado sobre o que estava ocorrendo e impedindo a realização do seu trabalho; e informou, também, que seria impossível realizar a auditoria sem colaboração da área, ou caso contrário seria necessário uma interdição e intervenção no setor,pois a falta de cooperação começava pelo gerente.

Não tardou muito, o gerente foi substituído e o trabalho prosseguiu.

O novo gerente convocou todos os funcionários e exigiu que se abrissem as portas para o auditor. Logo a seguir, Rodapele notou a mudança de atitude por parte dos chefes e funcionários. Os mesmos passaram a informar tudo que era pedido. Rodapele examinou computadores, pois as informações estavam todas em sistemas próprios da área e que não estavam integrados com outros sistemas da empresa.

Os exames foram feitos em volta dos computadores observando a existência de relatórios e documentos e posteriormente no interior dos computadores. Para realizar os trabalhos nos computadores, Rodapele realizou testes de mesa com os programas e detectou que os dados de entrada não correspondiam aos valores que deveriam estar na saída.

Rodapele solicitou à presidência que contratasse os serviços de um programador especializado em abrir o programa e capaz de detectar onde estava o erro.

Foi contratado José Penedo. José era jovem, porém, começou a trabalhar com informática com seu pai desde os 10 anos de idade e hoje, aos 28, possuía curso técnico em informática, graduação em Sistemas de Informação, especialização em software e especialização em Linux. Possuía também a experiência de trabalho de mais de 15 anos como programador, conhecendo várias linguagens e tendo trabalhado em várias empresas com vários sistemas,e com mais de 30 cursos na área de programação.

José Penedo logo detectou os pontos de falha e relatou o mesmo para Rodapele. Foi realizado o relatório dos erros e foi feito um plano de correção.

A empresa sanou seus problemas. O presidente ficou muito satisfeito. Não houve mais problemas nesta área. Surgiram outras tarefas, em outras áreas e a medida que a empresa se expandia, Rodapele e José Penedo também realizaram muitos trabalhos.

Hoje Rodapele e José Penedo continuam trabalhando na empresa em horário parcial e trabalham juntos em serviços de consultoria, que já renderam um bom dinheiro para ambos.

Segurança em Sistemas de Informação ✳ **253**

EXERCÍCIOS

1. **A segurança física em computadores lida com:**
   a. ( ) Invasão por hacker.
   b. ( ) Segurança dos equipamentos e instalações.
   c. ( ) Criação de loguin e senha.
   d. ( ) Uso de criptografia.
   e. ( ) Certificação digital.

2. **Para que uma empresa tenha uma segurança efetiva com a TI é necessário:**
   a. ( ) Uma política e planejamento de segurança.
   b. ( ) Uso de *firewall* para redes.
   c. ( ) Backups diários de todas as transações.
   d. ( ) Uso de antivírus sempre atualizados.
   e. ( ) Certificação digital.

3. **A auditoria de informática e sistemas lida com:**
   a. ( ) Serviços rotineiros de segurança em informática.
   b. ( ) Missões especiais de detecção de fraudes.
   c. ( ) Inspeções diárias e policiamento da segurança de TI na empresa.
   d. ( ) Trabalhos encomendados pelos chefes locais das áreas em estudo.
   e. ( ) NDA.

4. **Como exemplo de certificação internacional relacionada com auditoria de sistemas tem-se:**
   a. ( ) Cisco.   d. ( ) Furukawa.
   b. ( ) Novell.   e. ( ) ISACA.
   c. ( ) Conectiva.

5. **A segurança lógica em computadores lida com:**
   a. ( ) A disposição dos equipamentos numa instalação.
   b. ( ) Segurança dos equipamentos e instalações.
   c. ( ) O risco de incêndios e enchentes.
   d. ( ) Uso de criptografia e antivírus.
   e. ( ) O risco de furtos de equipamentos.

254 ❧ *Sistemas de Informação: Um Enfoque Computacional*

6. **Uma das formas mais eficientes de prevenir contra perda de dados é:**
   a. ( ) Contratar hacker.
   b. ( ) Realizar backups periodicamente.
   c. ( ) Criação de loguin e senha.
   d. ( ) Aquisição de equipamentos de última geração.
   e. ( ) Certificação digital.

7. **A técnica na qual se utiliza algoritmos, que podem codificar e decodificar as mensagens e arquivos para que terceiros não tenham acesso ao conteúdo das mesmas denomina-se:**
   a. ( ) Invasão por hacker.
   b. ( ) Segurança dos equipamentos e instalações.
   c. ( ) Criação de loguin e senha.
   d. ( ) Uso de criptografia.
   e. ( ) Certificação digital.

8. **Para se evitar que usuários utilizem sites não autorizados por uma empresa, pode-se fazer uso de:**
   a. ( ) Invasão por hacker.
   b. ( ) Equipamentos e instalações detetizados.
   c. ( ) *Firewall.*
   d. ( ) Uso de criptografia.
   e. ( ) Certificação digital.

9. **A existência de uma política e planejamento de segurança, permite que:**
   a. ( ) Haja hacker na mesma.
   b. ( ) Haja verbas alocadas para esta finalidade.
   c. ( ) Se torne desnecessário o uso de loguin e senha.
   d. ( ) Se torne desnecessário o uso de certificação digital.
   e. ( ) Não seja necessário a obtenção de certificação.

10. **Os objetivos básicos de uma política de segurança de informação são:**
    a. ( ) Honestidade, cardinalidade, confidencialidade e legalidade.
    b. ( ) Sociabilidade, confidencialidade, disponibilidade e legalidade.
    c. ( ) Simulação, confidencialidade, capacidade e legalidade.
    d. ( ) Harmonia, potencialidade, disponibilidade e legalidade.
    e. ( ) Integridade, confidencialidade, disponibilidade e legalidade.

Segurança em Sistemas de Informação ✳ **255**

11. **A segurança que segue com documentos do tipo cartorial é a:**
a. ( ) Invasão por hacker.
b. ( ) Segurança dos equipamentos e instalações.
c. ( ) Criação de loguin e senha.
d. ( ) Segurança física.
e. ( ) Certificação digital.

12. **Qual das certificações seguintes é relacionada com segurança de sistemas:**
a. ( ) ISO-9000.
b. ( ) ISACA.
c. ( ) PMI.
d. ( ) INMETRO.
e. ( ) NDA.

13. **A certificação ISACA é internacional e é voltada para:**
a. ( ) Auditoria contábil.
b. ( ) Auditoria da qualidade.
c. ( ) Auditoria de sistemas.
d. ( ) Auditoria de programação.
e. ( ) Auditoria de meio ambiente.

14. **A própria disposição física dos equipamentos, por exemplo, de modo que clientes de um negócio não vejam a digitação de funcionários, especialmente de senhas:**
a. ( ) É ineficiente.
b. ( ) Ajuda muito pouco.
c. ( ) Não é um procedimento de segurança.
d. ( ) É um procedimento de segurança normal.
e. ( ) Pode ser dispensada.

15. **A ocorrência de enchentes, incêndios e furtos:**
a. ( ) Não é objeto de preocupação da segurança em sistemas.
b. ( ) Deve ser deixada para seguradoras.
c. ( ) Deve ser cuidada por uma área de segurança patrimonial da empresa.
d. ( ) É uma das preocupações da segurança física dos sistemas.
e. ( ) É uma preocupação da segurança lógica dos sistemas.

256 ✳ *Sistemas de Informação: Um Enfoque Computacional*

16. Os backups são procedimentos de segurança empresarial:
a. ( ) Eventuais.
b. ( ) Esporádicos.
c. ( ) Regulares.
d. ( ) Ineficientes.
e. ( ) Pouco utilizados.

17. A criptografia é:
a. ( ) Uma técnica de segurança de informações.
b. ( ) Utiliza a codificação e decodificação de mensagens.
c. ( ) Faz uso de chaves públicas ou privadas.
d. ( ) Deve ser usada quando se enviam documentos sigilosos.
e. ( ) Todas as anteriores estão corretas.

18. (Provão Mec 2002) Atualmente, é crescente a preocupação das empresas com a segurança das redes de computadores e na Internet. Uma grande empresa do setor de telecomunicações verificou que:
- "Hackers" têm invadido o "site" da organização com relativa freqüência;
- A grande incidência de vírus tem comprometido a comunicação da empresa com fornecedores e clientes;
- O acesso de funcionários à Internet é livre, o que tem ocasionado sobrecarga na rede de computadores, como conseqüência do acesso a "sites" de jornais, de sexo e "chats";
- O Departamento de Informática tem recomendado a adoção de medidas visando a garantir a integridade dos dados corporativos;
- Estudos indicam a necessidade de se implantar um *"firewall"*.

Perguntas:
a) Conceitue *"firewall"* e indique dois "softwares" de *"firewall"* empregados no mercado.
b) Indique, dentre os problemas acima, quais podem ser solucionados total ou parcialmente com a implantação do *"firewall"*.

19. O protocolo HTTPS:
a. ( ) Viabiliza um canal seguro para troca de dados entre o cliente e o servidor, via chaves de criptografia;
b. ( ) Tem por função principal transferir arquivos muito grandes entre o cliente e o servidor, por ser mais otimizado;

Segurança em Sistemas de Informação ✳ **257**

c. ( ) Somente pode ser utilizado entre servidores IIS 5.0 e clientes com Windows Internet Explorer 6.0;

d. ( ) Permite a comunicação entre um Windows 2000 Server que seja controlador de domínio e o Global Catalog Server;

e. ( ) Um protocolo que, por ser mais seguro, só pode ser utilizado por computadores configurados com NAT.

20. Vírus de computador é: (Agente de Telecomunicações — ACP/SP)

a. ( ) Arquivo auto-executável que se instala no microcomputador, provocando desde travamento dos programas até a perda completa dos dados gravados nos discos.

b. ( ) Mau funcionamento do computador, causado pela umidade e mau contato entre as placas.

c. ( ) Instalação incorreta dos softwares.

d. ( ) Memória que carrega programa infectado.

e. ( ) NDA.

21. Quando se navega pela Internet, normalmente as informações são transmitidas entre o cliente (browser) e o servidor sem nenhum cuidado com a segurança da informação. Ao realizarmos operações que necessitam de segurança, o provedor do serviço deve oferecer a possibilidade de uma transação segura através de criptografia (como se a informação fosse embaralhada). Podemos reconhecer que a informação é segura através da sigla https:// no endereço do site ou:

a. ( ) Pelo aviso de instalação de um plug-in no browser;

b. ( ) Por aparecer no nome do site "wwws" no lugar de apenas "www";

c. ( ) Por aparecer um ícone de um cadeado fechado na barra de status do browser;

d. ( ) Por confiar que o provedor do serviço irá manter os dados seguros;

e. ( ) Por um aviso do servidor em uma janela em separado.

BIBLIOGRAFIA

ALVES, Rêmulo Maia; ZAMBALDE, André Luiz; FIGUEIREDO, Cristhiane Xavier. *Segurança em sistemas de informação.* Lavras: UFLA/FAEPE, 2004.

GIL, Antonio Loureiro de. *Auditoria de computadores.* São Paulo: Atlas, 2001.

PHISHERS inovam para pegar usuário ingênio. *Jornal O Estado de São Paulo*, Caderno de Informática, v. 12, n. 663, p. I1, jul. 2004.

Capítulo 15

Sistemas de Informação Integrados e Comércio Eletrônico

> Estamos vivendo épocas de grandes transformações. Na Nova Economia, a cada dia surgem novas formas de se fazer negócios e aumentar a competitividade entre as organizações. O e-Business e seus componentes abrem perspectivas de mudanças em muitos paradigmas na sociedade. Os Sistemas de Informação integrados que funcionam em intranets podem passar a funcionar na Internet como portais empresariais.

As redes de computadores e a Internet contribuíram para a integração das informações nas organizações. Boghi e Shitsuka (2002) afirmam que os sistemas das *Intranets* (internas às empresas), tendem a migrar para Internet e *Web* em *Extranets* (redes privativas de empresas utilizando recursos da Internet). Para os autores, os portais empresariais de Intranet em geral englobam a informação interna das empresas com seus bancos de dados. Ao serem disponibilizados na *Web*, eles possibilitam o acesso das informações mencionadas pela grande rede ou utilizando-se dos recursos da mesma, por meio de *extranets*.

A integração nos sistemas faz com que se elimine a duplicidade de informações, que se evite o excesso de re-digitação e que se trabalhe com vários bancos de dados com informações diferentes.

260 ❋ *Sistemas de Informação: Um Enfoque Computacional*

Enterprise Resource Planning (ERP) é um termo genérico para um conjunto de atividades executadas por software multi-modular. Este tem por objetivo auxiliar o fabricante ou gestor de uma empresa nas importantes fases do seu negócio. É o caso de compras, vendas, estoques, fornecedores, desenvolvimentos, clientes, acompanhamento de ordens de produção, finanças e até recursos humanos, ou seja, em suma é um software que facilita o fluxo de informações entre todas as atividades de uma organização.

Os *Supply Chain Management* (SCM) que são os sistemas de gestão logística da cadeia de suprimentos (estes envolvem informações desde o fornecedor das matérias primas passando pelos processos produtivos até chegar nas informações do cliente, cobrindo toda a extensão das informações relacionadas à cadeia produtiva que deverá ser gerenciada); o sistema *e-Business*, ou de negócios eletrônicos, são sistemas que envolvem intranets, extranets e internet englobando os sistemas anteriores. Estes sistemas têm como objetivo maximizar a sinergia dos envolvidos na cadeia produtiva para atender melhor o consumidor final, tanto por meio da diminuição dos custos, como da adição de valor aos produtos finais.

Sistemas de *Business Intelligence* (BI), ou sistemas de inteligência nos negócios (estes envolvem o uso de várias técnicas como Data Warehouse, Data Mart, Data Mining, Olap, Sistema de informações para executivos etc).

Sistemas de *Customer Relationship Management* (CRM), ou gestão do relacionamento com clientes (estes envolvem os sistemas de relacionamento com telefones, e-mails, fax, websites, e os sistemas analíticos com os Data Warehouse, Data Marts e Data Mining).

Souza (2004) inclui nos sistemas integrados os ERP, SCM, CRM e BI na categoria de e-Business, lembrando que o e-commerce também é parte do e-Business, porém, o que o diferencia é que o comércio eletrônico envolve dinheiro nas transações, ao passo que o e-Businees nem sempre precisa envolver diretamente dinheiro, como ocorre nas transações comerciais. Há a incorporação do uso de *Electronic Data Interchange* (EDI) e de práticas como a da resposta eficiente aos clientes (BOGHI; SHITSUKA, 2002). Souza (2004) recorda que um conceito importante na SCM é o de *outsourcing*, que é uma prática na qual parte dos produtos e serviços de uma empresa são realizados por empre-

Sistemas de Informação Integrados e Comércio Eletrônico ✳ **261**

sa externa, num tipo de relacionamento colaborativo e interdependente, que vai além da "sub-contratação" e da "terceirização".

Quanto ao *e-commerce*, Kotler (2000) entendia que este não significava atrair clientes para lojas reais ou enviar vendedores aos clientes, e sim passar a disponibilizar praticamente todos os produtos pela Internet.

A Internet vem sendo apresentada com uma das formas mais revolucionárias de se fazer negócios. Seu uso como instrumento de marketing sob os aspectos de comunicação e comércio vem despertando muito interesse, principalmente por sua rapidez, abrangência e possibilidade de crescimento, além de muitos outros atributos inquestionáveis a ela conferidos.

Quanto ao *e-commerce*, Siegel (2000) afirmava que os *Websites* tiveram uma evolução não muito natural na qual, inicialmente, as empresas colocavam no ar *Websites* com chavões de marketing e muitas fotos de seu patrimônio e algumas amostras de seus produtos, num modelo que não favorecia o diálogo entre funcionários e clientes. Para este autor, no *e-Business*, já se teria uma equipe de *Web* envolvendo toda a organização e clientes num trabalho conjunto com práticas que ajudariam a fidelizar o cliente.

As categorias de *e-Business*, segundo Souza (2004) incluem: *e-commerce*, *e-directory*, *e-engineering*, *e-gambing*, *e-learning*, *e-supply* e *e-banking*. Este campo de conhecimento e trabalho continua em evolução. Para Siegel (2000) existe uma Nova Economia que surgiu com o uso da Internet e seus recursos.

O CRM (Customer Relationship Management), como afirma Souza (2004) pode ser entendido como uma estratégia que permite à empresa como um todo ter uma visão única de seu cliente e para que isso ocorra há a necessidade do emprego de tecnologias para que as informações dos clientes possam ser disseminadas por todos os departamentos (*call center*, vendas, marketing, diretoria etc.) e este relacionamento possa ser melhorado.

APLICAÇÕES

Caso de Sistema de Apoio ao Ensino

A educação à distância no modo síncrono implica na dificuldade relacionada à necessidade da presença humana nas duas pontas, do "tête-

Sistemas de Informação: Um Enfoque Computacional

à-tête". Entretanto, para superar esta dificuldade pode ser feito o agendamento de encontros presenciais os quais, de modo geral, revelam-se bastante eficientes.

Os sistemas de apoio ao ensino não são específicos para o funcionamento de uma organização, salvo o caso de organizações que trabalham com ensino puramente à distância e cujo objetivo é o ensino exclusivamente por meio desses sistemas.

No caso do apoio ao ensino em consideração, o objetivo é o treinamento e reciclagem de alunos ou usuário e as instituições de ensino têm aumentado o interesse por esses sistemas.

A classificação do sistema, conforme Boghi e Shitsuka (2002), nos conduz a sistemas de informação orientados ao desempenho e dentro deste, de sistemas de apoio ao ensino.

Os sistemas de Apoio ao Ensino e e-learning são tipos de sistemas de e-Business e que estão presentes na Nova Economia, que está baseada em Web.

No caso em consideração, o sistema foi desenvolvido em linguagem de programação PHP, com código *Open Source*, disponível na Web.

O código foi obtido na Web e foi devolvido para a empresa fabricante do phpBB, conforme os termos da licença *General Public Licence (GPL)*.

O *Website*: seu sistema e funcionamento em rede foi bem sucedido devido ao fato das mensagens colocadas nos fóruns temáticos ou de construção colaborativa de projetos, apresentarem a característica de ser pública e transparente.

O software utilizado como ambiente de aprendizagem funcionou como uma ampla memória do processo ensino-aprendizagem, incluindo a trajetória de cada aluno.

A forma de trabalhar no site permitiu que ocorresse um processo de pesquisa sobre o que se estava fazendo.

O software apresenta algumas características de *Learning Management System* (LMS) como é o caso do controle da quantidade de acessos e seus respectivos horários. A figura 59 ilustra a tela de Mensagens particulares.

Note, o leitor, que o sistema apresentado foi utilizado em Apoio ao Ensino Presencial. Há outros sistemas como é o caso do TelEduc (do

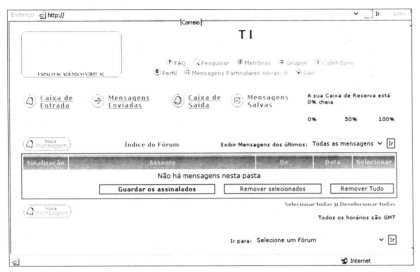

Figura 59 — *Mensagens Particulares.*

Núcleo de Informática em Educação — NIED da Universidade Estadual de Campinas — UNICAMP) que é mais indicado para o Ensino completamente à distância.

A figura 60 ilustra o painel de controle do administrador do sistema.

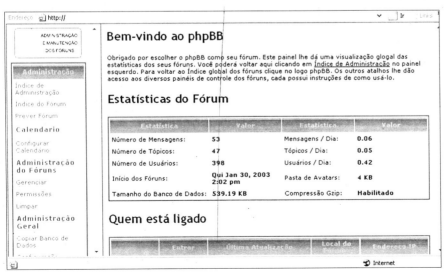

Figura 60 — *Painel do Administrador.*

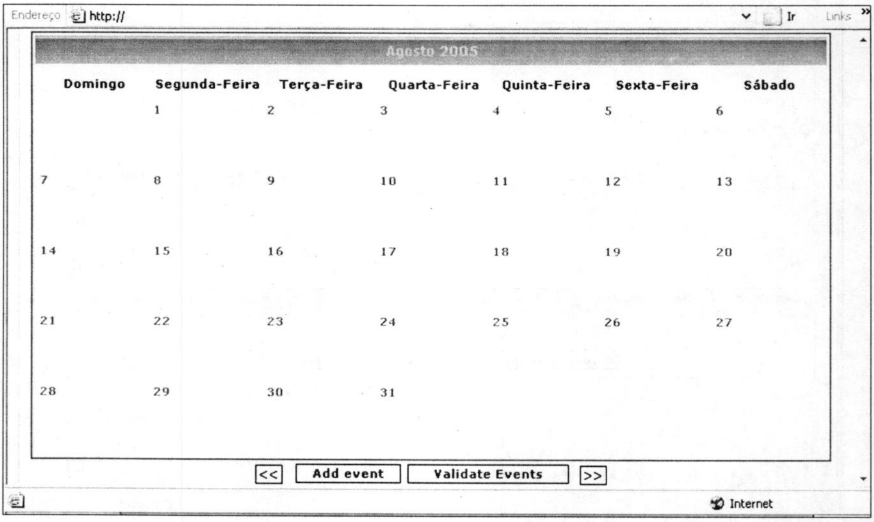

264 ❋ *Sistemas de Informação: Um Enfoque Computacional*

Figura 61 — *Calendário para Informação do Aluno.*

A seguir, a figura 61 apresenta o calendário do sistema, no qual são programadas as principais atividades e para o aluno este pode se lembrar com algum aviso para alguma data considerada.

A figura 62 ilustra a tela de inclusão de novo evento e da anexação de arquivos.

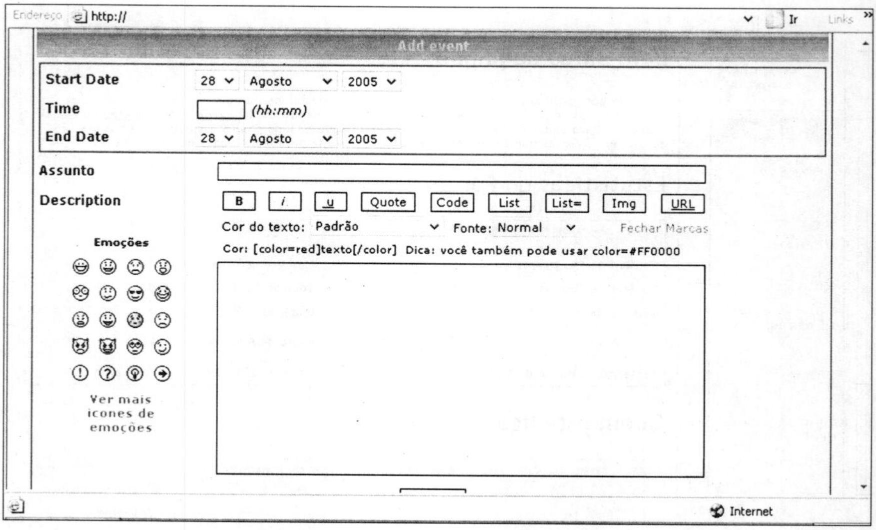

Figura 62 — *Inclusão de Novo Evento e Anexação de Arquivos.*

Sistemas de Informação Integrados e Comércio Eletrônico

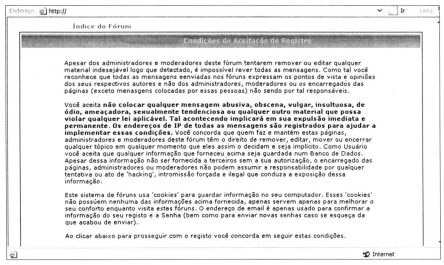

Figura 63 — *Tela Apresentando o Contrato de Serviços do Aluno.*

A inclusão de eventos e a anexação de arquivos são pontos importantes para o funcionamento do sistema.

O aluno recebe arquivos (normalmente de exercícios resolvidos) e informações (relativas à matéria e solução dos exercícios) e sente que está sendo beneficiado com a sua participação.

O benefício do aluno torna-se um incentivo para o uso do sistema.

Devido ao sucesso na gestão de mudanças realizada pelos próprios professores, o uso do site tem sido regular e tem-se formado uma cultura na Instituição no sentido de incorporar o sistema no cotidiano do ensino.

Outro aspecto também muito freqüente nas vendas de serviços pela *Web* é a dos contratos de aceitação de serviços virtuais. A Figura 63 ilustra este contrato que é semelhante aos contratos de sistemas para comércio eletrônico.

A Figura 64 ilustra o aspecto de interatividade entre os usuários da *Web*. Nela o sistema apresenta os usuários que estão "logados" no sistema no momento em que se está trabalhando nele.

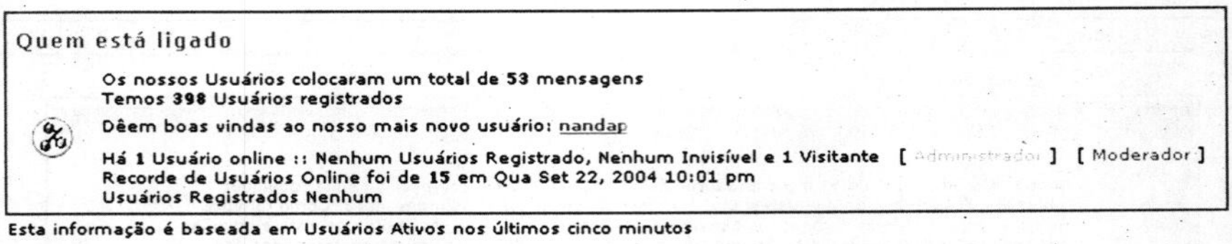

266 ❋ *Sistemas de Informação: Um Enfoque Computacional*

Quem está ligado

Os nossos Usuários colocaram um total de 53 mensagens
Temos 398 Usuários registrados

Dêem boas vindas ao nosso mais novo usuário: nandap

Há 1 Usuário online :: Nenhum Usuários Registrado, Nenhum Invisível e 1 Visitante [Administrador] [Moderador]
Recorde de Usuários Online foi de 15 em Qua Set 22, 2004 10:01 pm
Usuários Registrados Nenhum

Esta informação é baseada em Usuários Ativos nos últimos cinco minutos

Figura 64 — *Tela de Mensagem Mostrando ao Usuário quem está Ligado no Sistema naquele Momento.*

Exercícios

1. Os portais caracterizam-se por estarem em _____ de uma empresa e disponibilizarem informações para fora da Rede para a _____:
   a. ( ) Internet; Extranet.
   b. ( ) Intranet; Web.
   c. ( ) Extranet; Intranet.
   d. ( ) Intranet; Intranet.
   e. ( ) Extranet; Extranet.

2. São sistemas que permitem que as empresas que trabalham com os mesmos possuam os mesmos números em todos os departamentos cobertos pelo sistema. Eles também possibilitam a economia de digitação e evitando a duplicidade de tarefas.
   a. ( ) Sistemas integrados.
   b. ( ) Sistemas operacionais.
   c. ( ) Sistemas de apoio à decisão.
   d. ( ) Sistemas de Informação de Marketing.
   e. ( ) Sistemas de apoio ao ensino.

3. Os sistemas de _____ estão mais voltados para transações que envolvem dinheiro, ao passo que os sistemas _____ são mais abrangentes envolvendo todo tipo de negócio na Web.
   a. ( ) e-business; e-gambing.
   b. ( ) e-learning; e-banking.
   c. ( ) e-government; e-commerce.
   d. ( ) e-commerce; e-business.
   e. ( ) e-gambing; e-learning.

4. Os Websites dinâmicos caracterizam-se por possuírem:
   a. ( ) Repositórios de dados.
   b. ( ) Animações.
   c. ( ) Uso só de HTML.
   d. ( ) Mensagens aos usuários.
   e. ( ) Objetos em movimento.

268 Sistemas de Informação: Um Enfoque Computacional

5. **As intranets caracterizam-se por serem redes internas às empresas e que utilizam os recursos da _____**
   a. ( ) Internet.
   b. ( ) Extranets.
   c. ( ) Combinação.
   d. ( ) Intervenção.
   e. ( ) Liberação.

6. **Os sistemas ERP são sistemas de:**
   a. ( ) Apoio ao ensino.
   b. ( ) Gestão integrada da organização.
   c. ( ) Informação transacional.
   d. ( ) Comércio eletrônico.
   e. ( ) Uso geral.

7. **A Nova Economia surgiu devido ao uso da:**
   a. ( ) Comunicação.   d. ( ) Propaganda.
   b. ( ) Mídia.   e. ( ) Estratégia.
   c. ( ) Internet.

8. **Os jogos virtuais na Web são um tipo de e-Business denominado:**
   a. ( ) e-learning;   d. ( ) e-commerce.
   b. ( ) e-government.   e. ( ) e-police.
   c. ( ) e-gambing.

9. **O e-gambing é parte do e-business que trabalha com:**
   a. ( ) Governo.
   b. ( ) Jogos.
   c. ( ) Suprimentos.   ( ) d. Ensino.
   e. ( ) Vendas.

10. **A integração de sistemas numa empresa não fornece as desvantagens de:**
   a. ( ) Eliminação de duplicidade de digitação.
   b. ( ) Diminuição dos arquivos repetidos.
   c. ( ) Eliminação de trabalho com dados diferentes em áreas diferentes.
   d. ( ) Aumento da produtividade.
   e. ( ) Aumento da ociosidade.

Sistemas de Informação Integrados e Comércio Eletrônico ✳ **269**

11. **Uma estratégia que permite à empresa como um todo ter uma visão única de seu cliente é:**
a. ( ) SCM. c. ( ) CPM. e. ( ) ERP.
b. ( ) MRP. d. ( ) CRM.

12. **A Nova Economia é:**
a. ( ) Das empresas mecânicas, de construção e metalúrgicas.
b. ( ) Do comércio dos shoppings e das feiras livres.
c. ( ) Da venda de serviço em domicílios por ambulantes.
d. ( ) Das vendas por Web e dos negócios virtuais.
e. ( ) Das empresas de paredes e tijolos com endereço fixo.

13. **O e-commerce e o e-business são:**
a. ( ) Duas palavras que representam a mesma coisa.
b. ( ) O primeiro está contido no segundo.
c. ( ) O segundo está contido no primeiro.
d. ( ) Totalmente diferentes e um não tem nada a ver com o outro.
e. ( ) Produtos da economia tradicional.

14. **A diferença entre o e-commerce e o e-business é que:**
a. ( ) O primeiro não usa dinheiro.
b. ( ) O segundo está voltado somente para vendas virtuais.
c. ( ) O primeiro pode ocorrer com máquinas caça níqueis automáticas de venda de refrigerantes.
d. ( ) A venda com máquinas automáticas é um e-business.
e. ( ) Um site de venda de produtos não é um e-commerce.

15. **A cadeia logística de suprimentos SCM:**
a. ( ) Possibilita economia com materiais.
b. ( ) Possibilita a redução de custos.
c. ( ) Permite economia de tempo em processos.
d. ( ) Atua no lado do cliente e também do fornecedor.
e. ( ) Todas as anteriores estão corretas.

16. **(PCIconcursos) Analise as seguintes afirmações relativas aos conceitos de comércio eletrônico.**
I. Não existe diferença entre o comércio eletrônico e o comércio tradicional, quando ambos envolvem a entrega de mercadorias em domicílio.

270 ❋ *Sistemas de Informação: Um Enfoque Computacional*

II. O e-mail é vital para o comércio eletrônico porque torna as comunicações imediatas e baratas. Os compradores e vendedores utilizam o e-mail para negociar acordos.

III. O comércio eletrônico é o uso da tecnologia da informação, como computadores e tele-comunicações, para automatizar a compra e a venda de bens e serviços.

IV. Uma transação comercial só é caracterizada como comércio eletrônico se não envolver negociação ou contato entre cliente e fornecedor.

Indique a opção que contenha todas as afirmações verdadeiras.
a. ( ) I e II.
b. ( ) III e IV.
c. ( ) II e III.
d. ( ) I e III.
e. ( ) NDA.

17. **(PCIconcursos) Analise as seguintes afirmações relativas ao uso da Internet na educação.**

I. Um curso interativo via Internet (e-learning), quando usado na escola, pode tornar os conceitos mais reais para os alunos, permite-lhes explorar tópicos de maneiras diferentes e os ajuda a definir um caminho próprio de aprendizagem e descoberta.

II. Uma grande vantagem da Educação a Distância (EAD) via Internet é que ela oferece ao aluno a opção de escolher o próprio local e horário de estudo.

III. A Educação a Distância (EAD) via Internet limita-se à consulta de apostilas disponibilizadas em sites de pesquisa e à compra de livros em sites de comércio eletrônico.

IV. O desenvolvimento de software para a Educação a Distância (EAD) via Internet é limitado ao uso da linguagem de programação HTML.

Indique a opção que contenha todas as afirmações verdadeiras.
a. ( ) I e III.
b. ( ) II e III.
c. ( ) III e IV.
d. ( ) I e II.
e. ( ) NDA.

Sistemas de Informação Integrados e Comércio Eletrônico 🌟 **271**

18. **(PCIconcursos) Uma informação, para ser considerada segura, precisa manter seus aspectos de confidenciabilidade, integridade e disponibilidade. A confidenciabilidade é a:**
   a. ( ) Propriedade de evitar a negativa de autoria de transações por parte do usuário, garantindo ao destinatário o dado sobre a autoria da informação recebida.
   b. ( ) Análise e responsabilização de erros de usuários autorizados do sistema.
   c. ( ) Garantia de que o sistema se comporta como esperado, em geral após atualizações e retificações de erro.
   d. ( ) Garantia de que as informações não poderão ser acessadas por pessoas não autorizadas.
   e. ( ) NDA.

19. **(Provão Mec 2003) Cada vez mais, pequenas e médias empresas estão adotando os chamados Sistemas integrados de gestão (ERP) para gerenciar suas atividades. Como gestor de uma média empresa cujo principal cliente já utiliza um Sistema integrado de gestão, que benefício direto você deverá obter com a adoção dessa tecnologia?**
   a. ( ) Padronização, integração e maior disponibilidade das informações relativas aos processos de negócio que conectam a empresa e seu cliente, ao longo da cadeia de suprimento.
   b. ( ) Redução da carga de trabalho em seus servidores, já que várias tarefas passariam a ser executadas nos clientes da rede que conecta as duas empresas.
   c. ( ) Melhoria dos níveis de segurança nas transferências de informações por correio eletrônico entre a empresa e seu principal cliente.
   d. ( ) Disponibilidade de todas as informações da empresa e de seu cliente, devido à obrigatoriedade de criar um banco de dados único para as duas organizações.
   e. ( ) Automatização dos processos de negócio da empresa, tais como são hoje, criando, assim, uma interface digital com os processos de seu principal cliente.

272 ✳ *Sistemas de Informação: Um Enfoque Computacional*

20. Em um sistema de gestão integrada, o componente que faz parte da contabilidade financeira é: (Eletrobrás — 2003)

a. ( ) Razão especial;
b. ( ) Custos;
c. ( ) Recursos humanos;
d. ( ) Tesouraria;
e. ( ) Auditoria.

21. Em um sistema de gestão integrada, Contabilidade de Ativo Fixo é um razão: (Eletrobrás — 2003)

a. ( ) Geral que representa transações com bancos;
b. ( ) Auxiliar que representa transações com clientes;
c. ( ) Auxiliar que representa transações com imobilizados;
d. ( ) Especial que representa transações financeiras;
e. ( ) Especial que representa transações terceiros.

22. Uma das vantagens do CRM (Customer Relationship Management) ou Gerenciamento de Relacionamento com Clientes é: (Eletrobrás — 2003)

a. ( ) Tornar mais eficientes os processos da cadeia de suprimentos, tanto interna quanto externamente a sua empresa, possibilitando cortar custos, maximizar seu retorno sobre os ativos fixos e acelerar a entrega;
b. ( ) A capacidade de integrar de forma inteligente portais verticais (indústrias), horizontais (processos) e corporativos (internos) criando comunidades de negócios para trazer mais eficiência nas transações e facilitar as tomadas de decisões;
c. ( ) Automatizar o setor de compras, agregando valor e permitindo que toda a aquisição de suprimentos e serviços seja feita pela Internet;
d. ( ) Ajudar a empresa a capacitar seu departamento de marketing a identificar seus melhores clientes e a planejar as melhores abordagens para alavancar novos negócios;
e. ( ) Controlar e gerenciar abrangentemente todos os dados e documentos que descrevem um produto durante seu ciclo de vida desde os processos de aquisição de peças, fabricação/ produção, logística até sua venda e serviços de manutenção.

BIBLIOGRAFIA

BOGHI, Cláudio; SHITSUKA, Ricardo. *Sistemas de informação: um enfoque dinâmico*. São Paulo: Érica, 2002.

KOTLER, Philip. *Marketing para o século XXI*. São Paulo: Futura, 2000.

SIEGEL, David. *Futurize sua empresa*. São Paulo: Futura, 2000.

SOUZA, Reginaldo Ferreira de. *Sistemas integrados e comércio eletrônico*. Lavras: UFLA/FAEPE, 2004.

WEBGRAFIA

Website do phpBB: www.phpbb.com, visitado em 10/04/05.

Capítulo 16

Computação Gráfica e Processamento de Imagens

A Computação Gráfica estuda o processo de geração, manipulação e interpretação de imagens, ou modelos de objetos, por meio do uso de computadores. Esta área complexa e desafiante abre a possibilidade de realização de muitos trabalhos interdisciplinares com outras áreas de conhecimentos.

1. Imagens

Imagens podem ser scanneadas, podem ser desenhadas, fotografadas ou geradas por computador. As imagens podem ser gravadas em arquivos de bits que podem ter extensões do tipo TIFF, BMP, CDW, JPEG, JPG e muitas outras.

Geração é a criação de imagens ou representações visuais por meio de especificações geométricas e seus componentes.

Manipulação é o processamento, transformação e uso de filtros que permitam modificar ou melhorar as características visuais da imagem.

Interpretação é a obtenção das especificações dos componentes de uma imagem a partir de sua representação visual.

276 Sistemas de Informação: Um Enfoque Computacional

Entre as principais aplicações da Computação Gráfica encontram-se: criação de interfaces gráficas, processamento de imagens na Medicina, na Fotografia e na Geografia, animação de imagens, uso de Computer Aided Design (CAD) e Computer Aided Manufacturing (CAM) na Engenharia e Arquitetura, uso em Realidade Virtual e jogos e no uso de técnicas de renderização para aumentar o realismo das imagens.

As imagens apresentadas em monitores e em impressoras podem ser de dois tipos principais:

1) imagens matriciais ou de bitmaps (estas são baseadas na tecnologia da TV e os pontos são exibidos linha a linha e de cima para baixo); e

2) imagens vetoriais. Vetoriais são aquelas cujas linhas componentes da cena são exibidas em sucessão, numa ordem pré-definida, cujas imagens são armazenadas como conjuntos de instruções e cuja taxa de atualização depende da complexidade da cena.

Quando se possui uma imagem e, se quer realçar seus contornos, ou alterar a cor de alguma parte, ou mesmo gerar figuras tridimensionais a partir de imagens bidimensionais, pode-se fazer uso de algoritmos que vão realizar estas tarefas.

Alguns algoritmos de filtragem podem realçar cores, outros fornecer mais sombreado, outros podem alterar contrastes. O estudo dos algoritmos normalmente é bastante complexo e há centenas deles com aplicações específicas.

A padronização das imagens permite que haja a transmissão, recuperação, armazenagem e uso por equipamentos diferentes e situados em locais próximos ou distantes.

Atualmente, a sociedade está em rede, isto é, a Internet é considerada uma rede de pontas, nas quais encontram-se usuários em pontos diversos do mundo e todos podendo se contactar com todos.

A padronização assume uma importância crescente para esta área de conhecimento. Mediante a padronização, máquinas diferentes podem se comunicar e trocar informações.

O processo de criação de imagens por um computador, ou Síntese de Imagens, pode ser dividido em:

1) Visualização (ferramentas ou técnicas para representar um desenho no computador);

2) Modelagem (descrição tri-dimensional de um objeto para um Sistema Gráfico computacional); e
3) Renderização.(apresentação dos Modelos considerando seus atributos visuais).

2. Renderização

Renderização é a apresentação dos Modelos, levando em conta seus atributos visuais pré-definidos de iluminação, cores e texturas.

A renderização de volume exibe um certo grau de detalhamento para as imagens em 3D. Uma técnica de renderização, o raytracing, pode calcular a imagem de determinada cena simulando a forma como os raios de luz percorrem o seu caminho no mundo real. Ela é utilizada nos mais variados ambientes e bibliotecas gráficas, inclusive em OpenGL.

Maquete Eletrônica é a construção de um modelo, em volume, de um objeto (peças industriais, residências, prédios, etc.) dentro do computador. Este modelo é construído por meio do uso de softwares como é o caso do Mechanical e do CAD.

3. Resolução e Pixel

Apesar da definição matemática de que uma reta é um número infinito de pontos entre os dois pontos da extremidade, na prática computacional existe a limitação dos recursos físicos, da quantidade de bits utilizados para representar uma reta deste tipo. A medida do limite do número de pontos que uma Linha pode conter é a resolução do Vídeo. Quanto mais pontos, maior será a resolução.

A resolução de uma imagem é um dos parâmetros mais importantes havendo divisões do tipo: espacial, temporal e de contraste. Por exemplo, a resolução temporal é o tempo necessário para se formar uma imagem, ao passo que a espacial é relacionada com a aspereza da imagem, a de contraste é a que permite distinguir pequenas diferenças de intensidade (ALMEIDA, 1998).

O ponto no computador é denominado picture element (pixel) e ele é o elemento gráfico que o computador pode gerenciar, ou seja, atribuir nome, endereço e controlar suas características de cor, brilho, intensidade...

Os "nomes" dos Pixels são os pontos das Coordenadas cartesianas. Estas coordenadas, no caso de uma tela de monitor, podem variar de (0,0) no canto superior esquerdo até o valor máximo para as coordenadas (x,y) canto inferior direito, no final da tela, que é o último ponto rastreado.

4. Algoritmos

Existem muitos algoritmos utilizados em computação gráfica. Entre eles desde um algoritmo simples de centralização, passando por algoritmos de geração de imagens como é o caso dos algoritmos de elementos finitos, passando pelos algoritmos de geração de imagens tridimensionais a partir de algumas imagens bidimensionais (este é o caso da geração de imagens médicas 3D a partir de imagens de cortes de raios X) e chegando aos algoritmos de animação e aos filtros.

Para renderização, os algoritmos de cálculo do software gráfico aplicam ao modelo, por exemplo, sombras, reflexões, difrações etc.

Algoritmos de filtros realçam contornos de imagens, modificam sua textura, modificam o brilho, exibem alguma característica da imagem com coloração diferente etc....

No caso da Medicina, o uso das imagens médicas pode ajudar o profissional no seu trabalho de diagnóstico com maior precisão. Por exemplo, as áreas sadias podem ser exibidas numa coloração ao passo que as áreas lesadas podem ser coloridas artificialmente de modo a evidenciar (só na imagem) a condição do tecido.

Existe um grande número de técnicas de produção de imagens médicas, como é o caso dos que utilizam os raios X (simples e contrastado, tomografia), e outros de medicina nuclear, PET, ultra-sonografia, eco-cardiografia e fotografias.

O processamento inclui também o armazenamento, a transmissão, a padronização e comunicação por meio de redes de computadores.

APLICAÇÕES

Para as áreas de saúde, a padronização dos arquivos para se realizar a transmissão dos mesmos ocorre com os arquivos no formato

DICON. Por meio do uso dessa padronização os diferentes equipamentos médicos podem se comunicar.

Com relação à interpretação de imagens, pode-se mencionar as técnicas de Inteligência Artificial e Computação Gráfica que permitem identificar as digitais, faces, aviões e muitos outros objetos.

No caso do reconhecimento de imagens médicas, este pode ajudar o profissional de saúde a identificar áreas lesadas e áreas sadias de imagens de coração, rins, fígado, cérebro etc. Almeida (1998) classificava o reconhecimento e análise de imagens em quatro sub-tarefas:

1) Processamento global;
2) Segmentação;
3) Detecção de características; e
4) Classificação.

Almeida ainda afirmava que o volume de informações gerado pelo processamento de imagens em saúde é muito grande e levaram ao surgimento do conceito de Picture Archiving and Communication System (PACS) que permite a armazenagem e recuperação de imagens em rede.

Para que as imagens, equipamentos e redes de diferentes hospitais e centros de pesquisa, laboratórios farmacêuticos e faculdades trabalhem com os mesmos protocolos e possam intercambiar informações a National Equipment Manufacturers Association (NEMA) e o American College of Radiology (ACR) em conjunto criaram o formato padrão ACR-NEMA para imagens e este padrão evoluiu para o DICOM, que é utilizado em nível mundial por fabricantes de equipamentos de imagens médicas (Siemmens, Toshiba, Phillips...) e há a necessidade do trabalho conjunto e multidisciplinar das áreas de computação, informação e saúde.

EXERCÍCIOS

1. A síntese de imagens ou representações visuais por meio de especificações geométricas e seus componentes é a:
   a. ( ) Renderização.
   b. ( ) Geração.
   c. ( ) Processamento.
   d. ( ) Armazenamento.
   e. ( ) Modelagem.

2. O processo de criação de imagens no computador pode ser dividido em três etapas que são:
   a. ( ) Visualização, modelagem e renderização.
   b. ( ) Visualização, síntese e renderização.
   c. ( ) Geração, síntese e renderização.
   d. ( ) Geração, síntese e renderização.
   e. ( ) Modelagem, processamento e armazenamento.

3. Qual dos formatos a seguir não é um formato para armazenamento de imagens digitais?
   a. ( ) TIFF.   c. ( ) CDW.   e. ( ) TXT.
   b. ( ) BMP.   d. ( ) JPEG.

4. Atualmente, a padronização dos arquivos para se realizar a transmissão dos mesmos ocorre com os arquivos no formato:
   a. ( ) UNICOM.   d. ( ) UNICODE.
   b. ( ) ASCII.   e. ( ) DICON.
   c. ( ) ISO/ANSI.

5. O reconhecimento e análise de imagens podem ocorrer em quatro etapas, qual das alternativas seguintes não é uma etapa ?
   a. ( ) Processamento global.
   b. ( ) Segmentação.
   c. ( ) Detecção de características
   d. ( ) Classificação.
   e. ( ) Renderização.

Computação Gráfica e Processamento de Imagens ✳ **281**

6. **A resolução de uma imagem é um dos parâmetros mais importantes na Computação Gráfica, então:**
   a. ( ) Quanto mais pontos num segmento de reta, maior será a resolução.
   b. ( ) Quanto menos pontos num segmento de reta, maior será a resolução.
   c. ( ) Quanto mais pontos num segmento de reta, menor será a resolução.
   d. ( ) Quanto menos pontos num segmento de reta, menor será a solução.
   e. ( ) O número de pontos de um segmento de reta não influi na resolução.

7. **A resolução de uma imagem pode ser:**
   a. ( ) Espacial, temporal e de contraste.
   b. ( ) Linear, planar e volumétrica.
   c. ( ) Temporal, de contraste e de brilho.
   d. ( ) Espacial, linear e planar.
   e. ( ) Linear, temporal e de contraste.

8. **O ponto no computador é denominado _____ e ele é o elemento gráfico que o computador pode gerenciar, ou seja, atribuir nome, endereço:**
   a. ( ) Dots per inch (dpi).
   b. ( ) Rendering (rd).
   c. ( ) Pontuation (Pt).
   d. ( ) Picture element (pixel).
   e. ( ) Access point (Ap).

9. **A técnica de renderização em relação à imagem:**
   a. ( ) Aumenta o realismo da mesma.
   b. ( ) Diminui o realismo da mesma.
   c. ( ) Aumenta o sombreado da mesma.
   d. ( ) Modifica as cores das imagens.
   e. ( ) Aumenta o tamanho da imagem.

10. **Imagens vetoriais são aquelas cujas linhas componentes da cena são exibidas em sucessão:**
    a. ( ) Em ordem inversa.
    b. ( ) Numa ordem pré-definida.
    c. ( ) Em ordem aleatória.
    d. ( ) Sem ordem definida.
    e. ( ) Definida posteriormente pelo operador.

282 Sistemas de Informação: Um Enfoque Computacional

11. **As imagens matriciais são baseadas na tecnologia da TV, e os pontos são exibidos:**
a. ( ) Linha a linha e da direita para a esquerda.
b. ( ) Linha a linha e de baixo para cima.
c. ( ) Linha a linha e de cima para baixo.
d. ( ) Linha a linha de modo radial, do centro para periferia.
e. ( ) Linha a linha de fora para o centro.

12. **Entre as principais aplicações da Computação Gráfica encontram-se:**
a. ( ) Criação de interfaces gráficas.
b. ( ) Animação de imagens.
c. ( ) Uso de CAD e CAM na Engenharia e Arquitetura.
d. ( ) Processamento de imagens na Medicina.
e. ( ) Desenvolvimento de técnicas cirúrgicas.

13. **É o processamento, transformação e uso de filtros que permitem modificar ou melhorar as características visuais da imagem:**
a. ( ) Consolidação.
b. ( ) Padronização.
c. ( ) Interpretação.
d. ( ) Renderização.
e. ( ) Manipulação.

14. **Interpretação é a obtenção das especificações dos componentes de uma imagem a partir de sua representação visual:**
a. ( ) Consolidação.
b. ( ) Padronização.
c. ( ) Interpretação.
d. ( ) Renderização.
e. ( ) Manipulação.

15. **A filtragem pode realçar cores, outros fornecer mais sombreado, outros podem alterar contrastes. Esta filtragem é realizada por meio de:**
a. ( ) Renderização.   d. ( ) Manipulação.
b. ( ) Algoritmos.   e. ( ) Interpretação.
c. ( ) Somatização.

Computação Gráfica e Processamento de Imagens ✳ **283**

16. _____ **podem transformar imagens bidimensionais em imagens tridimensionais**
   a. ( ) Renderização.
   b. ( ) Algoritmos.
   c. ( ) Somatização.
   d. ( ) Manipulação.
   e. ( ) Interpretação.

17. **A apresentação dos Modelos considerando seus atributos visuais (cores, sombreado, texturas etc.) é denominada.**
   a. ( ) Renderização.
   b. ( ) Algoritmos.
   c. ( ) Somatização.
   d. ( ) Manipulação.
   e. ( ) Interpretação.

BIBLIOGRAFIA

GOMES, Jonas. *Computação gráfica e imagem*. Rio de Janeiro: LTC. 1998.

WEBGRAFIA

ALMEIDA, Antonio Bittencourt de, **Usando o computador para processamento de imagens médicas.** In: Revista Informática Médica, v.1, n.6, nov/dez 1998. Disponível em: http://www.epub.org.br; informaticamedica/n0106/imagens.htm, Acesso em: 10/05/2004.

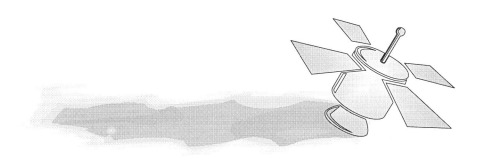

Considerações Finais

Nesta obra procurou-se trazer, de forma descomplicada, uma abordagem integradora entre as diversas disciplinas necessárias para a formação computacional em Sistemas de Informação. Devido ao tamanho e objetivo da obra procurou-se evitar se aprofundar em demasia em cada capítulo, apresentando-se apenas uma visão resumida dos mesmos.

O estudo da Informática e Administração fornece a visão da mudança de paradigmas, que surgem com a introdução do sistema de informação e sua tecnologia associada aos outros sistemas organizacionais previamente existentes.

A visão proporcionada pelo estudo dos Sistemas de Informação possibilita a caracterização e classificação dos sistemas como é o caso do phpBB, de modo a tornar possível a previsão do comportamento deste sistema dentro dos modelos e categorias gerais estudados. A noção da análise e projeto dos sistemas também aponta no sentido da abordagem metodológica no tratamento dos mesmos.

Os Bancos de Dados são componentes centrais em muitos sistemas de Informação. O estudo de Banco de Dados contribui com a visão da modelagem dos dados, o conhecimento dos Sistemas Gerenciadores de Banco de Dados, da administração e uso das bases de dados.

Os *Websites* nos quais existe a interação com bases de dados, tornam-se dinâmicos e mais atrativos para os usuários. Os estudos da linguagem SQL, como Linguagem de Definição de Dados e Linguagem de

286 Sistemas de Informação: Um Enfoque Computacional

Manipulação de Dados permitiram o entendimento do uso da linguagem MySQL no *Website*, bem como do seu funcionamento como repositório de dados do sistema.

O raciocínio fornecido pela Engenharia de Software complementa o da análise e projeto dos sistemas que define inicialmente um modelo de ciclo de vida de sistema, e trabalha as etapas do modelo selecionado, desde a análise de requisitos, passando pela seleção, pelo projeto com reuso, pela implementação, implantação, operação e manutenção. Desta forma, favorece o entendimento completo do sistema ao longo de sua vida. Também é importante a visão do modelo de maturidade e da necessidade do gerenciamento de projetos de software.

A Arquitetura de Computadores fornece a visão dos níveis de máquina virtual onde vão rodar os programas criados nos níveis imediatamente superiores.

É preciso que os analistas e engenheiros de software consigam enxergar o nível para o qual estão sendo realizados seus desenvolvimentos em cada projeto para, a partir dessa visão, poder se posicionar melhor tanto em termos técnicos quanto na busca de informações, assim como no relacionamento com outros profissionais de computação e de outras áreas do conhecimento.

A Lógica de Programação está presente em todos os Sistemas de Informação e principalmente nos programas de computador ou seja nos softwares. A noção desta lógica é importante para o seu uso no desenvolvimento de algoritmos computacionais que vão estar presentes nos programas de computador e estes vão compor uma parte importante dos sistemas que é a do componente software.

O conhecimento das Linguagens de Programação possibilita a seleção da linguagem mais adequada para uso nas situações específicas encontradas pelos analistas nas diversas aplicações onde este for realizar seus desenvolvimentos.

O Cálculo Numérico Computacional apresenta a necessidade de se trabalhar com os erros, mantendo-os sob controle, e também de se utilizar técnicas que permitam realizar cálculos de modo prático, e que de outra forma seriam inviáveis; entre estes estão os métodos de Zeros de Funções e os de Integração Numérica.

A Pesquisa Operacional utilizando a Programação Linear possibilita a modelagem de sistemas por meio da simplificação linear e desta forma a busca de uma solução matemática para os problemas do dia-a-dia das organizações. Também o uso de softwares, como é o caso dos solvers e do Solver da FrontLine Systems que se encontra incorporado no Excel,possibilita a obtenção de resultados dos problemas de forma prática, rápida e segura e, dessa forma, permitindo à tomada de decisões com bases científicas.

Os estudos da Interface Homem-Máquina e Ergonomia possibilitam o entendimento da avaliação das interfaces, bem como dos elementos de interatividade (botões, mensagens, Wysiwyg) e da necessidade do estudo da pessoa e do ambiente para harmonização do conjunto.

Por meio do estudo da disciplina de Redes e Sistemas Distribuídos pode-se compreender o funcionamento interno das redes e o modelo TCP/IP.

Considerou-se o protocolo TCP orientado a conexão, no qual se utiliza o sistema do phpBB. Em muitos casos trabalhou-se na camada de aplicação e valendo-se dos serviços da Internet de Telnet (para loguin e senha remotos), FTP (para transferência de arquivos), SMTP (para e-mails) e http (para localização das páginas). Neste capítulo, procurou-se entender o funcionamento da Internet como um todo, envolvendo processos como a resolução de nomes, a localização das páginas pela URL, os *Internet Service Providers* (ISPs) nos seus diversos níveis e, enfim, fornecendo suporte aos estudos dos sistemas integrados e comércio eletrônico.

A Gestão do Conhecimento e Inovação fornecem a importante visão da necessidade da disseminação do conhecimento nas organizações, da criação de bases de conhecimento e uso de portais do conhecimento para estas tarefas e também do valor da inovação.

O estudo da Segurança em Sistemas de Informação mostra-se valioso por revelar a importância e necessidade do planejamento e política de segurança para as organizações e não apenas a adoção de medidas paliativas e de resultados e duração efêmeros.

O Processamento de Imagens, incluindo a Computação Gráfica, estão relacionados com as outras áreas da Computação entre as quais, a Engenharia de Software e as Interfaces Homem-Máquina com seus elementos gráficos.

Toda a Computação e os seus Sistemas de Informação estão inter-relacionados.

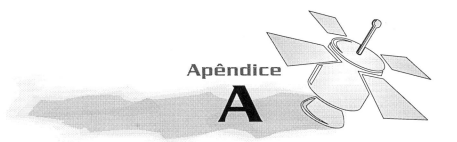

Apêndice A

Respostas dos Exercícios

Capítulo 1

1. Alternativa B. 8 semestres.
2. Alternativa D. Computação e Informática.
3. Alternativa E. No SESu.
4. Alternativa A. 4 a 6 semestres.
5. Alternativa B. 8 semestres.
6. Alternativa E. NDA.
7. Alternativa B. Bacharelado em Administração de Empresas.
8. Alternativa B. Bacharelado em Adm. de Empresas com habilitação em Sistemas de Informação.
9. Alternativa D. Não é possível se fazer o registro profissional regulamentado.
10. Alternativa D. Não existe regulamentação profissional em Computação e Informática.
11. Alternativa E. Todas anteriores.
12. Alternativa C. 30%.
13. Alternativa C. Os dois têm duração equivalente.
14. Alternativa B. O segundo dura mais tempo que o primeiro.
15. Alternativa C. Os dois têm duração equivalente.

Sistemas de Informação: Um Enfoque Computacional

16. Alternativa C. Fornecer sua base de dados a empresas que prestam serviços de mala direta para proporcionar maior veiculação da informação.

Capítulo 2

1. Alternativa B. Crenças, valores e modelos que regem o comportamento das pessoas.
2. Alternativa E. Ludwig Von Bertalanffy.
3. Alternativa C. Geral, operacional e externo.
4. Alternativa D. Faz parte do pacote Office da Microsoft.
5. Alternativa C. Básico.
6. Alternativa A. Aplicativo.
7. Alternativa B. Aplicação.
8. Alternativa E. NDA.
9. Alternativa C. Básico ou de sistema operacional.
10. Alternativa E. Excel.
11. Alternativa E. HOJE( ).
12. Alternativa E. ProcV( ).
13. Alternativa E. A e C.
14. Alternativa D. e( ).
15. Alternativa A. QUANDO( ).
16. Alternativa E. 256.
17. Alternativa A. Brasil e México.
18. Alternativa C. Revolução tecnocientífica / reforço de política social com presença do Estado em setores produtivos estratégicos / garantir o nível de bem estar das pessoas considerando que uma parcela de atividades econômicas e recursos é inegociável no mercado internacional.
19. Alternativa D. Retroalimentação.

Capítulo 3

1. Alternativa C. Da análise estruturada.
2. Alternativa B. Análise orientada a objetos.
3. Alternativa B. ERP.

Respostas dos Exercícios ✳ **291**

4. Alternativa E. SAE – Sistema de Apoio ao Ensino.
5. Alternativa C. De modelagem visual.
6. Alternativa D. Em 1990.
7. Alternativa C. Diagrama de fluxo de dados nível zero.
8. Alternativa C. Top-down.
9. Alternativa D. UML.
10. Alternativa B. UML.
11. Alternativa A. Delimitar o escopo do projeto do sistema.
12. Alternativa B. Projeto lógico.
13. Alternativa A. O sistema (programas).
14. Alternativa B. Interagentes e interdependentes com objetivo comum.
15. Alternativa A. Cascata.
16. Alternativa E. Todas as alternativas anteriores estão corretas.
17. Alternativa C. Análise de requisitos do sistema.
18. Alternativa E. Ter responsabilidade, ser observador, ser organizado e educado.
19. Projeto conceitual é um documento escrito para o sistema. Ele inclui a análise do sistema, análise de dados, componentes, diagramas e apresenta a visão geral do sistema e do seu projeto.
20. Alternativa C. Ciclo de vida de reuso.
21. O usuário é o responsável pela validação do sistema.
22. Alternativa E. DFD2.
23. Sistema é um conjunto de componentes interagentes e interdependentes que trabalham juntos para um objetivo comum.
24. Alternativa E. NDA.
25. Alternativa E. Tempo de desenvolvimento é maior que os demais ciclos.
26. O nível 0 apresenta uma visão geral do sistema com as entidades externas e o sistema no centro. Já o nível 1 apresenta os processos.
27. Alternativa C. Método utilizado para calcular tempo e recursos para desenvolver projetos de sistema.
28. Cadastro de usuários e obras, empréstimo de obras, devolução de obras, emissão de relatórios.

292 Sistemas de Informação: Um Enfoque Computacional

29. Alternativa E. A característica top-down.
30. Alternativa A. Não pode ser utilizada na fase inicial de levantamento de requisitos.
31. Associe a coluna da direita com a coluna da esquerda:

1	DFD0	Detalha os processos que ocorrem em cada módulo.	3
2	DFD1	Apresenta a visão geral do sistema.	1
3	DFD2	Apresenta os módulos que compõe o sistema.	2

32. Alternativa A. Avaliar o custo benefício do projeto.
33. Alternativa E. Todas as anteriores.
34. Alternativa C. DER e DFD.
35. Alternativa C. Depósitos de dados.
36. Alternativa D. Os objetos de uma classe possuem os mesmos atributos e padrões comportamentais.
37. Alternativa E. Relatórios Comparativos do Número de Exames.
38. Alternativa C. I, IV e V apenas.
39. O modelo de ciclo de vida é o clássico em cascata, original.
40. O modelo de ciclo de vida é em espiral.
41. O modelo de ciclo de vida é o de prototipação descartável.
42. O modelo de ciclo de vida é o de reuso.
43. Alternativa A. Excel.
44. Alternativa C. Vontade de explorar novas oportunidades, vontade de se fazer uso mais efetivo das informações, aumento da concorrência.
45. Alternativa A. O desenvolvimento deve dar suporte e estar alinhado com as metas organizacionais.
46. Alternativa E. A ênfase é colocada no que o sistema deve fazer e não no como ele deve fazer.

Capítulo 4

1. Alternativa E. Lógica digital.
2. Alternativa D. Uso de transistores.
3. Alternativa D. Memórias internas dos processadores.

Respostas dos Exercícios ✳ **293**

4. Alternativa C. Vias de comunicação entre dispositivos.
5. Alternativa E. Armazenamento de grandes volumes de dados.
6. Alternativa E. Dos computadores de primeira geração.
7. Alternativa A. Qual dispositivo terá prioridade no uso do barramento.
8. Alternativa B. ENIAC.
9. Alternativa D. IAS.
10. Alternativa A. Arbitragem.
11. Alternativa D. Memória Registrador.
12. Alternativa C. Registradores.
13. Alternativa B. HD.
14. Alternativa C. Registradores.
15. Alternativa A. Velocidade final de processamento.
16. Alternativa E. A possível incompatibilidade entre o Linux e o hardware (equipamentos) e software (programas) já instalados na empresa.
17. Alternativa D. Mais de uma instrução de um determinado programa possa ser executada, ao mesmo tempo, por mais de um processador.
18. F
19. V
20. V
21. F
22. V
23. F
24. V
25. V
26. F
27. V
28. V
29. F
30. F
31. F
32. V
33. F
34. F
35. F

36. V
37. V
38. V
39. V
40. V
41. V
42. F
43. V
44. V
45. F
46. F
47. V
48. Os sistemas operacionais surgiram na década de 60. As máquinas com 3 níveis surgiram na década de 50.
49. Firmware: dispositivos eletrônicos que possuem softwares embutidos de forma permanente.
50. Montadores são programas desenvolvidos para o nível de linguagem de montagem. Este é o nível desenvolvido para fornecer uma ferramenta para programadores de aplicativos em geral.
51. Um sistema operacional de PC não funciona em computador MAC porque neste nível existe o desenvolvimento de instruções mais complexas. As instruções mencionadas tratam o Hardware como um todo atingindo inclusive os dispositivos de interface. Ocorrem diferenças significativas entre fabricantes de processadores e de computadores.
52. As diferenças entre os diversos microprocessadores originam-se no nível de microprogramação. Neste nível são criadas novas instruções cuja finalidade é de melhorar o desempenho da programação.
53. Em cada nível de linguagem, um programador pode observar uma máquina diferente do hardware de nível mais baixo ou hardware original. Este é conhecido como máquina virtual.
54. No nível de lógica digital existem pequenos circuitos eletrônicos digitais que executam operações com os sinais elétricos (NOR, SHOR, OR, AND, NAND...). Estes pequenos circuitos são conhecidos como portas lógicas e utilizam as funções da álgebra booleana como base para a execução das instruções.

Respostas dos Exercícios ✳ **295**

55. As duas técnicas para desenvolvimento de programas são a tradução e a interpretação. Na primeira escrevem-se instruções em formato específico e posteriormente estas instruções são traduzidas ou convertidas para a linguagem de máquina. Na técnica de tradução cria-se um novo programa que será executado pelo processador. Na segunda, um programa escrito na linguagem entra como dados para um programa que irá fazer a interface com o processador.

56. A terceira geração de computadores é caracterizada pelo uso de circuitos integrados. A quarta geração é caracterizada pelos circuitos Very Large System Integration (VLSI).

57. As ações que uma UCP deve executar são em seqüência: busca de instruções, interpretação, busca de dados, processamento e escrita de dados.

58. As instruções que envolvem a busca e a escrita de dados na memória podem deixar um computador lento.

59. Os softwares que se beneficiam pelo uso do co-processador matemático são: CAD, programas de engenharia, programas científicos e imagens tridimensionais.

60. a) Memória Cache.

Nos sistemas de computação mais antigos, os microcomputadores não possuíam CACHE, os registradores eram ligados diretamente à memória principal (RAM).

Em toda execução de uma instrução, a CPU acessa a memória principal (sem cache), pelo menos uma vez, para buscar a instrução (ou cópia dela) e transferi-la para um dos registradores da CPU. Muitas instruções requerem outro acesso à memória, seja para a transferência de dados para a CPU, seja para a transferência do resultado de uma operação da CPU para a memória. Para a realização do ciclo de uma instrução, há sempre a necessidade de ser realizado um ou mais ciclos de memória. A performance de um sistema é fortemente afetada pela interface entre o processador e a memória principal.

A velocidade das operações na CPU é muito maior que na memória principal. Daí que, na busca de uma solução para o baixo desempenho e congestionamento na comunicação CPU/memória, foi desenvolvida uma técnica que consiste na inclusão de um dispositivo de memória entre a CPU e a MP, denomina-do CACHE, cuja função é acelerar a velocidade de transferên-cia de informações entre CPU e MP e, com isso, aumentar o desempenho dos sistemas de computação.

b) Memória Cache X RAM

- **Capacidade de armazenamento**

  Tendo em vista que a CPU acessa primeiramente a CACHE, para buscar a informação requerida (a próxima instrução ou dados re-queridos pela instrução em execução), é importante que a referida memória tenha capacidade adequada para armazenar uma quanti-dade significativa de informações, visto que, se ela não for encon-trada na CACHE, então o sistema deverá sofrer um atraso para que a informação seja transferida da MP para a CACHE.

  Por outro lado, uma grande capacidade implicará certamente na elevação de seu custo.

  Há uma solução de compromisso.

  A capacidade de armazenamento da CACHE é bem menor que a da MP.

- **Velocidade de acesso**

  As CACHE são fabricadas com circuitos eletrônicos de alta velocidade, para atingirem o objetivo a que se propõem. São, portanto, bem mais rápidas que as MP.

- **Volatilidade**

  Tanto a MP como a CACHE são dispositivos construídos com circuitos eletrônicos, requerendo, por isso, energia elétrica para o funcionamento. São voláteis. A interrupção de alimentação elétrica acarreta perda de conteúdo.

- **Custo**

  O custo de fabricação da CACHE é alto. O valor por byte está situado entre o dos registradores, que são os mais caros, e o da memória principal (RAM), mais barata.

Capítulo 5

1. Alternativa E. Portugol é um termo que representa a mesma coisa que português estruturado.
2. Alternativa A. Lógica.

Respostas dos Exercícios ❋ **297**

3. Alternativa E. Todas as anteriores.
4. Alternativa E. Diagrama NS.
5. Alternativa C. Diagrama NS.
6. Alternativa A. Decisão.
7. Alternativa E. Vídeo.
8. Alternativa C. Entrada.
9. Alternativa D. Conexão.
10. Alternativa B. Início.
11. Alternativa B. Documentos.
12. Alternativa B. Saída em disquete.
13. Alternativa D. Banco de dados.
14. Alternativa E. Encadeadas.
15. Alternativa A. Mod.
16. Alternativa A. Div.
17. Alternativa D. Influencia o custo total da implantação do software.
18. C
    C
    A
    C
    D
    A
19. Declare variáveis para a construção de um algoritmo para cadastro de senha simples para uma única pessoa.
    Var
    nome: caracteres;
    senha: characteres.
20. Declare variáveis para construção de um sistema de cadastro de livros para biblioteca.
    Var
    título: caracteres;
    editora: characteres;
    cidade: caracteres;
    ano: characteres;
    assunto1: caracteres;
    assunto2: characteres;
    assunto3: characteres.

Capítulo 6

1. Alternativa D. Visual Basic.
2. Alternativa A. Delphi.
3. Alternativa C. C.
4. Alternativa B. Caixa de texto.
5. Alternativa E. HTML.
6. Alternativa C. Estruturada.
7. Alternativa B. #include.
8. Alternativa B. Bjarn Strostrup.
9. Alternativa C. JAVA.
10. Alternativa E. BASIC.
11. Alternativa B. ASSEMBLER.
12. Alternativa C. Billy Joy.
13. Alternativa B. Ada Byron.
14. Alternativa B. COBOL.
15. Alternativa C. HTML.
16. Alternativa A. CLIPPER.
17. Alternativa B. ASSEMBLER.
18. Alternativa D. C++.
19. Alternativa C. HTML.
20. Alternativa B. Cores.
21. Alternativa A. Saída de dados.
22. Alternativa B. Posições na tela.
23. Alternativa E. Todas as alternativas estão corretas.
24. Alternativa E. Todas as alternativas estão corretas.
25. Resposta: DOM, uma das APIs, significa Document Object Model. DOM trata a informação armazenada em documento XML como um modelo de objetos hierárquicos. DOM trata tudo como se fosse um documento, por isso que podemos traduzir como modelo de objeto do documento.

    SAX, outra API útil para processar documentos XML em qualquer linguagem de programação, significa Simple API for XML. SAX processa a informação em nosso documento XML como uma seqüência de eventos, isso torna o SAX mais rápido que o DOM.

Respostas dos Exercícios 299

26. Resposta: JAVA é uma linguagem de programação baseada nos conceitos da orientação a objetos e que tem como uma de suas características o fato de ser multi-plataforma, ou seja, um programa escrito em JAVA pode ser executado em várias plataformas (Sistemas Operacionais) diferentes.
27. Alternativa D. KDE.
28. Alternativa: D. Interpretação

Capítulo 7

1. Alternativa B. Bissecção.
2. Alternativa C. Relativo.
3. Alternativa D. Iterativos.
4. Alternativa B. Mínimos resíduos.
5. Alternativa B. Mínimos resíduos.
6. Alternativa D. Iterativos.
7. Alternativa A. Localização de raízes e refinamento.
8. Alternativa C. Iteração.
9. Alternativa E. A precisão requerida.
10. Alternativa B. Parada.
11. Alternativa B. Numérica.
12. O método da bissecção é iterativo, seu objetivo é reduzir a amplitude do intervalo que contém a raiz até se atingir a precisão requerida. Isso é feito reduzindo-se o intervalo ao meio.
13. As operações matemáticas com ponto flutuante devido a sua complexidade são realizadas numa região especial do processador. Antigamente, eram realizadas num chip de apoio (chipset) denominado co-processador aritmético.
14. a) a equação é: $x^2 - 2x + 3 = 0$
b)

K	A	B	X=(A+B)/2	F(A)	F(B)	F(X)	B-A
0	1,000	3,000	2,000	2,000	6,000	3,000	2,000
1	1,000	2,000	1,500	2,000	3,000	2,250	1,000
2	1,000	1,500	1,250	2,000	2,250	2,063	0,500

300 ✖ *Sistemas de Informação: Um Enfoque Computacional*

c) Erro relativo porcentual = [(valor obtido – valor real)/valor obtido]*100 =-36%.

d) Partindo-se de $x_0 = 1$, os valores de x_1, x_2 e x_3 serão:

$X_1 = 1 - [1^2(-2.1) + 3]/(2X + 2) = 0,5$

$X_2 = 0,5 - [0,5^2(-2.0,5) + 3]/(2X + 2) = 0,25$

$X_3 = 0,25 - [0,25^2(-2.0,25) + 3]/(2X + 2) = - 0,77$

15. O método da falsa posição é mais rápido pois divide o intervalo de modo mais conveniente que o da bissecção.

Capítulo 8

1. Alternativa E. Na época da segunda Guerra Mundial.
2. Alternativa B. Programação linear.
3. Alternativa A. Planejamento linear.
4. Alternativa B. Analítica.
5. Alternativa C. Regressão linear.
6. Alternativa B. FrontLine Systems.
7. Alternativa B. Excel.
8. Alternativa B. Linux.
9. Alternativa B. Modelar o problema com suas variáveis e limitações.
10. Alternativa D. É uma técnica que auxilia a modelagem.
11. Alternativa B. Nem sempre são problemas que enquadram em equações lineares.
12. Alternativa A. De diminuição dos custos e maximização dos lucros.
13. Alternativa A. Foi criada antes da Pesquisa Operacional.
14. Alternativa A. Pode utilizar a técnica da Programação Linear
15. Alternativa A. É necessário plotar os gráficos correspondentes às restrições.

Capítulo 9

1. Alternativa B. PMBOK.
2. Alternativa D. 5:
3. Alternativa E. No PMI.

Respostas dos Exercícios 🦟 **301**

4. Alternativa D. 5.
5. Alternativa C. 4.
6. Alternativa D. 5.
7. Alternativa A. Previsão de custo e tempo na construção de software.
8. Alternativa E. Cálculo numérico.
9. Alternativa C. Analistas de sistemas.
10. Alternativa E. 1.
11. Alternativa A. 2.
12. Alternativa A. Produto e processo de software.
13. Alternativa A. O TCO do Linux é maior que o do Windows.
14. Alternativa C. GPL.
15. Alternativa A. *Open Source.*
16. Alternativa C. Administração de ensino à distância.
17. Alternativa E. Todas as anteriores.
18. Alternativa E. método da bissecção.
19. Alternativa A. Um projeto deve ser modular, isto é, o software deve ser logicamente dividido em componentes que executem funções e subfunções específicas.
20. Alternativa A. Camada de serviços fornece uma visão dinâmica do sistema a ser modelado.
21. Alternativa B. O diagrama de navegação de janelas constitui uma adaptação direta do diagrama de transição de tela.
22. Alternativa E. Uma área-chave de processo do nível 2 (repetitivo).
23. Alternativa D. Gestão de requisitos e gestão de contratos de software subcontratados.
24. Alternativa C. Descreve as fases ou estágios através dos quais as empresas desenvolvedoras de software evoluem quando definem, implementam, medem, controlam e melhoram seus processos de software.
25. Alternativa B. São definidas metas e objetivos mensuráveis da qualidade do produto de software e suas prioridades.
26. Alternativa A. Visão geral, supervisão e acompanhamento do projeto.
27. Alternativa D. Novas tecnologias adequadas são incorporadas na prática normal e transferidas para toda a empresa.

302 · *Sistemas de Informação: Um Enfoque Computacional*

28. Alternativa A. Grau de convergência dos dados de amostra em torno da linha de previsão.
29. Alternativa E. É baseado em uma amostra de 63 projetos, que foram divididos em três domínios separados, definidos por tipo de produto e por determinadas características do projeto e dos membros do grupo.
30. Alternativa C. Estático e funcinal.
31. Alternativa D. De Comunicação.
32. Alternativa E. I,II,III e IV estão corretas.
33. Alternativa D. Clássico ou cascata.

Capítulo 10

1. Alternativa B. LDD e LMD.
2. Alternativa B. A implementação e processamento distribuído.
3. Alternativa D. Todas as anteriores.
4. Alternativa E. Todas as anteriores.
5. Alternativa B. General public license.
6. Alternativa E. Todas as anteriores.
7. Alternativa B. DBA.
8. Alternativa A. *Open source*.
9. Alternativa D. LDD.
10. Alternativa A. LMD.
11. Alternativa D. DER.
12. Alternativa D. SELECT, UPDATE, DELETE e INSERT.
13. Alternativa A. O índice.
14. Alternativa D. Sistema de gerenciamento do banco de dados.
15. Alternativa C. Tabelas.
16. Alternativa D. Sistemas de mineração de dados (datamining).
17. V
18. V
19. F
20. V
21. F
22. V
23. F

Respostas dos Exercícios 🌟 **303**

24. V
25. F
26. V
27. Alternativa A. Classe.
28. Alternativa C. 2ª.FN e 3ª. FN.

Capítulo 11

1. Alternativa C. MAN.
2. Alternativa E. 7.
3. Alternativa E. Ambos não podem ser aplicados para rede sem fio.
4. Alternativa E. 802.11.
5. Alternativa D. Ondas de rádio.
6. Alternativa C. 128 bits.
7. Alternativa C. 32 bits.
8. Alternativa A. Protocolo.
9. Alternativa E. Cabo UTP.
10. Alternativa D. TCP/IP.
11. Alternativa A. SMTP.
12. Alternativa A. URL.
13. Alternativa B. Download.
14. Alternativa C. FTP.
15. Alternativa A. UDP.
16. Alternativa E. UTP.
17. Alternativa B. Uma linha telefônica comum ligada a um modem.
18. Alternativa A. O FTP fornece um meio de permitir que um usuário que não tenha uma conta em um servidor copie arquivos remotamente.
19. Alternativa D. Permitir a gravação de arquivos.
20. Alternativa A. Internet Protocol (IP).
21. Alternativa C. As comunicações são tratadas basicamente como pacotes de dados, cada um dos quais possuindo seu endereço.
22. Alternativa E. Barramento.
23. Alternativa D. Todas as páginas da WWW que contêm um documento hipermídia devem usar uma representação padrão

304 ✳ *Sistemas de Informação: Um Enfoque Computacional*

definida pelo ASP. Somente para o caso do documento ser hipertexto a representação padrão será definida pelo HTML.

24. Alternativa C. Entre os recursos do SMTP pode-se destacar a possibilidade do compartilhamento de caixas postais entre usuários membros de um grupo de trabalho.

25. Alternativa D. VPNs.

26. Alternativa C. Arquitetura cliente/servidor baseada em redes de computadores.

27. a) Hipertexto = é um documento que possui ligações para outros documentos, que podem estar localizados em qualquer lugar do mundo. As páginas podem possuir figuras, gráficos, sons, vídeos, tabelas, fórmulas etc.

    b) A requisição das páginas é feita utilizando-se o protocolo http. A linguagem HTML (hyper text markup) descreve como as páginas serão formatadas, além de permitir ligações com outras páginas ou links. A linguagem delimita dois blocos. O bloco de cabeçalho contém informações sobre a página (versão da linguagem utilizada, titulo, autor e codificação utilizada). O segundo bloco é o texto em si.

    URL (uniform Resource Locator) – é uma forma textual de identificar tais objetos. O URL permite não apenas encontrar documentos web, como também recursos que utilizam outros protocolos.

    c) O URL possui 3 componentes:

    – 1º especifica que tipo de protocolo de comunicação será utilizado;

    – 2º representa o servidor onde o documento se localiza, utilizando um endereço ou um nome de computador, é responsabilidade da aplicação identificar o endereço associado ao computador, utilizando serviços como o DNS;

    – 3º é o documento e a sua localização no servidor.

28. POP3 (Post Office Protocol – version 3) – é um protocolo simples utilizado por pessoas que lêem o seu e-mail em um computador apenas.

    Define comandos para listar as mensagens recebidas, receber e apagar mensagens.

Respostas dos Exercícios ✳ **305**

Para estabelecer uma conexão, o cliente deve identificar nome e senha. O servidor então lista as mensagens disponíveis associando um número a cada uma delas.

O cliente pode receber as mensagens ou apagá-las, caso o usuário deseje manter as mensagens, estas devem ser salvas no seu computador.

IMAP (Internet Message Access Protocol) – supera as limitações do POP3, pois as mensagens são salvas no servidor. Desta forma, os e-mails podem ser lidos em qualquer computador.

O IMAP suporta outros recursos, como múltiplas caixas de entrada, leitura de partes da mensagem e marcação de mensagens com atributos (urgente, ler etc.).

No IMAP, o servidor envia para o cliente apenas o cabeçalho das mensagens, para que o programa exiba para o usuário uma lista das mensagens armazenadas. Para economizar banda, o cliente pode receber apenas o corpo da mensagem, evitando o download de anexos grandes.

– Toda responsabilidade sobre o armazenamento das mensagens está no servidor, ao contrário do POP3.

29. a) funções da camada de transporte:
    • Estabelecimento de conexão;
    • Endereçamento;
    • Sequencialização;
    • Recuperação de erros e falhas;
    • Multiplexação;
    • Controle de fluxo;
    • Gerência de buffer; e
    • Sincronização.

    b) Dois protocolos empregados na camada de transporte, pela arquitetura de rede:
    • protocolo TCP e protocolo UDP.

    c) características e diferenças entre os protocolos TCP e UDP:
    TCP = serviços orientados à conexão (transmission control protocol).

    – Realiza além da multiplexação, uma série de funções para tornar a comunicação entre origem e destino mais confiável.

306 ✳ *Sistemas de Informação: Um Enfoque Computacional*

– O TCP garante a entrega dos pacotes, assegura o "sequencia-mento" dos pacotes e providencia uma soma de verificação "check-sum" que valida tanto o cabeçalho, quanto os dados do pacote.
UDP = serviços não orientados à conexão (User datagram protocol).
– Realiza apenas a multiplexação para que várias aplicações possam acessar o sistema de comunicação de forma coerente.
– O UDP não é confiável, pois não implementa reconhecimen-to (ACKs), janelas de transmissão e nem "sequenciamentos" de mensagens. O único controle é feito por checksum, que ainda é opcional e que está dentro do seu próprio cabeçalho.

30. Alternativa B. Fibra óptica.
31. Alternativa D "Power Line Communications".
32. Alternativa D. DNS.
33. Alternativa C. 146.164.85.0 e 192.45.16.0.
34. Alternativa C. 255.255.255.224.

Capitulo 12

1. Alternativa D. Todas as anteriores estão corretas.
2. Alternativa D. Todas as anteriores estão corretas.
3. Alternativa B. Satisfação subjetiva.
4. Alternativa A. Retenção com o tempo.
5. Alternativa B. XML.
6. Alternativa C. Localização de informações.
7. Alternativa E. Ausência no emprego.
8. Alternativa D. Todas as anteriores estão corretas.
9. Alternativa E. Todas as anteriores estão corretas.
10. Alternativa D. Todas as anteriores estão corretas.
11. Alternativa E. Fluxograma.
12. Alternativa B. O sistema cliente utiliza uma interface de conec-tividade para requisitar serviços ao servidor e para receber as respostas correspondentes.
13. V
14. V
15. V
16. V

Respostas dos Exercícios **307**

17. V
18. V
19. V
20. V
21. V
22. V
23. V
24. V
25. F
26. V
27. F
28. Relacione as colunas da esquerda e da direita (Zambalde e Alves, 2003):

1	Funcionalidade apropriada	5	Características comuns entre múltiplas aplicações.
2	Confiabilidade	3	Proteção contra destruição inadvertida.
3	Segurança e integridade	1	Trabalhar, mover-se bem com regularidade.
4	Padronização	4	Formatos compatíveis de armazenamento entre versões.
5	Consistência	2	Comandos devem funcionar como o especificado.

29. Relacione as colunas da esquerda e da direita (Zambalde e Alves, 2003):

1	Projeto de uma interface	6	Apresentação de interface.
2	Psicologia	4	Formalismo Lex do UNIX.
3	Ergonomia	1	Define o comportamento e apresentação da interface.
4	Lingüística	3	Aspectos físicos/adaptação de máquinas ao ser humano.
5	Sociologia	2	Comportamento humano, percepção e cognição.
6	Desenho e Tipografia	5	Impactos dos sistemas na estrutura da sociedade.

Capítulo 13

1. Alternativa A. Não está escrito.
2. Alternativa D. Ocorre quando se escreve relatórios.
3. Alternativa D. É a conversão de conhecimento explícito para explícito.
4. Alternativa C. SECI.
5. Alternativa E. Gestão do conhecimento.
6. Alternativa B. Nonaka e Takeuchi.
7. Alternativa A. Terra.
8. Alternativa E. Bases do conhecimento.
9. Alternativa A. Tácito-tácito.
10. Alternativa B. Tácito-explícito.
11. Alternativa D. Explícito-explícito.
12. Alternativa C. Explícito-tácito.
13. Alternativa C. ECM.
14. Alternativa E. Todas as anteriores.
15. Alternativa A. Uma URL que começa com http:// especifica que um navegador deve usar o HyperText Transport Protocol (HTTP) para acessar o item.
16. V
17. V
18. V
19. V
20. V
21. V
22. F
23. V
24. V
25. V
26. F
27. 3
    5
    1
    2
    4

Capítulo 14

1. Alternativa B. Segurança dos equipamentos e instalações.
2. Alternativa A. Uma política e planejamento de segurança.
3. Alternativa B. Missões especiais de detecção de fraudes.
4. Alternativa E. ISACA.
5. Alternativa D. Uso de criptografia e antivírus.
6. Alternativa B. Realizar backups periodicamente.
7. Alternativa D. Uso de criptografia.
8. Alternativa C. Firewall.
9. Alternativa B. Haja verbas alocadas para esta finalidade.
10. Alternativa E. Integridade, confidencialidade, disponibilidade e legalidade.
11. Alternativa E. Certificação digital.
12. Alternativa B. ISACA.
13. Alternativa C. Auditoria de sistemas.
14. Alternativa D. É um procedimento de segurança normal.
15. Alternativa D. É uma das preocupações da segurança física dos sistemas.
16. Alternativa C. Regulares.
17. Alternativa E. Todas as anteriores estão corretas.
18. a) "Firewall" – é conceituado como "um dispositivo de segurança que protege a rede de computadores contra o acesso não autorizado pela Internet, tanto de dentro para fora como de fora para dentro da rede, permitindo somente o tráfego autorizado pela Política de Segurança".
    "Softwares" empregados no mercado:
    – o "hping" é uma ferramenta que funciona enviando pacotes TCP a uma porta de destino e informando os pacotes que ele recebe de volta, podendo fornecer uma visão clara dos controles de acesso de um FIREWALL;
    – o "Firewalk" é uma ferramenta que, do mesmo modo que os varredores de porta, descobre portas abertas atrás de um FIREWALL;
    – FIREWALLs de pacote de filtragem: "Check Point Firewall-1", "Cisco PIX" e "Cisco IOS";

310 ✸ *Sistemas de Informação: Um Enfoque Computacional*

– o popular FIREWALL de proxy "WinGate" para Windows95/ NT.

b) Problemas que podem ser solucionados com o "Firewall":

– evitar a ação dos "hackers" que invadem o "site" da organização com relativa freqüência;

– o livre acesso de funcionários à Internet, o que tem ocasionado sobrecarga na rede de computadores, como conseqüência do acesso a "sites" de jornais, de sexo e "Chats".

19. Alternativa A. Viabiliza um canal seguro para troca de dados entre o cliente e o servidor, via chaves de criptografia.
20. Alternativa A. Arquivo auto-executável que se instala no microcomputador, provocando desde travamento dos programas até a perda completa dos dados gravados nos discos.
21. Alternativa C. Por aparecer um ícone de um cadeado fechado na barra de status do browser;

Capítulo 15

1. Alternativa B. Intranet; web.
2. Alternativa A. Sistemas integrados.
3. Alternativa D. E-commerce; e-business
4. Alternativa A. Repositórios de dados.
5. Alternativa A. Internet.
6. Alternativa B. Gestão integrada da organização.
7. Alternativa C. Internet;
8. Alternativa C. E-gambing.
9. Alternativa B. Jogos.
10. Alternativa E. Aumento da ociosidade.
11. Alternativa D. CRM.
12. Alternativa D. Das vendas por Web e dos negócios virtuais.
13. Alternativa B. O primeiro está contido no segundo.
14. Alternativa C. O primeiro pode ocorrer com máquinas caça níqueis automáticas de venda de refrigerantes;
15. Alternativa E. Todas as anteriores estão corretas.
16. Alternativa D. I e III.
17. Alternativa D. I e II.

Respostas dos Exercícios ✳ **311**

18. Alternativa D. Garantia de que as informações não poderão ser acessadas por pessoas não autorizadas.
19. Alternativa A. Padronização, integração e maior disponibilidade das informações relativas aos processos de negócio, que conecta a empresa e seu cliente, ao longo da cadeia de suprimento.
20. Alternativa A. Razão especial.
21. Alternativa C. Auxiliar que representa transações com imobilizados.
22. Alternativa D. Ajudar a empresa a capacitar seu departamento de marketing a identificar seus melhores clientes e a planejar as melhores abordagens para alavancar novos negócios;

Capítulo 16

1. Alternativa B. Geração.
2. Alternativa A. Visualização, modelagem e renderização.
3. Alternativa E. TXT.
4. Alternativa E. DICON.
5. Alternativa E. Renderização.
6. Alternativa A. Quanto mais pontos num segmento de reta, maior será a resolução.
7. Alternativa A. Espacial, temporal e de contraste.
8. Alternativa A. Dots per inch:
9. Alternativa A. Aumenta o realismo da mesma.
10. Alternativa B. Numa ordem pré-definida.
11. Alternativa C. Linha a linha e de cima para baixo.
12. Alternativa E. Desenvolvimento de técnicas cirúrgicas.
13. Alternativa E. Manipulação.
14. Alternativa C. Interpretação.
15. Alternativa B. Algoritmos.
16. Alternativa B. Algoritmos.
17. Alternativa A. Renderização.

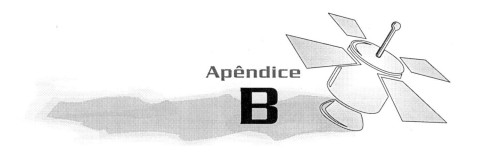

Apêndice B

Terminologia

.au — formato de arquivos de som do sistema operacional UNIX.

Abordagem — forma de atacar um problema ou de estudar um assunto.

Acceptable use police (AUP) — conjunto de regras de boa conduta para o uso de serviços da Web.

Acoplamento — é o grau em que módulos são relacionados ou dependentes de outros módulos na programação estruturada.

Active-X — componente necessário para se permitir à conexão entre objetos ativos, com aplicações no lado do servidor. Foi desenvolvido pela Microsoft Co. Ele amplia a interatividade das páginas Web, de modo semelhante ao dos apples da linguagem de programação Java (Sun).

Agente — programa de computador ou processo que opera sobre uma aplicação cliente ou servidor e realiza uma função específica, como uma troca de informações.

Aiff — extensão de arquivos de som para computadores Mac (Apple).

Alerta — mensagem enviada de maneira a informar ao usuário que se atingiu limites ou que ocorreu alguma discrepância na rede de computadores. Artifício da Interface Homem-Máquina para alertar o usuário da ocorrência de uma anormalidade.

Algoritmo — seqüência de passos lógicos e finitos para a execução de alguma tarefa.

Algoritmo genético — Algoritmos genéticos são uma família de modelos computacionais inspirados na teoria da evolução das espécies,

314 ❧ *Sistemas de Informação: Um Enfoque Computacional*

são algoritmos de otimização global, baseados nos mecanismos de seleção natural e da genética. Eles empregam uma estratégia de busca paralela e estruturada, mas aleatória.

Aliança estratégica — é o acordo entre duas ou mais organizações para realização conjunta de serviços.

Alias — apelido. Pode indicar um endereço eletrônico alternativo. É um comando do Sistema Operacional Unix (Sun Microsystems).

Ambiente — tudo que há em volta de um sistema. No caso de uma empresa (clientes, fornecedores, governo, sindicatos, leis...).

Analógico — tipo de sinal utilizado no telefone convencional.

Análise de sistemas — é o estudo de sistemas existentes como parte do planejamento de novos sistemas.

Ancora — é qualquer um dos lados de uma ligação hipermídia ou hyperlink.

Anonymous — normalmente utilizado para efeito de loguin num servidor FTP e trata-se de um usuário anônimo, ou seja, não cadastrado na máquina em uso. A senha seguinte deve ser o endereço eletrônico ou guest que permitirá acesso apenas a arquivos públicos.

ANSI — American National Standard Institute — organização americana de padronização que criou o código ASCII e é afiliada a International Standard Organization (ISO).

Antivírus — software necessário para prevenir a ocorrência de vírus.

Aplicações Internet, ou aplicações TCP/IP — programas que utilizam os protocolos FTP (para transferência de arquivos), SMTP (para e-mail), Http (para localização de páginas em servidores), HTML (linguagem de marcação de textos) e IRC (protocolo de chat).

Aplicações Java — programas de aplicação criados na linguagem JAVA.

Applet — pequeno programa transferido pela Web e que roda no computador do usuário.

Applets Java — programa que utiliza uma janela dentro de uma página Web e são destinados à interface de entrada e/ou saída com o código intermediário (byte code) Java que é executado pelo browser.

Aprendizado organizacional — conceito de que as empresas aprendem e se adaptam a novas condições, ou seja, alteram suas práticas ao longo do tempo.

Terminologia ❋ **315**

Archie — serviço de busca de arquivos armazenados em FTP anônimo. A procura de arquivo pode ser feita por assunto, título, ou palavra-chave.

Arquitetura cliente-servidor — todo tipo de rede de computadores em que as estações ou microcomputadores conectados à rede executam aplicações para clientes que se utilizam de programas servidores para transferência de dados do próprio servidor ou comunicação com outras estações e suas aplicações clientes.

Arquitetura de rede — conjunto de protocolos de comunicação de rede dispostos hierarquicamente.

Arquitetura de sistema — descrição de uma configuração dos componentes de hardware de um sistema.

Arquivo — conjunto de registros relacionados.

Arrab — barra invertida "\".

ASCII — American Sandard Code for Interchange and Intercommunication — código utilizado para transferir informações usando 7 bits, mais um de conferência.

ASP — Application Service Provider (provedor de serviços). Ex: Banco de dados online.

ASP — linguagem de programação Active Server Pages, da Microsoft Co.

Assinatura digital — método de assinar documentos eletronicamente.

Atributo — dado sobre uma entidade, característica.

Auditoria — análise de registros e relatórios de uma empresa para se constatar a sua exatidão e se procurar detectar ou não a existência de fraudes.

Authoring tools — ferramentas de criação, ou seja, são programas de computador para criar conteúdo não limitado como processadores de texto, gravação de áudio, vídeo e cinema.

Automação — utilização de recursos computacionais, para tornar automáticas tarefas de algum tipo.

Automatic proxy bidder — mecanismo para submeter ofertas (licitações) de forma automática.

AVI — extensão de arquivos com animação gráfica.

B2A — business to administration — descreve as transações entre uma empresa e um organismo público por meio da Internet.

316 ❋ *Sistemas de Informação: Um Enfoque Computacional*

B2C — business to consumer — negócios para consumidores.

Backbone — estrutura de nível mais alto em uma rede composta por várias sub-redes.

Backup — cópia de informações armazenadas em determinados meios (disquete, CD, etc) por questões de segurança.

Banco de dados — coleção organizada de dados. Ex: relacional, orientado a objetos. Os banco de dados devem permitir que se insiram novos registros, que se localize algum registro desejado e que se delete registros indesejáveis.

Banda larga — conexão de alta velocidade.

Bandwidth — termo que indica a quantidade de informação que pode ser transmitida por unidade de tempo num meio de comunicação. Ela é medida em bits por segundo ou equivalentes.

Banner — publicidade em páginas Web.

Bit — palavra formada a partir de Binary Digit. Pode significar 1 ou 0.

Bit de paridade — bit de verificação de erros.

Blog — diário com atualização online.

BMP — extensão para figuras do padrão Windows.

Bps — bits por segundo é uma medida da taxa de transmissão de dados numa linha de comunicação.

Brainstorming — processo pelo qual se reúne pessoas para que as mesmas emitam idéias livremente sobre um assunto, sem críticas e incentivando a criatividade.

Broad band — vide Banda larga.

Browser — navegador ou software de acesso à Web. Os mais comuns são Internet Explorer (da Microsoft Co.), NetScape (Netscape Communication Co.), Cello etc É o programa que realiza a comunicação com um servidor http.

Byte — conjunto de 8 bits ou um caracter.

Cadeia de valor — conjunto de atividades de logísticas desde o recebimento de matérias primas, passando pela produção, pelo marketing, vendas e chegando até o cliente.

Catálogo eletrônico — normalização de diversas fontes sob a forma de catálogo para possibilitar comparações de produtos e serviços semelhantes de web.

Terminologia ✳ **317**

Cavalo de tróia — programa que é destrutivo, mas que não se replica como os vírus de computador. Na maioria das vezes segue junto com outro programa que parece ser útil.

Centro de custos — unidade corporativa que não produz receita, mas gera e acompanha custos.

Certificado digital — chave codificada que identifica o computador emissor numa comunicação segura.

CGI — Common gateway interface — linguagem de programação considerada muito parecida com a linguagem Visual Basic (da Microsoft Co.) para informações em cadastros de pesquisa. Permite que um servidor http tenha permissão para rodar programas no computador servidor, de acordo com instruções fornecidas pelo usuário cliente.

Chave principal — campo de um registro que identifica de forma única esse registro.

Chave secundária — chave ou campo de um registro que não identifica individualmente um registro.

Ciência da computação — ramo do conhecimento que estuda as novas linguagens de programação, novos sistemas operacionais de computadores e novos computadores e algoritmos.

Ciência da informação — ramo do conhecimento que procura estudar as formas de trabalhar a informação, de modo que ela possa ser coletada, armazenada e recuperada de modo organizado.

Clearing price — preço pelo qual um licitante compra ou vende um produto/serviço em sites da Web.

Client — cliente de aplicações de rede que está num servidor ou server. Um browser é um cliente Web.

Clock — relógio interno do computador. Este relógio é um circuito oscilatório que gera ondas de energia. Cada onda poderá carregar uma certa quantidade de instruções de computador. Existe o clock externo ao processador e o clock interno. Entre ambos existe uma relação que pode variar do dobro, triplo de "velocidade".

Clustering — grupo de sistemas independentes que trabalham juntos como um sistema único. Com esta tecnologia vários computadores conectados na Web podem funcionar como se fossem um único, com processamento distribuído, atingindo-se assim, uma capacidade de processamento muito maior.

318 ❧ *Sistemas de Informação: Um Enfoque Computacional*

Código fonte — código de programa de alto nível que os tradutores transformam em código objeto de linguagem de máquina.

Comércio eletrônico — comércio realizado com uso de computadores por meio da Internet e Web com recursos de automação.

Compilador — software de sistema que converte um programa para linguagem de máquina que pode ser entendida pelo computador.

Complexidade — qualidade que se refere ao nível de complicação dos elementos de um sistema.

Computação — é a ação de computar, processar, calcular, contabilizar, desenhar etc...

Computador — máquina capaz de rodar programas e processar dados.

Computador de front-end — computador de comunicações de um sistema de processamento distribuído pelo qual passam todas as entradas e saídas coordenando as informações que serão comunicadas com outro computador o back-end.

Comutador — computador que encaminha mensagens da origem ao destino nos sistemas de telecomunicações.

Conhecimento — conjunto de regras, diretrizes e procedimentos utilizados para selecionar, organizar e manipular dados para transformá-los para uma tarefa específica.

Contador — um programa Common Gateway Interface (CGI) que faz a contagem de acessos de uma página.

Controle — capacidade um sistema de trabalhar dentro de parâmetros definidos previamente.

Cookies — programas que permitem que os servidores gravem informações de interesse, geralmente configuração no lado do cliente (browser).

Correio eletrônico — é um sistema de e-mails.

Cracker — pessoa que faz uso de uma tecnologia avançada para invadir um sistema, seja de pessoa individual ou corporativo.

Criatividade — ação criativa, capacidade de criar soluções novas em termos de produtos ou serviços e também na construção de Websites.

Criptografia — técnica de converter uma mensagem ou arquivo para um código secreto para evitar que pessoas não autorizadas conheçam seu conteúdo. Para ler a mensagem ou arquivo é necessário decriptografá-lo.

Cyberspace — conjunto de computadores, serviços, ou toda atividade que constitui a rede Internet.

Dados — coleções de medições, registros de observações de fatos e que estão no estado bruto.

Daemon — programa em execução num computador servidor que está sempre pronto para receber solicitações de outros programas e executar determinada ação, retornando uma resposta adequada.

Delete — apagar, excluir.

Demo — programa ou sistema para marcar textos com elementos HTML.

DES — O algoritmo DES (Data Encryption Standard) é um dos algoritmos de encriptação mais utilizados no mundo.

Desenvolvimento de sistemas — atividade de criar novos ou modifica sistemas existentes.

DHTML — Dynamic HTML — páginas que ficam dinâmicas ao HTML.

Diagrama NS ou de Chapin — é uma representação gráfica e simbólica de um algoritmo de modo reduzido, sem uso de setas.

Dial-up — método de acesso à rede internet ou computador remoto via sistema telefônico. Neste método é necessário informar o número onde está a rede ou computador.

Diferença entre o que é um produto ou serviço criativo ou não — um produto ou serviço novo agrega valor na solução de um problema.

Digital — tipo de sinal utilizado por computadores.

DNS — domain name system — serviço e protocolo da família TCP/IP para o armazenamento e consulta de informações sobre recursos da rede.

Domínio — também conhecido como "domain name" é o nome que descreve a organização com a qual um endereço na Internet está sendo veiculado.

Domínio público (software) — software que pode ser utilizado sem a necessidade de pagamento de licença de uso.

Download — processo de baixar arquivos do servidor para a máquina do usuário.

EAD — Ensino à distância.

e-Business — negócios virtuais, mais que o comércio eletrônico, engloba também os processos internos das empresas como é o caso do

320 ✳ *Sistemas de Informação: Um Enfoque Computacional*

ERP (Planejamento dos Recursos da Organização), SCM (Gerenciamento da Cadeia de Suprimentos), além de e-procurement, maketplaces etc.

e-learning — aprendizado à distância.

e-mail — comunicação entre usuários por meio de mensagens em correio eletrônico.

e-marketplace — portal de compras e vendas na Web.

ENADE — Exame Nacional de Desempenho de Estudantes.

Endereço IP — endereço utilizado para localizar um computador conectado à Web. No Ipv4 é formado por um conjunto de quatro números separados por pontos. Cada número tem um total de 8 bits e o total dos números utiliza 32 bits. Ex: 123.108.17.3.

Engenharia de software — processo de desenvolvimento de software segundo metodologias formalizadas.

Engenheiro do conhecimento — pessoa capaz de realizar o projeto, desenvolvimento, implementação e manutenção de um sistema especialista.

Enterprise content manager (ECM) — gerenciador de conteúdos (de portais) de empresas.

e-procurement — busca e compra de produtos e serviços pela Web.

Ergonomia — estudo da economia de movimentos e tempos para se realizar tarefas bem como do ambiente no sentido de diminuir o desgaste, o esforço físico e a incidência de doenças profissionais.

ERP — Enterprise Resource Planning — sistema integrado de controle de gestão.

Extranet — acesso a uma Intranet por meio da Internet.

FAQ — Frequently asked questions — arquivo com lista de perguntas e respostas mais freqüentes para apoio ao usuário.

Firewall — responsável pela segurança de invasão contra hackers.

Flag — byte de header usado em transmissão sincrônica.

Fluxograma — é a representação gráfica e simbólica de um algoritmo, com uso de setas indicando a seqüência de ações.

Frame — quadro no qual o criador da página pode transferir textos ou figuras.

Freeware — de domínio público.

FTP — File transfer protocol ou protocolo de transferência de arquivos pela Internet.

Terminologia ✺ **321**

Gateway — sistema que possibilita o intercâmbio de serviços entre redes com tecnologias distintas ou roteador (TCP/IP).

GIF — extensão de arquivos de imagem. Graphics Interchange Format. É um padrão de compressão de imagens muito utilizado na Web.

GPL — General Public Lisence — Licensa que permite o usuário receber o código fonte e fazer alterações no mesmo, porém mantendo livre o código, isto é, o usuário deverá enviar o código melhorado, de modo livre, para a entidade de onde obteve o código gratuito.

Hacker — usuário de computador que se apossa de modo ilegal e ilícito de dados de outros usuários por meio de recursos de Web.

Hardware — é equipamento de computação. Parte física do computador ou equipamento.

Hipermídia — nome dado a um ou mais arquivos HTML ligados entre si e contendo informações que podem ser acessadas por meio de browser na Web. Hipermídia é a junção dos tipos de dados da multimídia com os mecanismos e semânticas dos hipertextos.

Hipertexto — forma de apresentação de textos não lineares por meio de vínculos que vão atraindo mais texto. Texto com imagens, figuras, sons, vídeos e hyperlinks, geralmente página da Web. Hipertexto é um aplicativo que permite criar, manter e manipular trechos de informação (textos e gráficos) interligados de forma seqüencial ou não linear.

Hiperdocumento é uma rede de nós e ligações.

Host — computador principal de um ambiente de processamento distribuído. Computador central que controla uma rede. Na Internet é qualquer computador ligado à rede, não necessariamente um servidor.

HTML — linguagem de marcação para hipertextos.

HyperLink — ligações para outros endereços (página).

I.A. — Inteligência Artificial. Tentativa de se fazer com que computadores tenham pensamentos como seres humanos.

Internet — rede das redes, rede mundial de computadores.

Internet Explorer — browser da Microsoft Co.

Intranet — rede interna que faz uso de HTML, TCP/IP, ou seja, padrões de Internet.

IP — Internet protocol — protocolo responsável pelo roteamento de pacotes na Internet.

322 ✳ *Sistemas de Informação: Um Enfoque Computacional*

IPv4 — protocolo de endereços de Internet utilizado atualmente, mas que já está ficando saturado.

IPv6 — novo protocolo de Internet, o qual possibilita trabalhar com mais endereços.

IRC — serviço que possibilita a comunicação escrita on-line entre vários usuários pela Internet.

ISO — International Standard Organization — organização international com sede em Genebra, que cria normas internacionais.

ISP — Internet service provider.

JAVA — linguagem de programação de computadores. Tem sintaxe parecida com a linguagem C++, porém, com uma biblioteca muito distinta, que permite o desenvolvimento de aplicações e applets JAVA. Gera código intermediário (byte codes) que são interpretados em tempo de execução, fato que a torna multi-plataforma sem necessidade de adaptação.

JavaScript — alguns consideram subconjunto da linguagem JAVA pelo fato de possuir sintaxe semelhante a da linguagem JAVA, porém, apesar das semelhanças, são tecnicamente diferentes: um programa escrito em JavaScript é inserido num código HTML (JavaScript pode ser inserido dentro de uma tag) e será interpretado linha a linha, toda vez que for executado, diferentemente de programas em JAVA que são compilados.

JPEG — utiliza o formato JPG para arquivos com imagens. Algoritmo para comprimir imagens. Joint Photographic Experts Group.

Linguagem de programação — é um esquema de codificação, ou conjunto de representação ou regras utilizadas para se criar programas de computador.

Link — ligação, vínculo, ligação de hipermídia.

Linux — sistema operacional de código aberto.

Lógica — É a ciência dos princípios formais do raciocínio. É a correção do raciocínio. Seqüência coerente, regular e necessária de acontecimentos. Maneira de raciocínio particular ou em grupo.

Login — registro de entrada de usuário de sistema.

Logout — registro de saída de usuário de sistema.

Marketplace — local de realização de compra e venda.

Marketplace horizontal — portais genéricos nos quais se compra e se vende de tudo. Ex: eBay, mercado livre, mercado eletrônico etc.

Terminologia ✳ **323**

Marketplace vertical — portais especializados em algum tipo de negócio ou serviço. Ex: portal da construção civil, portal de fonoaudiólogos, portal do estudante etc.

Memória principal — é onde o computador guarda os programas que estão sendo processados. Há a memória ROM (só de leitura, que já vem gravada pelo fabricante) e a RAM (memória de gravação e leitura) que é uma memória volátil, ou seja, quando o computador é desligado, o conteúdo dessa memória, que é dinâmico, é perdido.

Memória secundária — é a memória auxiliar em disquete, CD, HD, ZIP drive, Jazz drive, fita DAT, fita de gravador K7, flash memory, ou outro meio de armazenamento.

Metadados — dados que não aparecem na tela, mas que são consultados para se localizar uma página.

Mind map — diagrama criativo que simula o pensamento humano.

Modelo — representação da realidade com um nível de abstração.

Modem — vem de modulador e demodulador. Converte sinais. Dispositivos que adapta um computador a uma linha telefônica.

Monitor touch-screen — monitor que interage ao toque dos dedos na tela, para entrada ou consulta de dados.

Mosaic — primeiro browser gráfico da Web.

MP3 — arquivos de music player.

Navigator — browser da Netscape.

Netiquette — termo que se refere às boas maneiras no uso da Internet.

Nó — é uma unidade mínima de informação de um hiperdocumento.

Página da Web — tela de hipertexto que aparece na Web.

Página dinâmica — página que é atualizada constantemente. Ex: www.uol.com.br.

Página estática — significa página fixa, que não muda com o tempo.

Pesquisa operacional — método científico de tomada de decisão.

Pseudo-código — conjunto de declarações escritas em uma linguagem parecida com o inglês, que diz o que o programa deve fazer.

Plug-ins — extensões do browser fornecidas pelo fabricante do browser ou empresas parceiras que fornecem recursos adicionais de multimídia, facilitando a visualização de textos, som, vídeo.. e maior interação com usuários.

POP — point of presence — post office protocol — protocolo para transferência de e-mails.

324 Sistemas de Informação: Um Enfoque Computacional

Portal — site dinâmico de comunicação em intranet de empresa que suporta os sistemas de ERP, SCM e demais sistemas internos e possui saídas para o meio externo por meio da Internet.

Portal do conhecimento — portal que possui ferramentas e processos voltados para a gestão do conhecimento (knowledge management).

Portal de conteúdo — portal que possui camadas de gestão de conteúdo, gestão eletrônica de documentos e repositórios de conteúdo (content manager).

Portugol — é o idioma português estruturado, que simula o raciocínio de uma linguagem de programação.

Postmaster — e-mail do responsável pelo correio eletrônico de uma máquina ou domínio.

Processador — é o chip principal, responsável por todas as operações que ocorrem no computador. Também é conhecido como CPU.

Processamento — realização de diferentes tarefas como cálculo, armazenamento, recuperação de informação, exibição em tela, envio de arquivos etc.

Programa — é uma seqüência de eventos.

Programa de computador — é uma seqüência lógica de comandos numa linguagem de programação. Ex: vírus de computador, programa do jogo da velha, programa para emissão de nota fiscal, programa para gerar balanço patrimonial de empresa.

Programação de computadores — ação de programar ou criar software para computadores utilizando-se da lógica e de uma linguagem de programação.

Projeto — planejamento com definição de atividades para atingir certo objetivo.

Protocolo — conjunto de regras para comunicação entre dispositivos diferentes. Ex: http quer dizer: hypertext transfer protocol.

Prototipagem — técnica de projeto de sistemas que desenvolve um modelo preliminar do sistema.

Provão — Exame realizado em todo território nacional para uma área profissional específica, para os formandos desta área, realizado em épocas específicas e determinadas pelo Ministério da Educação e publicadas no website do INEP.

Provedor — empresa responsável pelo acesso à Internet.

Pseudo-código — conjunto de sintaxe escritas em linguagem que parece um idioma, p.e: Portugol, ou português estruturado. O pseudo-código diz o que o programa deve fazer. Note que o mesmo não é o programa funcionante propriamente dito.

Quadro — recurso que permite dividir a área da tela do browser em partes menores ou painéis em que cada um poderá exibir um documento diferente.

Recurso — documento, imagem, vídeo, som ou arquivo que pode ser transferido.

Rede de computadores — conexão de dois ou mais computadores com a finalidade de compartilhar recursos.

Redes neurais — sistemas computadorizados que podem atuar de maneira semelhante à do cérebro humano, processando vários grupos de dados simultaneamente e aprendendo a reconhecer padrões complexos.

Reengenharia — processo de avaliação e modificação de processos e tecnologia de uma organização.

Registrador — memória interna de um processador.

Registro físico — local onde ficam armazenados dos dados, ex: disco, fita, hd.

Registro lógico — conteúdo do registro, ex: arquivo de dados.

Regulamentação profissional — definição da profissão, suas responsabilidades, seus limites e seu exercício em lei, bem como criação de registro profissional em órgão de fiscalização específico para a profissão.

Release — modificação de um documento ou programa.

RGB — red, green and blue — método de geração de cores: vermelho, verde e azul.

Repetidores — dispositivos que amplificam ou retransmitem dados.

Repositórios de dados — banco de dados onde se insere e se retiram dados.

Resolução — clareza ou nitidez de uma imagem.

Risco — medida da possibilidade de que uma alternativa possua um resultado desfavorável.

ROI — return on investiment, ou retorno previsto do investimento que é realizado na Web em sites, equipamentos e sistemas.

SCM — Supply Chain Management — cadeia logística suprimentos.

Script — é uma seqüência de comandos.

Seleção — escolha entre várias alternativas por meio de critérios.

Servidor — computador de uma rede de computadores o qual fornecerá serviços para os outros.

Servidor de e-mails — responsável por receber e enviar e-mails.

Servidor de rede — ou corporativo — responsável por toda a rede interna de uma organização onde também gerencia a segurança de arquivos, banco de dados, impressora, usuários e se comunica ainda com outros computadores chamados clientes.

Servidor dinâmico — envia as páginas dinâmicas.

Shareware — software protegido por direitos autorais, porém que é disponibilizado para que usuários ou clientes potenciais possam testar o produto por um prazo determinado, após o qual deverá ser adquirido ou será inutilizado automaticamente.

Sistema — conjunto de partes ou componentes interagentes e interdependentes com objetivo comum.

Sistema de informação — sistema responsável pelo processamento de dados e informações de forma manual, computadorizada ou pela Web. São sistemas formados por software, hardware, pessoas e regras com o objetivo de processar dados e produzir informações necessárias à tomada de decisão.

Sistema de informação gerencial — sistema que trabalha nos níveis operacionais e táticos fornecendo informação necessária à tomada de decisões nesses níveis das organizações.

Sistema legado — sistema de informação que já existia anteriormente na empresa, antes da instalação de novo sistema.

Sistema operacional — software básico que controla os dispositivos de entrada, saída, a alocação de memória... ou seja, controla o computador.

Site — (website) endereço cuja porta possui motor de busca e permite localizar outros sites por meio de palavras contidas em seu interior. Ex: google, altavista, radar uol etc.

SMTP — simple mail transfer protocol — protocolo usado para monitorar e controlar serviços e dispositivos de uma rede TCP/IP.

SNMP — simple network management protocolo — protocolo usado para monitorar e controlar serviços e dispositivos de uma rede TCP/IP.

Software — programa de computador.

Tag — comando ou palavra em HTML. Ele vem entre os símbolos de < e >. É um descritor.

TCP/IP — protocolo responsável pelo funcionamento da Internet.

Tecnologia de informação — é a tecnologia necessária para se coletar dados, processar, armazenar, transmitir e recuperar informações.

Tecnologia Web — conjunto dos conhecimentos de Web.

Topologia de rede — forma de organização da rede de computadores. Pode ser: anel, árvore, barramento, estrela e mista.

Teste de benchmark — ensaios nos quais se compara o desempenho de sistemas computacionais com relação a parâmetros de funcionamento.

Transação — qualquer operação relativa à organização. Ex: consultar uma tela, emitir um relatório, registrar informação...

Unicode — código de 16 bits para representar todos os caracteres de idiomas do mundo. Pode representar até 65.535 caracteres em contraposição ao ASCII que só pode representar no máximo 256 caracteres.

Unix — sistema operacional que existe desde a década de 70. Foi criado originalmente pela AT&T. É um sistema muito estável. Possui versões da IBM: AIX, da HP: HP-UX, da Santa Cross: SCO...

URL — universal resource locator — código para localização universal na rede Web que permite identificar e acessar um serviço ou recurso.

Usuário — pessoa que utiliza software ou sistema.

Validação de sistema — processo de aprovação de sistema que é realizado por usuário do mesmo.

Versão — revisão de um software.

Viabilidade — estudo das possibilidades econômicas, operacionais e técnicas para confirmar se um sistema pode ser criado ou não.

Vírus de computador — é um programa que se auto-incorpora em outros programas e destrói, interrompe ou provoca erros de processamento.

Vírus de sistema — programa que costuma infectar o boot.

328 ✳ *Sistemas de Informação: Um Enfoque Computacional*

Volatilidade — característica de dados possuírem uma vida curta em sistemas.

Workstation — microcomputador avançado com muita memória e muita capacidade de processamento, além de recursos gráficos adicionais.

VRML — virtual reallity modeling language — linguagem para imagens tridimensionais e com movimento.

W3 — mesma coisa que www.

WAP — protocolo de telefonia sem fio.

Web — world wide web — significa teia digital ou grande rede digital. É o ambiente hipermídia formado pelas ligações entre documentos e recursos multimídia armazenados em servidores Web do mundo inteiro.

Windows — sistema operacional da Microsoft Co.

XHTML — linguagem XML com HTML.

XML — extended markup language — linguagem mais avançada que a HTML, que possui a capacidade de interfacear arquivos, banco de dados e sistemas diversos.

Zip — software de compactação.

Zope — linguagem de programação orientada a objetos.

Matemática Finaceira

Autor: *Carlos Alberto Orge Pinheiro*
300 páginas
ISBN: 85-7393-431-X

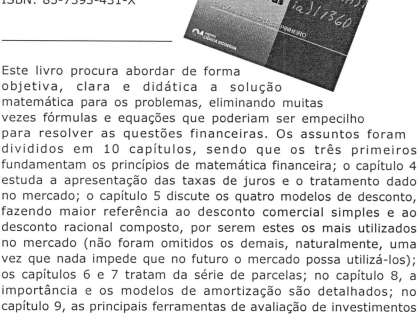

Este livro procura abordar de forma objetiva, clara e didática a solução matemática para os problemas, eliminando muitas vezes fórmulas e equações que poderiam ser empecilho para resolver as questões financeiras. Os assuntos foram divididos em 10 capítulos, sendo que os três primeiros fundamentam os princípios de matemática financeira; o capítulo 4 estuda a apresentação das taxas de juros e o tratamento dado no mercado; o capítulo 5 discute os quatro modelos de desconto, fazendo maior referência ao desconto comercial simples e ao desconto racional composto, por serem estes os mais utilizados no mercado (não foram omitidos os demais, naturalmente, uma vez que nada impede que no futuro o mercado possa utilizá-los); os capítulos 6 e 7 tratam da série de parcelas; no capítulo 8, a importância e os modelos de amortização são detalhados; no capítulo 9, as principais ferramentas de avaliação de investimentos são apresentadas e discutidas suas vantagens e limites e, por fim, o capítulo 10 explica o retorno nos mercados de renda fixa e variável.

À venda nas melhores livrarias.

O cálculo em variedades
Autor: *Michael Spivak*
176 páginas
ISBN: 85-7393-225-2

Tornou-se um Clássico da literatura matemática tão logo foi lançado, no ano de 1965. O texto alia uma certa descontração ao rigor teórico, preenchendo uma lacuna no tratamento preciso dos teoremas centrais do chamado Cálculo Avançado – Gauss, Green, Stokes.

Acessível a alunos com uma sólida graduação nas áreas de Matemática, Engenharias e Física, a presente versão, em português, constitui uma obra indispensável para profissionais dessas áreas e usuários da modelagem Matemática.

À venda nas melhores livrarias.

Fundamentos da Ciência Administrativa

Autores: *Alexandre Shigunov Neto, Alexandre Andrade Teixeira e Letícia Mirella Fischer Campos*
386 páginas
ISBN: 85-7393-411-5

A Ciência Administrativa desvendada pelos seus primordiais pontos históricos e contemporâneos e seu uso no dia-a-dia tanto em termos de sociedade quanto nas organizações, em seu caráter mais específico: esta é a proposta de **Fundamentos da Ciência Administrativa**.

Os autores, que acumulam qualidades específicas tais como ser administradores, economistas, professores, coordenadores de eventos científicos, líderes de núcleo de estudos, mestres e especialistas, entre outros predicados que sustentam individualmente, têm como meta oferecer um instrumento de pesquisa que se aplica a docentes, alunos universitários, profissionais da área administrativa e pesquisadores, no sentido de trazer grandes contribuições teóricas para todos.

À venda nas melhores livrarias.

Impressão e acabamento
Gráfica da Editora Ciência Moderna Ltda.
Tel: (21) 2201-6662